华侨大学 HUAQIAO UNIVERSITY 哲学社会科学文库·管理学系列

文库主编：贾益民

基于企业网络视角的自适应营销能力研究

A STUDY ON ADAPTIVE MARKETING CAPABILITY: FIRM NETWORK PERSPECTIVE

郭惠玲 著

社会科学文献出版社
SOCIAL SCIENCES ACADEMIC PRESS (CHINA)

华侨大学哲学社会科学学术著作专项资助

发展哲学社会科学　推动文化传承创新

——《华侨大学哲学社会科学文库》总序

哲学社会科学是研究人的活动和社会历史发展规律、构建人类价值世界和意义世界的科学，是人类文化的核心组成部分，其积极成果有助于提升人的素质、实现人的价值。中国是世界文明古国，拥有丰富的文化历史资源，中华文化的发展是世界文化发展进程中不可或缺的重要一环。因此，努力打造具有中国特色的哲学社会科学，全面继承和发展中华文化，对于推进中华文明乃至世界文明进程具有深远的意义。

当代中国，全面深化改革已经进入关键时期，中国特色社会主义建设迫切需要对社会历史发展规律的科学认识，需要哲学社会科学发挥其认识世界、传承文明、创新理论、资政育人和服务社会的作用。因此，深化文化体制改革、繁荣哲学社会科学，不仅是建设社会主义文化强国、丰富人民精神世界的需要，也是实现中华民族伟大复兴的中国梦的必由之路。中共中央高度重视哲学社会科学在实现中华民族伟大复兴的历史进程中的重要作用，先后出台《中共中央关于进一步繁荣发展哲学社会科学的意见》《中共中央关于深化文化体制改革　推动社会主义文化大发展大繁荣若干重大问题的决定》《中共中央办公厅　国务院办公厅转发〈教育部关于深入推进高等学校哲学社会科学繁荣发展的意见〉的通知》《高等学校哲学社会科学繁荣计划（2011—2020 年）》等一系列重要文件，全面部署繁荣哲学社会科学、提升中华文化软实力的各项工作，全面深化教育体制改革，为我国哲学社会科学事业的繁荣和发展创造了前所未有的历史机遇。

高等学校是哲学社会科学研究的重要阵地，高校教师和科研人员是哲学社会科学研究的主要承担者。因此，高校有责任担负起繁荣哲学社会科学的使命，激发广大教师和科研人员的科研积极性、主动性和创造性，为哲学社会科学发展提供良好的制度和环境，致力于打造符合国家发展战略和经济社会发展需要的精品力作。

华侨大学是我国著名的华侨高等学府，也是中国面向海外开展华文教育的重要基地，办学55年以来，始终坚持“面向海外、面向港澳台”的办学方针，秉承“为侨服务，传播中华文化”的办学宗旨，贯彻“会通中外，并育德才”的办学理念，坚定不移地走内涵发展之路、特色兴校之路、人才强校之路，全面提升人才培养质量和整体办学水平，致力于建设基础雄厚、特色鲜明、海内外著名的高水平大学。

在这个充满机遇与挑战的历史时期，华侨大学敏锐洞察和把握发展机遇，贯彻落实党的十七大、十七届六中全会、十八大、十八届三中全会、十八届四中全会精神，发挥自身比较优势，大力繁荣哲学社会科学。

一方面，华侨大学扎根侨校土壤，牢记侨校使命，坚持特色发展、内涵发展，其哲学社会科学的发展彰显独特个性。“为侨服务，传播中华文化”是华侨大学的办学宗旨与神圣使命，其办学活动及其成果直接服务于国家侨务工作与地方经济社会发展。为此，华侨大学积极承担涉侨研究，整合、利用优势资源，努力打造具有侨校特色的新型智库，在海外华文教育、侨务理论、侨务政策、海上丝绸之路研究、海外华人社团、侨务公共外交、华商研究、海外宗教文化研究等诸多领域形成具有特色的研究方向，推出了以《华侨华人蓝皮书：华侨华人研究报告》《世界华文教育年鉴》等为代表的一系列标志性成果。

另一方面，华侨大学紧紧抓住国家繁荣哲学社会科学的时代机遇，积极响应教育部繁荣哲学社会科学的任务部署，颁布实施《华侨大学哲学社会科学繁荣计划（2012—2020）》，为今后学校哲学社会科学的发展提供发展纲领与制度保证。该计划明确了学校哲学社会科学发展的战略目标，即紧抓国家繁荣发展哲学社会科学的战略机遇，遵循哲学社会科学的发展规律，发挥综合大学和侨校优势，通过若干年努力，使华侨大学哲学社会科学学科方向更加凝练，优势更加突出，特色更加鲜明，平台更加坚实；形成结构合理、素质优良、具有国家竞争力的高水平学术队伍；研究创新能力显著增强，服务国家侨务工作的能力明显提升，服务经济社会发展的水平不断提高，适应文化建设新要求、推进文化传承创新的作用更加凸显；对外学术交流与合作的领域不断拓展，国际文化对话与传播能力进一步增强。到2020年，力争使华侨大学成为国内外著名的文化传承与知识创新高地，国家侨务工作的核心智库，提供社会服务、解决重大理论和现实问题的重要阵地。

为切实有效落实《华侨大学哲学社会科学繁荣计划（2012—2020）》，学校先后启动了“华侨大学哲学社会科学青年学者成长工程”“华侨大学哲学社会科学学术论文专项资助计划”“华侨大学哲学社会科学学术著作专项资助计划”“华侨大学哲学社会科学百名优秀学者培育计划”“华侨大学人文社会科学研究基地培育与发展计划”五大计划，并制定了相应的文件保证计划的有效实施，切实推进学校哲学社会科学的繁荣发展。

“华侨大学哲学社会科学学术著作专项资助计划”作为《华侨大学哲学社会科学繁荣计划（2012—2020）》的重要配套子计划，旨在产出一批在国内外有较大影响力的高水平原创性研究成果，打造学术精品力作。作为此资助计划的重要成果——《华侨大学哲学社会科学文库》将陆续推出一批具有相当学术参考价值的学术著作。这些著作凝聚着华大文科学者的心力、心气与智慧：他们以现实问题为导向，关注国家经济社会发展；他们以国际视野为基础，不断探索开拓学术研究领域；他们以学术精品为目标，积聚多年的研判与思考。

《华侨大学哲学社会科学文库》按学科门类划分系列，共分为哲学、经济学、法学、教育学、文学、历史学、管理学、艺术学八个系列，内容涵盖哲学、应用经济、法学、国际政治、华商研究、旅游管理、依法治国、中华文化研究、海外华文教育等基础理论与特色研究，其选题紧跟时代问题和人民需求，瞄准学术前沿，致力于解决国家面临的一系列新问题、新困境，其成果直接或间接服务于国家侨务事业和经济社会发展，服务于国家华文教育事业与中华文化软实力的提升。可以说，该文库的打造是华侨大学展示自身哲学社会科学研究力、创造力、价值引领力，服务中国特色社会主义建设事业的一次大胆尝试。

《华侨大学哲学社会科学繁荣计划（2012—2020）》已经实施近两年，经过全校上下的共同努力，华侨大学的文科整体实力正在逐步提升，一大批高水平研究成果相继问世，一批高级别科研项目和科研成果奖成功获评。作为华侨大学繁荣哲学社会科学的成果，《华侨大学哲学社会科学文库》集中反映了当前华侨大学哲学社会科学的研究水平，充分发挥了优秀学者的示范带动作用，大力展示了青年学者的学术爆发力和创造力，必将鼓励和带动更多的哲学社会科学工作者尤其是青年教师以闽南地区“爱拼才会赢”的精神与斗志，不断营造积极向上、勇攀高峰的学术氛围，努力打造更多造福于国家与人民的精品力作。

当然，由于华侨大学面临的历史和现实等主客观因素的限制以及华大哲学社会科学工作者研究视野与学术积累的局限性，《华侨大学哲学社会科学文库》在研究水平、研究方法等方面难免存在不足之处，我们在此真诚地恳请各位读者批评指正。

最后，让我们共同期待《华侨大学哲学社会科学文库》付梓，为即将迎来55岁华诞的华侨大学献礼！让我们一起祝福华侨大学哲学社会科学事业蒸蒸日上！让我们以更大的决心、更宽广的视野、更精心的设计、更有效的措施、更优质的服务，培育华大社科的繁花硕果，以点滴江河的态势，加速推进华侨大学建设成基础雄厚、特色鲜明、海内外著名的高水平大学，更好地服务海外华侨华人，支持国家侨务工作，配合国家发展战略！

华侨大学校长、教授、博士生导师　贾益民

2015年4月28日于华园

摘　要

随着信息技术在经济领域应用的不断深入和全球化经济的加快发展，市场需求呈现出越来越复杂、无序、多变的特征。在这样的时代背景下，市场环境的剧烈变化对企业的营销管理工作提出了严峻的挑战，传统的营销组合策略失去了原有的作用，企业的营销创新速度也赶不上市场变化的速度。我们从全球视角也观察到，世界上一些本来十分优秀的企业实体，甚至是世界500强的知名企业，原来都拥有经典、系统的战略体系，如今也走向衰败，关键原因就是在当前的市场背景下，它们没能及时转变营销战略模式，有前瞻性地、主动地预测和适应市场环境即将发生的变化。近年来，学者们通过研究表明，在信息经济背景下，不仅信息超载将导致企业丧失信息处理能力、决策能力和任务排序能力，企业的路径依赖、行为惯性和结构性隔离也会带来组织僵化和行动的滞后性，导致企业的营销水平与发展变化的市场需求之间的差距越来越大。企业只有通过持续不断的警觉性市场学习和预测、营销实验和协同合作进行开放营销培育并提升自适应营销能力水平，才能缩小这一差距，形成对市场环境变化的自适应状态。

然而，当今的商业环境中不仅充斥着各种机会，也隐藏着诸多威胁。由于自身资源约束的客观存在，任何一个企业都无法仅仅依靠自身的资源和能力去实现商业环境中的机会所带来的价值、降低威胁所带来的成本。企业间的合作已经是一种普遍现象，包括企业间的资源交换、产品或服务的共同开发、知识共享等。如果没有企业网络关系间的相互协调、配合与支持，即使是具有高度警觉性和运营弹性的企业也很难促使自身资源和能力结构的调整速度及时跟上市场变化，进而充分、有效地利用外部机会。

因此，企业自适应营销能力的培育和提升需要依赖企业网络关系的合理创建和有效利用。

虽然学术界已有大量关于企业营销能力的相关研究，但大多停留在对静态营销能力和动态营销能力的理论探讨和实证研究上，自适应营销能力至今还是一个较新的理论构念，缺乏对其概念内涵、构成要素以及与静态营销能力、动态营销能力之间的本质区别的深入探讨和研究。本书基于复杂自适应系统理论，将自适应营销能力界定为一种有预见性的、主动性的、由外而内的探索能力、实验能力和整合协调能力的综合，为促使企业主动调整战略和策略以适应市场变化加快和不具规律性的一种扩展性营销能力。这种新的、扩展性的营销能力由市场预警、营销实验和开放营销等三方面子能力组成。通过理论对比分析，本书认为自适应营销能力、静态营销能力和动态营销能力在理论基础、对环境的认识、分析视角、战略重点和主要内容等方面均存在本质区别，在不同的环境背景下对企业绩效也会产生不同的影响和作用。为了进一步探讨自适应营销能力的形成机制，本书跳出现有研究关于“企业网络特征对企业绩效”和“企业自身特质对企业绩效”单独影响的假设框架，融合企业网络理论和自适应营销能力理论，深入分析探讨企业网络（包括垂直网络和水平网络）的范围和质量对自适应营销能力的影响和作用，并引入公司企业家精神这一调节变量，分析企业的精神特质是否会对企业网络与自适应营销能力的影响和作用机制产生影响。

因此，本书构建了两个理论研究模型，一是三种营销能力对企业绩效的作用机制对比模型；二是企业网络对自适应营销能力和企业绩效的影响作用机制模型。为了检验上述两个理论模型，本书以福建、广东和浙江三个省的225个制造企业为研究对象，用了近6个月的时间对研究对象进行了实地深度访谈和问卷调查，运用SPSS 19.0版、AMOS18.0版和Eviews 7.0版等分析软件对数据进行了统计分析和检验，研究结果表明本书的理论逻辑框架基本成立。首先，本书自行开发了自适应营销能力测量量表，基于样本数据对三种营销能力进行了信度和效度检验，发现自适应营销能力和静态营销能力、动态营销能力具有良好的区别效度，实证分析结果表明虽然三种营销能力对企业绩效都具有一定的正向影响作用，但自适应营销能力的影响系数显著大于静态和动态营销能力的影响系数。并且，环境动态性正向调节自适应营销能力与企业绩效（包括财务绩效和市场绩效）的关系，而负向调节静态营销能力与市场绩效的关系以及动态营销能力与财务绩效的关系。这说明，当环境愈加动态发展变化时，自适应营销能力的正向积极作用会愈大，而静态营销能力和动态营销能力的作用会愈小。其次，本书引入公司企业家精神这一调节变量，深入探究企业垂直网络和水平网络的范围与质量对企业自适应营销能力和企业绩效的影响作用机制。实证研究结果证明企业垂直网络和水平网络的范围与质量对自适应营销能力、企业财务绩效和市场绩效等因变量均具有显著的正向影响作用。但公司企业家精神在企业垂直网络和水平网络的范围和质量与自适应营销能力的关系中产生了不同方向的调节作用。其中，公司企业家精神负向调节企业垂直网络范围与自适应营销能力的关系，而正向调节企业垂直网络质量与自适应营销能力的关系；相反，公司企业家精神正向调节企业水平网络范围与自适应营销能力的关系，而负向调节企业水平网络质量与自适应营销能力的关系。这说明当企业具备较强的创新、冒险和主动竞争意识时，为了培育企业的自适应营销能力，应该注重加强企业垂直网络质量并扩大企业水平网络范围。

本书以营销能力理论、复杂自适应系统理论、企业网络理论为基础，综合公司企业家精神和环境动态性的相关理论观点，通过理论分析和实证检验深入探究了自适应营销能力与静态营销能力、动态营销能力之间的本质区别，以及企业垂直网络和水平网络特征对自适应营销能力和企业绩效的影响作用机制。从理论角度而言，这不仅是上述多种理论融合的一种新的尝试，更是有效地补充和扩展了营销能力理论和企业网络理论，具有重要的理论意义；从现实角度而言，这不仅有助于企业根据自身所处的市场环境特征选择和培育相应的营销能力，也有助于企业根据内部精神特质调整和优化企业网络结构，达到企业的经营目标，具有深刻的实践指导意义。当然，本书在研究过程中也存在诸多不足，将在今后的研究中进一步加以完善。

关键词：自适应营销能力；垂直网络；水平网络；公司企业家精神；环境动态性

Abstract

With the deepening application of information technology in economic field and the accelerating development of economic globalization, market demands not only diverse and differentiated, but also complex, disorderly, changeable. In this background, dramatic changes in the market environment posed a severe challenge to the enterprises'marketing management. Traditional marketing mix lost its original role, and company's marketing innovation could not keep up the speed of market changes. From a global perspective, we also found that some superior business entities, even well - known Fortune 500companies, decayed now though they have a systematic strategy making process. The key reason is that they failed to change their traditional mode of marketing strategy, forward - looking and proactively predict and adapt to the market environment's impending changes. In recent years, researches have showed that not only overload information will lead to the loss of information processing capabilities, but also enterprises'path dependence, behavioral inertia and structuralisolationwill bring organization rigidities and action lag to the enterprises. Scholars have pointed out there is a widening gap between marketing capability of corporate and the changes in the market. Enterprises can close this gap only through continuous vigilant market learning and predicting, marketing experiments and open network marketing to improve their marketing capability and generate an adaptive state to the changeable market environment.

Today, business environment is not only filled with a variety of opportunities but also hidden with numerous threats. Every company can not rely solely on their own resources and abilities to achieve value of opportunity and reduce costs of threats because of its resource constraints. Cooperation is a common phenomenon between enterprises, including the exchanges of resources, joint development of products or services, information and knowledge sharing, and so on. Even though firms with a high degree of vigilance and operational flexibility can not catch up with the market changes without the coordination and support from each other between firm network relationships. Thus, enterprises should build an effective and efficient firm network in order to develop and improve their adaptive marketing capability.

Although there were a lot of theoretical and empirical studies on static anddynamic marketing capability, adaptive marketing capability is still a new construct very few scholars studied on. Scholars has not disclosed the connotation and elements of adaptive marketing capability and discussed about the essential difference between adaptive, static and dynamic marketing capability. In this paper, the author defined that adaptive marketing capability is a foresight, proactive and outside – in integrative capability including vigilant learning, marketing experiment and open network marketing capabilities. Through theoreticalcomparative analysis, this paper proposed that adaptive marketing capability is different from static and dynamic marketing capability in the aspects of theoretical basis, environment awareness, analyzing perspectives, strategic focus and main content. Under different level of market uncertainty, three kinds of marketing capabilities will make different impacts on firm performance. By integrating adaptive marketing capability theory and firm network theory, this study analyzed the effects that firm vertical and horizontal network execute on adaptive marketing capability and firm performance. Further more, we examined the moderating role of corporate entrepreneurship in this influencing mechanism.

In this paper, two theoretical models were developed. The first one is the comparison model of three kinds of marketing capabilities' impact on firm performance. The second one is the influencing mechanism model of firm network acts on adaptive marketing capability and firm performance. In the empirical work, this paper studied on 225 manufacturing enterprises from Fujian, Guangdong and Zhejiang by 6 months of in – depth interviews and surveys. The hypotheses in this study were tested statistically by using SPSS 19. 0, AMOS 18. 0 and EVIEWS 7. 0. The results showed that the theoretical frameworks were mainly supported. First, this paper found that there was a good discriminate validity between adaptive marketing capability, static marketing capability and dynamic marketing capability. Despite static and dynamic marketing capability also have positive effects on firm performance, the coefficient of adaptive marketing capability is significantly greater than that of static and dynamic marketing capability. Moreover, market uncertainty moderate the relationship between adaptive marketing capability and firm financial and market performance positively, but negatively moderate the relationship between static marketing capability and market performance and the relationship between dynamic marketing capability and financial performance. It means that the positive effects of adaptive marketing capability will increase, while the positive effects of static and dynamic marketing capability will diminish when the uncertainty of market increase. Second, this paper studied on the influencing mechanism of vertical and horizontal firm network execute on adaptive marketing capability and firm performance by introducing the moderator of corporate entrepreneurship. Empirical results showed that the scope and quality of firm network had positive effects on adaptive marketing capability, financial performance and market performance. Corporate entrepreneurship negatively moderated the relationship between the scope of vertical network and adaptive marketing capability and the relationship between the quality of horizontal network and adaptive marketing capability. Oppositely, corporate positively moderated the relationship between the quality of vertical network and adaptive marketing capability and the relationship between the scope of horizontal network and adaptive marketing capability. It means that companies with much more innovative, active and risk taking spirit should pay more attention to strengthen the quality of vertical network and expand the scope of horizontal network in order to foster adaptive marketing capability.

In summary, this paper studied on the difference between three kinds of marketing capabilities and the influencing mechanism firm vertical and horizontal networks execute on adaptive marketing capability and firm performance theoretically and empirically based on marketing capability theory, complex adaptive system theory and firm network theory by integrating the theories of corporate entrepreneurship and market uncertainty. From the theoretical perspective, this is not only a new attempt to integrate the various theories, but also an effective complement and extend to marketing capability theory and firm network theory. So it has an important theoretical significance. From the practical perspective, this paper will not only help enterprises develop marketing capability according to market uncertainty, but also help enterprises adjust and optimize firm network structure to achieve their business objectives according to their own corporate entrepreneurship. So it also has a profound practical significance. Of course, there are some limitations in this study, which will be further refined in future studies.

Keywords: Adaptive Marketing Capability; Firm Network; Firm Performance

目　录

Contents

表目录

图目录

1 绪论

1.1 研究背景及问题提出

1.1.1 现实背景

进入 21 世纪以后，信息技术在经济领域的应用不断深入，经济全球化的发展也不断加快，消费者的需求不仅存在个性化、差异化和多样化，同时也日益复杂多变。市场环境的剧烈变化导致企业传统的营销策略失去原有的作用，企业的营销创新速度赶不上市场变化的速度。正如在淘宝十周年庆典上，马云说道："今天的世界是个变化的世界，三十年以前我们谁都没想到今天会是这样，谁都没想到中国会成为制造业大国，谁都没想到电脑会深入人心，谁都没想到互联网在中国会发展得那么好……。这是个变化的世界，我们大家都认为电脑够快，互联网还要快，我们很多人还没搞清楚什么是 PC 互联网，移动互联来了，我们在没搞清楚移动互联的时候，大数据时代又来了……。很多人讨厌变化，但是，正因为我们把握住了所有的变化，我们才看到了未来。"因此，在信息技术和市场环境所带来的瞬息万变是任何企业都无法回避的时代背景下，顾客需求呈现出的不仅是多样性、多变性，更主要的是复杂性和无序性，营销管理者必须运用信息技术以获取更多的营销资源、调整和转变传统的应对性营销流程，主动适应各种即将发生的挑战，预测和挖掘现有或潜在顾客层出不穷的各种需求。在当今的时代背景下，企业管理者每天都必须通过各种步骤提出并执行新的创意。[1]苹果公司之所以能够在竞争如此激烈的市场环境中，从 1996 年一个濒临破产的公司发展到 2011 年全球市值最高的公司，其根本原因就是持续地先于竞争者创造出顾客想要但是还没有想象出来的产品。我们从全球视角也观察到，世界上有很多原来十分优秀的企业实体，甚至是世界500强的知名企业如今也走向衰败，如美国底特律“汽车城”中的汽车巨头，美国匹兹堡的钢铁企业，西欧国家的很多煤炭、造船、纺织等过去成功的企业也逐渐失去了活力，正面临着严重的发展瓶颈。本书认为虽然这些企业都拥有经典、系统的战略体系，其战略分析、制定、实施和反馈环节都遵循着科学的流程，但在当前的市场背景下，它们没能及时转变自身传统的、应对性的战略模式，有前瞻性地、主动地预测和适应市场环境即将发生的变化是致使这些知名企业走向衰败的关键原因之一。

对企业而言，在当今的商业环境中不仅充斥着各种机会，也隐藏着诸多威胁。由于自身资源约束的客观存在，任何一个企业都无法仅仅依靠自身的资源和能力去实现商业环境中的机会所带来的价值、降低威胁所带来的成本。企业间的合作已经是一种普遍现象，包括企业间的资源交换、产品或服务的共同开发、知识共享等。随着信息化、全球化和碎片化的市场发展，企业间合作关系的培育和维系已经成为提升企业绩效的重要战略。近年来，耐克公司与苹果公司合作开发出的 NIKE + 系列运动装备产品，将传统的劳动密集型产品与高科技完美地结合在一起，赢得了消费者的追捧和忠诚，实现了“耐克”这一传统品牌的一次全新跨越。这充分表明了企业间协同营销（Co - marketing）对于当今企业的重要意义。[2] 在当前信息化与全球化的市场经济环境中，企业在快节奏的商业周期中所获得的各种机会存在的时间窗口在不断缩短，如果没有企业网络关系间的相互协调、配合与支持，即使是具有高度警觉性和运营弹性的企业也很难促使自身资源和能力结构的调整速度及时跟上市场变化，充分、有效地利用外部机会。因此，社会和商业联系的利用已经成为企业探究市场发展趋势和取得成功的关键。

1.1.2 理论背景

自20世纪80年代后期，战略领域学者们掀起 RBV 理论和企业能力理论研究热潮以来，营销学者们也不断地对营销能力的内涵及其对企业的影响作用机制给予大量的关注和研究。与资源能力理论的发展过程相类似，营销能力的概念发展也经历了从静态到动态的发展。早期的营销学者们认为市场是相对稳定并且可以预测的，强调企业运用内部营销资源和流程满足市场需求的能力对于企业发展的重要性。Dutta，Narasimhan & Surendra（1999）[3]把营销能力定义为企业识别顾客需要、了解顾客决策行为的影响因素，比竞争品牌更好地对自身品牌进行选择和定位目标市场的能力。Vorhies & Morgan（2005）[4]对营销能力进一步细化，认为八个方面的营销能力都会带来优异的企业绩效和持续竞争优势，包括产品发展、定价、渠道管理、营销沟通、销售、市场信息管理、营销计划和营销执行等。随着市场需求的不断变化、信息技术的迅猛发展以及产品生命周期的明显缩短，营销环境的动态性和不确定性逐步加剧。自 20 世纪末开始，基于动态能力理论的深入研究，学者们也开始从市场环境的动态变化视角来理解营销能力概念的内涵与外延。Sirivastava，Shervani & Fahey（1999）[5]提出产品研发管理流程、供应链管理流程和顾客管理流程是企业的三个核心流程。他们认为营销能力就是在市场变化中形成新的观点，并重新设计和开发上述三个组织流程来创造新的顾客价值的能力。Fang & Zou（2009）[6]则在此基础上提出动态营销能力就是这些跨职能流程创造和传递顾客价值以应对市场变化的反应速度和效率。

进入 21 世纪以后，针对市场环境的变化特征，许多研究发现企业营销能力无法跟上市场的变化速度和复杂程度。Eppler & Mengis（2004）[7]认为信息时代下的信息超载将导致企业丧失信息处理能力、决策能力和任务排序能力。Day（2011）[8]认为由路径依赖、行为惯性和结构性隔离等原因带来的组织僵化和行动的滞后性，将会导致企业的营销能力与应对不断复杂变化的市场所需要的能力之间形成越来越大的差距。美国密歇根大学教授 Holland 于 1994 年提出复杂自适应系统理论 CAS（Complex Adaptive System），这一理论提供了一个完全不同的思想，把组织世界看作一个远离均衡、处于混沌边界、被竞争的矛盾动力和自组织所控制的系统。在这个矛盾世界里，预测在一般情况下可能存在，但在具体情况下则不可能。该理论认为这是一个具有创造性破坏特点的世界，充满着不规则、无序和差别。[9]Day（2011）[8]基于 CAS 理论，提出了自适应营销能力的概念，他认为企业只有通过持续不断的警觉性市场学习和预测、市场实验和协同合作进行开放营销，才能够缩小企业营销能力和市场之间存在的差距，形成对市场环境变化的自适应状态。

根据资源依赖理论，企业与其所处外部环境交互作用以获取稀缺资源，并通过企业间的合作创建获取资源的途径。[10] Thorelli（1986）认为在开放市场和内部活动之间的选择当中，网络关系对企业而言显得更加重要，尤其是在产业和服务营销中。[11] McEvily & Zaheer（1999）[12]指出企业在网络关系中的嵌入性是获得竞争能力差异的重要来源。Gnyawali & Madhavan（2001）[13]在分析竞合（Co - opetition）网络对企业竞争行为的影响时，强调企业所处的网络结构和网络特征不同，会影响网络成员间的资产和信息的流动以及企业在网络中的地位，从而影响企业间的竞争行为。McEvily & Marcus（2005）[14]研究发现企业网络成员之间信息共享（information sharing）、相互信任（trust）和共同解决问题（Joint problem solving）对企业竞争能力的获得发挥了突出作用。而 Zaheer & Bell（2005）[15]认为拥有良好网络结构的企业可以更好地开发、利用自身内部能力，进而提高业绩。Fjeldstad & Sasson（2010）[16]认为合作网络可为企业提供机会以使其获取实现目标所必需的，而又为其他组织所控制的资源，如信息、知识、资本和技术等，进而降低环境所赋予的各种不确定性的程度。基于 Day（2011）[8]的观点，企业网络关系对企业适应环境变化发展具有重要作用，对企业自适应营销能力会产生深刻影响。

综上所述，环境的变化发展迫使企业重新审视自身的营销能力结构，企业需要持续地进行市场学习、实验并协同合作网络资源培育主动式的、自适应的新型营销能力。企业网络关系的搭建与运用有助于企业探究市场发展趋势和取得成功。因此，基于企业网络视角探讨企业新型营销能力的形成及影响机制，不仅是理论研究必然的发展趋势，更是当前时代背景下迫切的现实需要。

1.1.3 研究问题的提出

基于上述现实和理论背景，本研究从营销能力理论和企业网络理论出发，融合复杂自适应理论、资源依赖理论，重点探讨自适应营销能力的本质内涵及其形成和影响作用机制。关注的问题主要包括以下三个方面。

问题一　自适应营销能力的内涵及其构成

虽然市场环境的变化发展亟须企业培育主动式的、自适应的新型营销能力，Day（2011）也基于复杂自适应系统理论提出了“自适应营销能力”这一新的构念，但这一新型营销能力的本质内涵与传统的静态、动态营销能力在本质内涵上存在哪些区别？以及这一新型营销能力由哪些能力要素构成？本书将对这些问题进行深入剖析和探讨。

问题二 不同性质的营销能力对企业绩效的影响作用机制差异

为了进一步探究自适应营销能力与静态、动态营销能力之间的本质差异，本研究将对这三种不同性质的营销能力对企业绩效的影响作用机制进行实证研究，引入环境动态性这一调节变量，探究这三种营销能力对企业绩效的影响作用机制是否也存在根本区别。

问题三 企业网络特征对自适应营销能力和企业绩效的影响作用机制

基于 Day（2011）的观点，企业网络特征对企业自适应营销能力的培育具有重要影响作用，本研究将企业网络划分为垂直网络和水平网络，理论分析并实证探究这两种网络关系的范围和质量对企业自适应营销能力和企业绩效的影响作用机制，并考虑不同的公司企业家精神对上述作用机制是否存在影响。

1.2 研究方法和预期创新点

1.2.1 研究方法

本书拟采用文献回顾、企业访谈、问卷调查和统计分析等方法对提出的三方面问题进行相应的理论研究和实证研究，具体方法如下。

（1）文献回顾与整理：本书为了深入研究上一节提到的三个问题，通过大量的相关文献检索和阅读，对与上述问题相关的国内外研究进行文献整理，总结目前相关领域的研究现状和不足，为后续的理论模型构建和实证研究奠定了扎实的理论基础。

（2）理论研究：基于文献回顾和整理，本书融合营销能力理论、复杂自适应理论、资源依赖理论、社会网络理论的主要思想和观点，并结合公司企业家精神和环境动态性的相关研究结论，对相关的初始概念进行细化和扩展，通过理论演绎方法构建出两个理论研究模型，并通过对企业的实地深度访谈，初步了解了两个理论研究模型的逻辑框架是否符合企业的实际运作情况，进而最终确定了本书的两个理论研究模型。

（3）实证研究：为了验证本书提出的两个理论研究模型，本研究通过量表开发和平行翻译成熟量表相结合的方法设计出适合本研究的调查问卷，采用问卷调查法获取数据，并应用分析软件 SPSS 19.0 版、AMOS 18.0 版和 Eviews 7.0 版对数据进行了描述性统计分析、信度检验、效度检验、相关分析、多元回归分析等统计分析工作，以验证两个理论研究模型和相关假设是否成立。

1.2.2 预期的创新点

本书将通过以上研究方法和技术路线对本书所关注的问题进行深入、系统的研究，预期能够达到以下几个方面的创新。

首先，将对自适应营销能力这一新概念进行系统的理论探讨和实证检验。

本书将基于复杂自适应理论和能力理论深入分析自适应营销能力的内涵、构成要素及其形成过程。同时，与以往相关研究不同，本书将系统讨论自适应营销能力、静态营销能力和动态营销能力三者之间的本质区别，并在考虑环境动态性特征的情况下，实证检验这三种营销能力对企业绩效（包括财务绩效和市场绩效）作用机制的差异。在实证研究过程中，本书将自行开发自适应营销能力的测量量表，率先为这一新构念提供系统的测量工具。

其次，探究企业垂直网络和水平网络特征对具有不同精神特质的企业的自适应营销能力的影响机制。

本书通过大量的文献回顾发现，极少有研究基于企业网络视角探讨营销能力的影响因素，对自适应营销能力的研究更是十分欠缺。本书综合考虑不同公司企业家精神特质，通过理论分析和实证检验探讨企业垂直网络和水平网络的范围和质量对企业自适应营销能力的影响机制。这将有助于学术界和实践界对自适应营销能力这一新概念形成更为全面和客观的认识。

最后，综合企业网络特征和自身特质两个视角，探究企业内、外资源和能力特质对企业绩效的影响作用。

与现有研究不同，本书跳出现有研究关于“企业网络特征对企业绩效”和“企业自身特质对企业绩效”单独影响的假设框架，将企业自身特质和网络特征结合起来，综合考虑这些因素对企业绩效的共同影响。尤其是，本书着重研究了企业垂直网络和水平网络如何提升自适应营销能力，而这种企业网络所赋予的能力（network - enabled capabilities）又是如何提升企业绩效的。这是一个崭新的研究视角，对企业网络和营销能力理论领域的研究将是十分有益的补充。

1.3 内容结构与技术路线

1.3.1 内容结构的安排

本书共包括七个章节，分别是绪论、文献综述、理论模型与研究假设、研究设计、理论模型（一）的实证分析与讨论、理论模型（二）的实证分析与讨论、结论与展望。全书的逻辑思路和结构安排如图 1 - 1 所示。

第一章绪论，旨在通过简要介绍本研究的现实和理论背景，说明研究问题和研究内容，简要介绍本研究将采用哪些研究方法、通过何种路径达到哪些研究目的，以及预期实现的研究意义和创新点。

第二章文献综述，是对本研究将会涉及的相关理论进行文献回顾，理清营销能力、企业网络、公司企业家精神和环境动态性等相关理论和构念的研究现状和不足，进而确定本书拟研究的问题。

第三章理论模型与研究假设，首先是基于复杂自适应性理论和资源能力理论深入探讨自适应营销能力的本质内涵，提出自适应营销能力的概念模型，并对自适应营销能力、静态营销能力和动态营销能力的理论基础、分析视角和战略重点等方面存在的差异加以区分，分析三种营销能力对企业绩效的影响作用的差异，并引入环境动态性这个调节变量，探讨其在上述作用中的调节作用，提出第一个理论模型框架及相应的研究假设；其次是基于资源依赖理论、社会网络理论和关于自适应营销能力的理论的探讨，分析企业垂直网络和水平网络的范围与质量对其自适应营销能力的影响，并引入公司企业家精神这个调节变量，探讨其在上述影响中的调节作用，提出第二个理论模型框架及相应的研究假设。

第四章研究设计，首先阐述本书的问卷设计流程和内容构成，详细说明自适应营销能力测量量表的开发过程和其他变量的测量指标构成，并介绍通过访谈、前测等方法对问卷进行纯化的具体工作；其次，详细介绍正式调查的数据收集过程和样本的基本情况；最后对后续将采用的数据分析方法做了简单的介绍。

第五章是对理论模型（一）的实证分析与讨论，基于正式调查所获得的样本数据，运用软件 SPSS 19.0 和 AMOS 18.0 对理论模型（一）中的各变量量表进行信度检验和效度检验（探索性因子分析和验证性因子分析），并在此基础上运用 SPSS 19.0 和 Eviews 7.0 检验样本数据对理论模型（一）各研究假设的支持情况，并对实证分析结果加以讨论。

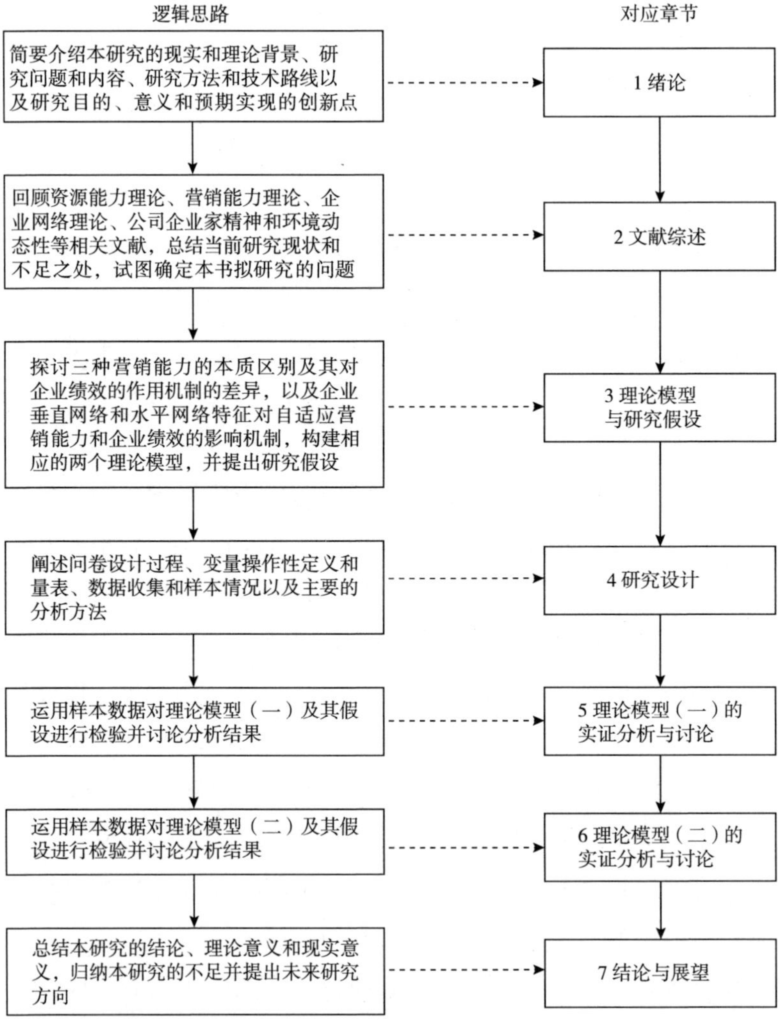

图 1-1　本书的逻辑思路和结构安排

资料来源：本研究整理。

第六章是对理论模型（二）的实证分析与讨论，基于正式调查所获得的样本数据，运用软件 SPSS 19.0 和 AMOS 18.0 对理论模型（二）中的各变量量表进行信度检验和效度检验（探索性因子分析和验证性因子分析），并在此基础上运用 SPSS 19.0 和 Sobel 检验验证样本数据对理论模型（二）各研究假设的支持情况，并对实证分析结果加以讨论。

第七章结论和展望，总结本书的研究结论、理论意义和现实意义，归纳本研究存在的不足，并提出未来研究方向。

1.3.2 技术路线

本研究的技术路线如图 1－2 所示。

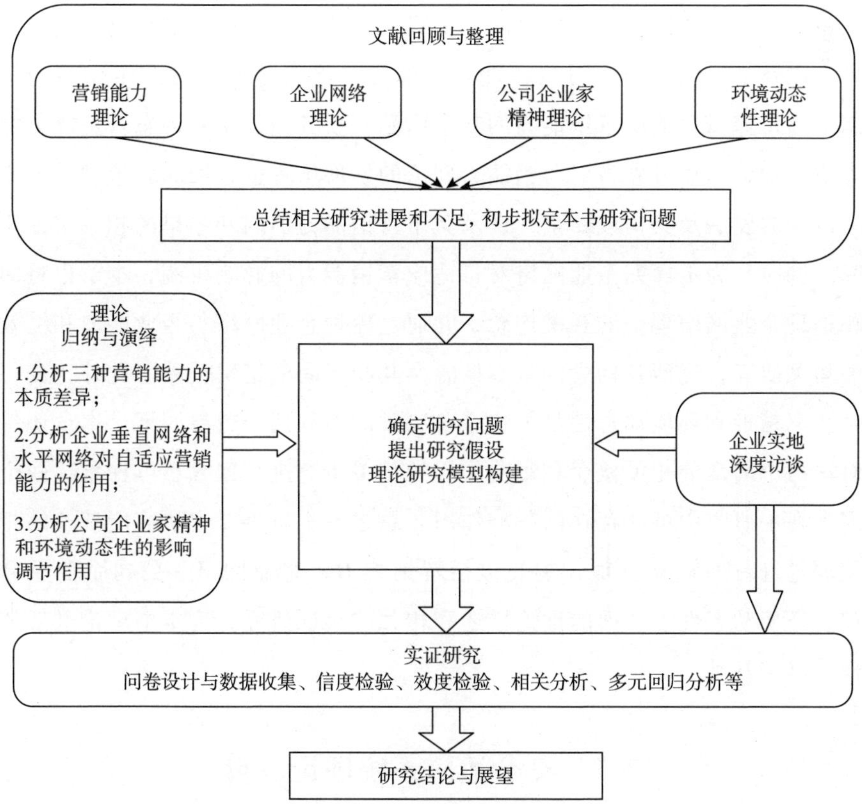

图 1－2 研究的技术路线

资料来源：本研究整理。

2 文献综述

根据复杂适应系统理论逻辑，在企业营销工作的许多领域，各个主体之间都是相互影响相互制约的。主体与主体之间、主体与环境之间的信息传递程度通常直接决定一个复杂适应系统的发展程度。本书将基于这一理论逻辑探究企业网络中主体之间的关系对自适应营销能力的影响机制的差异，以及不同的营销能力与环境之间的交互将对企业绩效产生作用的机制。为了探析自适应营销能力的基本内涵，及其与静态和动态营销能力的本质区别，本章首先将对营销能力理论的发展历程进行回顾，梳理营销能力概念的发展及其构成要素，以及关于营销能力前因和结果的相关实证研究。同时，为了探究企业网络对自适应营销能力的影响机制，本章也将回顾整理企业网络理论的相关构念，并通过梳理企业网络与企业能力和绩效的相关研究，理清各构念的基本概念及其相互间的逻辑关系。此外，公司企业家精神和环境动态性是影响企业决策的内外两个重要因素，本章还将对这两个因素的相关概念和影响作用的相关研究进行回顾，以探索这两个因素在本研究中可能存在的影响作用。总之，本章将对本研究所涉及的相关理论进行回顾和梳理，主要包括营销能力、企业网络、公司企业家精神、环境动态性等方面的理论概述和相关的实证研究，为本书理论框架的搭建奠定基础。

2.1 复杂适应系统理论逻辑

自 20 世纪 90 年代以来，信息网络技术的快速发展使经济全球化和信息化具备了必要条件，信息经济、全球化经济、绿色经济、虚拟经济等新的经济概念不断涌现。从跨国公司的迅速发展到美国金融危机的突然爆发，从企业大规模的标准化生产到为消费者提供满足其个性化要求的产品和服务，都要求现代企业运用新思想和新观点去认识并且提出合理的对策。与此同时，美国圣达菲研究所（Santa Fe Institute，简称 SFI）将传统科学方法与现代计算机技术结合起来，进行了多学科的复杂理论研究。复杂理论认为网络经济世界的运行并不都是你死我活的斗争，而是像生态系统那样，企业与其他组织之间存在“共同进化”关系。在企业的商业生态系统中，为了企业的生存和发展，彼此间应该合作，努力营造与维护一个共生的商业生态系统。SFI 的科学家认为，从物理学到化学、生物学、社会学、经济学等领域的复杂现象和行为源自自组织、突现和适应等过程，因此，它们是“复杂适应系统”[17,18]。基于复杂理论，这个系统是一个复杂动态非线性的混沌系统，这个系统包括了供应商、主要生产者、竞争对手、顾客、科研机构、高等院校、行政管理部门、政府及其他利益相关者，企业是这个系统的成员之一。系统决定了企业的行为和价值，决定了企业的战略方向，要求企业从整个企业生态系统来制定战略。

美国密歇根大学教授 Holland 于 1994 年在 SFI 成立 10 周年时正式提出了复杂适应系统理论（Complex Adaptive System，以下简称 CAS）[9]。Holland 在《隐秩序——适应性如何造就复杂性》一书中指出复杂适应系统是“由用规则描述的、相互作用的主体组成的系统”，他认为系统中的各元素（个体）因其能够主动与环境及其他元素（个体）进行交流，反复发生相互作用，可以被看作具有适应性的主体（Adaptive Agent），简称为主体。这些主体在这种持续不断的交互作用过程中，不断地“学习”或“积累经验”，并根据学到的知识和经验主动改变自身的结构和行为方式，以适应不断变化的内外部环境。各个基层个体通过相互间的交流和作用，可以在上一层次，乃至整体层次上突现出新的结构、现象和更为复杂的行为，如产生新层次，出现分化和多样性，形成新聚合，出现更大个体等。这就是 CAS 理论的基本思想和核心——适应产生复杂性[9,19,20]。Holland 认为 CAS 具有 4 个特征：①个体聚集性（Aggregation），即通过相互间的交流和作用相似的主体会聚集成类，形成更高一级的复杂主体——介主体（Meta - agents），如果这些介主体进行再聚集，将产生介介主体

(Meta - meta - agents)，进而出现 CAS 的层次组织。聚集既不是简单的合并，也不是个体的消灭或吞并，而是新的更高层次个体的诞生，即旧的个体并没有消失，而是在新的更适宜自己生存的环境中得到了发展。②非线性（Nonlinearity），即个体及其特征属性的变化并非遵从简单的线性关系。CAS 理论认为个体之间的相互作用不是简单的、被动的、单向的因果关系，而是主动的适应关系，是各种正向或负向的反馈作用形成的交互影响、互相缠绕的复杂关系。正因为如此，复杂系统的行为才会难以预测，才会经历曲折的演进而呈现丰富多彩的性质和状态，这也是系统复杂性的内在根源。③流（Flow），即某种资源在有着众多节点与链接的某个网络上的流动。节点就是系统中的个体，而链接则表示可能的相互作用。在 CAS 中，网络上的流因时而异，节点和链接会随着主体的适应和不适应而出现或消失。因此，无论是流还是网络，皆随时间变化，它们随时间的流逝不断积累经验进而表现出适应性。④多样性（Diversity），是指一种动态模式，是 CAS 不断适应的结果。每一次新的适应都为进一步的相互作用和新的生态创造了可能性。[9,21]

复杂适应系统理论的提出正好为人们提供了新的思路与方法。当把企业和经济系统视作一个面对不断变化的复杂环境、由具有适应性的主体构成、处于不断演进过程中的复杂系统时，这一新思路则为经济科学和企业管理理论提供了一个新的视角。在市场需求日趋复杂多变的背景下，结合复杂适应系统理论的基本观点，George S. Day 在 *Journal of Marketing* 杂志 75 周年庆典时，提出了自适应营销能力这一新的概念。[8] 通过相关文献整理，本研究发现复杂适应系统理论已经较多地被应用于生命医药科学领域，在社会科学领域较少被应用，只有少数学者从理论逻辑上进行过探讨。CAS 在管理学领域的应用，最早是 Brown[22]、Anderson[23] 等将 CAS 理论应用于战略组织设计上。事实上，后来也有一些学者将该理论应用于创新管理的研究之中，国内学者对于 CAS 理论的研究则处于吸收和引入阶段，相关的研究较少。马春文等[24] 基于 CAS 理论的基本逻辑，探究了合作研发项目的动态递进管理模式。王立华基于 CAS 的理论视角分析了企业主体对产业集群转型升级的影响过程。上述这些研究基本上都是基于理论逻辑的探讨，目前尚缺乏实证研究的佐证。与其他学科相对比，在企业营销工作的许多领域，各个主体之间更是相互影响相互制约的。主体与主体之间、主体与环境之间的信息传递程度通常直接决定一个复杂适应系统的发展程度。但通过文献的整理，我们发现基于 CAS 理论逻辑的营销领域研究目前还比较少见。

2.2 营销能力的相关理论

学术界关于营销能力的研究可以说始于 1994 年 Day 发表的《市场导向型组织的能力》一文。现有文献的普遍观点是：市场导向是企业的市场观念和组织文化，营销能力是执行这种观念和文化的具体流程表现。资源观是营销能力理论发展的基础，营销能力理论的发展历程与资源观理论体系中的企业能力理论有着相似的脉络。因此本节将首先对市场导向和资源观理论的主要观点和发展历程进行简单的梳理，进而回顾营销能力的概念发展、构成要素和相关的实证研究。

2.2.1 市场导向理论概述及现有研究进展

市场导向是 21 世纪 90 年代在营销观念（Marketing Concept）的理论基础上发展起来的，从一开始提出就受到学者们的广泛关注。早期的学者们基于不同的研究视角，对市场导向的内涵和概念进行了不同的界定，比较被接受的主流观点包括：（1）Kohli 和 Jaworski[25] 的企业行为观，他们定义市场导向就是企业密切关注和收集有关顾客目前及未来需求的市场情报，将这些情报在企业内进行跨部门传播和共享，并举组织之全力对其做出适当的反应。基于这个概念，市场导向的内涵包括市场信息的收集、部门间的信息传播和对市场信息的反应 3 个方面。（2）Narver 和 Slater[26] 的企业文化观，他们从组织文化的角度提出市场导向是由三个行为要素（顾客导向、竞争者导向和跨部门协作）和两个决策准则（长期观点、关注利润）构成的一种以顾客价值为核心的组织文化。

关于市场导向和企业绩效关系的研究，Narver 和 Slater[26] 在 1990 年率先开发了市场导向的测量量表，并通过实证研究发现了市场导向和企业绩效间的正向关系。随后，以市场导向和企业绩效为主题的研究就成为学术界战略管理研究领域的热点之一，但早期的众多研究观点和结论尚不一致。一方面，有研究显示市场导向型企业会有更好的绩效表现，例如利润、销售增长和新产品绩效等；[26~28]另一方面，有些学者通过实证研究的结论提出了异议，例如市场导向可能阻碍创新[29]、可能引起研发短视[30]或扰乱业务流程，[31]也可能因为过于注重顾客需求而使企业失去行业领导地位。[32]所以如果企业只对顾客需求做出反应，会导致其难以察觉环境变化对企业的影响。针对上述两种不同的研究结果，Narver 等[33]认为这是由对市场导向的狭隘理解造成的，他们强调市场导向包括先动型市场导向和响应型市场导向两种类型。早期的研究主要侧重于响应型市场导向而忽略了先动型的市场导向，才会致使研究结果出现分歧。顾客的需求存在显性和隐性两种状态，响应型市场导向是企业试图发现、理解和满足顾客表现出来的显性需求；先动型市场导向则是企业关注顾客隐性的、尚未意识到或者不知如何表述的需求，发现新的市场机会。Narver 等[33]在早期开发的市场导向测量量表的基础上做了进一步的完善，重新开发了匹配这两种市场导向的测量量表，并通过实证研究发现：任何企业单靠响应型市场导向来创造和保持新产品的成功都是不够的，先动型市场导向将发挥更为重要的作用。其实，在 Narver 等[33]将市场导向划分为先动型和响应型之前，Jaworski 等[34]就已经提出类似的划分，将市场导向分为市场驱动（Market driven）和驱动市场（Driving market）。他们认为市场驱动指的是企业在一个既定的市场结构中，对市场参与者的现实行为和偏好进行学习、理解和反应；驱动市场则是企业在加强竞争优势的方向上影响市场结构和市场参与者的行为。他们强调市场中除了有一些既定的结构和行为，更多的是动态变化，企业应该平衡这两种导向在企业中的作用，这两种市场导向的划分与 Narver 等的理论逻辑是一致的。

近几年来，国内外的学者也开始对先动型和响应型市场导向进行了一定的研究，研究结论也不尽相同。从国内的研究来看，司方来等[35]认为单纯强调响应型市场导向，过度地执着于顾客显性需求的满足反而会导致企业捕捉顾客价值的能力降低；而单纯地强调先动型市场导向也会导致企业研发过度超前，如果顾客不能及时迎头赶上，理解、接受和消化企业的创新成果，则创新性产品的短期收益将入不敷出，最终也会使企业自食其果。因此，他们提出对先动型和响应型市场导向的贯彻分别要求不同的组织环境和组织技能，这就要求企业要构筑战略柔性体系（包括战略柔性、职能柔性、制造柔性和基础柔性四个层面），从而系统地调和这两种导向。张婧和赵紫锟[36]对中国227家制造企业的实证研究结果显示：Narver等开发的先动型和响应型市场导向的测量量表在我国制造业环境下也具有良好的信度和效度；这两种类型的市场导向与企业的利用式创新和探索式创新都具有显著的正相关关系。虽然这一结论跟之前Baker等[37]、Li等[38]、Christensen等[32]提出的响应型市场导向与探索式创新负相关和先动型市场导向与利用式创新负相关的结论不一致，但张婧和赵紫锟的研究同时也发现先动型市场导向对组织创新和企业绩效的促进作用更加明显。万广圣和金兴[39]在关于两种市场导向对企业绩效的正向影响作用的比较上则得出了不一样的结论，他们发现响应型市场导向对绩效的促进作用更为明显。但当考虑“环境变化”这一权变因素时，响应型市场导向的正向作用受环境变化的影响不显著，而环境变化会正向调节先动型市场导向与企业绩效的关系。同样基于“环境变化”的权变视角，刘婷、李瑶[40]的研究则进一步发现随着需求不确定程度的提高，响应型市场导向的作用受到削弱，而先动型市场导向的作用更加突出。并且，他们发现企业的关系能力会促进先动型市场导向的积极作用。

国外学者早期关于这两种导向的研究以理论研究为主，一直到2004年Narver等开发出相应测量量表之后，才开始有少数学者对这两种导向的影响作用进行实证研究。Atuahene - Gima等[41]的研究得出了跟之前的研究不一样的结论，他们发现响应型市场导向和新产品绩效的关系是“U形”关系，说明企业对顾客显性需求的响应能力要达到一定程度以后才会对绩效产生越来越大的正面效果；相反，先动型市场导向和新产品绩效的关系则是“倒U形”关系，说明企业不应过度强调基于市场的未来变化和顾客潜在需求的创新，否则会给企业绩效带来负面的效果。除此之外，他们还发现这两种市场导向对企业绩效的交互影响是负向的，说明这两种导向在同一企业内部不能同时处于较高水平，而应是一高一低最佳。Jaeger等[42]也认为这两种市场导向的影响作用是非线性的，但他们得出的结论与Atuahene - Gima等[41]截然不同。Jaeger等[42]认为这两种市场导向对企业绩效的影响存在当期和延期两种效应，他们的研究表明响应型市场导向对企业绩效的当期和延期效应都是“倒U形”的，而先动型市场导向的当期效应是“U形”的，但没有显著的延期效应。所以，他们认为企业应该更加注重并持续地执行先动型市场导向，以确保企业的持续发展和竞争地位不丧失。Blocker等[43]重新基于顾客角度开发了先动型和响应型的测量量表，通过来自5个不同国家的800名顾客的实证研究检验了先动型和响应型顾客导向对顾客价值、满意度和忠诚的作用，得出了不同的结果。他们的研究结果表明，顾客除了希望企业尽量满足他们的要求外，也希望企业能够帮助他们超越现实约束，实现未来的需要。并且，先动型顾客导向和响应型顾客导向是相互促进的关系，而不是相互抵消，这两种导向对顾客价值具有显著的正向交互作用。Herhausen[44]与其他学者不同，他没有单独研究两种导向对绩效的作用，而是探究了两种导向的均衡对绩效的影响。他的研究得出了两点独特的结论：①这两种导向的均衡水平对企业绩效具有积极的影响作用，即这两种导向在较高水平并且均衡时对企业绩效的作用比在较低水平并且均衡时的作用更大。也就是说，企业应该同时发展这两种导向能力，两手都要抓。②两者平衡时对绩效的影响作用最大，一高一低的状态对企业绩效的影响都会下降。而且他们还发现“先动型>响应型”情况下的作用大于“先动型<响应型”情况下的作用。

2.2.2 资源和能力理论概述

企业资源理论的提出至少可以追溯到1959年艾迪斯·潘罗斯（Edith Penrose）[45]《企业成长论》一书的发行，她认为企业的资源和能力就是新古典理论所说的“黑箱”，是给企业带来经济效益的稳固基础。她认为企业不仅仅是一个管理单位，更是一个生产资源的集合体，对生产资源利用方式的不同取决于不同的管理决策，并强调当企业获取了资源的潜在价值时，资源就会巩固企业的竞争地位。虽然此后也有少数学者把企业构想成资源的集合（e. g. Rubin，1973；Richard & Winter，1982）[46,47]，但沃纳菲尔特（Wernerfelt）[48]于1984年在SMJ上发表的《企业的资源观》才标志着资源观的诞生。Wernerfelt继承了Penrose的研究传统，认为企业不是产品市场活动的载体，而是独特的资源组合。他认为“资源和产品是一个硬币的两面，确定企业在不同产品市场上的规模大小可能是指最小的资源保证。反过来，确定企业的资源概况则可能是指找到最优的产品市场活动”。Wernerfelt 在文中分析了资源的作用，并提出了资源位势壁垒（resource position barrier）的概念，他认为“只有进入壁垒而没有资源位势壁垒的企业很容易受到多样化进入者的攻击，而只有资源位势壁垒而缺乏进入壁垒的企业则没有开发壁垒的能力”。Wernerfelt 认为生产能力、顾客忠诚、生产经验、技术领先等都是具有吸引力的资源。虽然 Wernerfelt（1984）的阐述比较抽象，却为资源观理论提供了基础。Wernerfelt 研究的最大贡献是推动了战略研究视角的转变，它将人们习惯的企业战略思考角度由“产品”观念转变为“资源”观念，此种转变将战略制定的基础由外部的“产业结构分析”，逐步转移到内部的资源与能力分析。在 Wernerfelt 发表《企业的资源观》的同年，Rumelt[49]发表了《企业的战略理论初探》，提出了隔离机制（isolation mechanism）的概念。Rumelt 认为，企业的初始资源禀赋可以是同质的，但是只要存在隔离机制，这些资源将异质化，而且异质化的资源具有不完全模仿性。这一时期所提出的资源理论的中心假设（企业资源和竞争优势间的关系）以及主要概念如隔离机制、模仿壁垒等为 20 世纪 90 年代资源理论的蓬勃发展奠定了基础。

Barney[50]在 1991 年发表的《企业资源与持续竞争优势》首次提出了分析资源与持续竞争优势的理论模型。该理论模型建立在资源异质性和不完全流动性的假设之上，认为持续竞争优势源自有价值的、稀缺的、不能完全被模仿的以及不能完全被替代的资源，这便是资源理论的 VRIS 模型（见图 2－1）。Barney 将资源的概念广义化，他认为“企业资源包括所有由公司控制、能够促使公司构想和执行提升经营效率和有效性战略的资产、能力、组织流程、公司属性、信息、知识等”。他将企业资源分为三个大类：物质资本资源、人力资本资源和组织资本资源。Barney 通过论证指出，只有当企业正在执行一项同时不被其他任何现有或潜在的竞争对手所执行的价值创造战略时，这个企业才拥有竞争优势；而同时只有这项价值创造战略为企业所带来的利益是其他企业无法复制的时候，这个企业才拥有持续的竞争优势。

Grant 提出了资源基础观的战略分析框架（见图 2－2），他认为基于

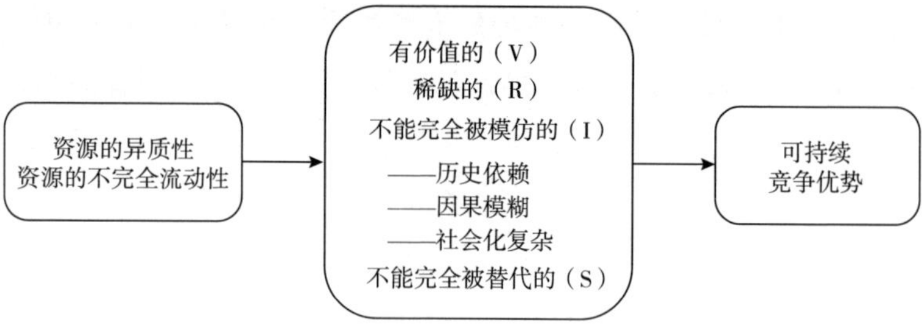

图 2－1　Barney 的资源分析框架

资料来源：Barney（1991）。

企业的资源基础，战略的形成应该包括识别企业资源、识别企业能力、评估企业资源和能力的赢利潜能、选择战略、扩张和升级企业的资源和能力等五个步骤。在文中，Grant 区分了能力和资源这两个概念。他认为企业资源包括资金、物质、人力、技术、声誉和组织资本等六种类型，而企业能力则是企业运用自身资源执行战略任务和活动的能力，这种能力并不是简单的资源装配，而是包含了人与人之间、人和其他资源之间相互协调的一种程序，或者说是一系列交互作用的程序。因此，企业能力实际上是企业的过程性资源，也可以被看成企业的无形资源。

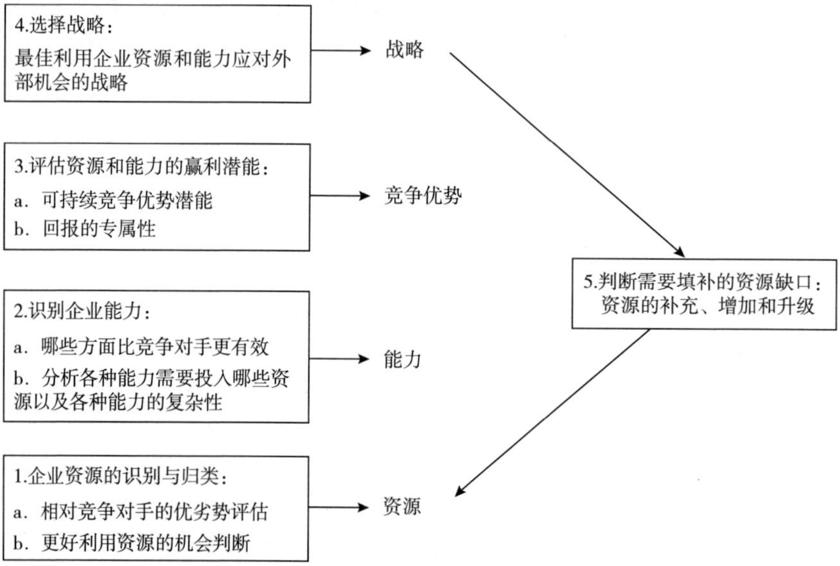

图 2－2　资源基础观的战略分析框架

资料来源：Grant（1991）。

Grant (1991)[51]认为资源基础观的提出虽然将战略研究的视角转向了企业内部的资源和能力，但缺乏简单的战略整合框架，对实践领域缺乏指导作用。与 Wernerfelt、Barney 和 Grant 不同，Peteraf (1993)[52]基于资源基础观对企业竞争优势的解释更加注重基本的价格理论，她将个体企业的资源作为基本的分析层面，认为企业对资源的控制必须满足四个条件（或特征）才能给企业带来可持续的竞争优势：第一，企业能够凭借具有异质性的资源获得租金；第二，企业能对竞争进行事前限制，以低于租金的成本取得优秀的异质资源；第三，企业能凭借资源的不完全流动性将租金保持在自身企业内部；第四，企业能通过对竞争的事后限制来保持住这些租金（见图 2 – 3）。

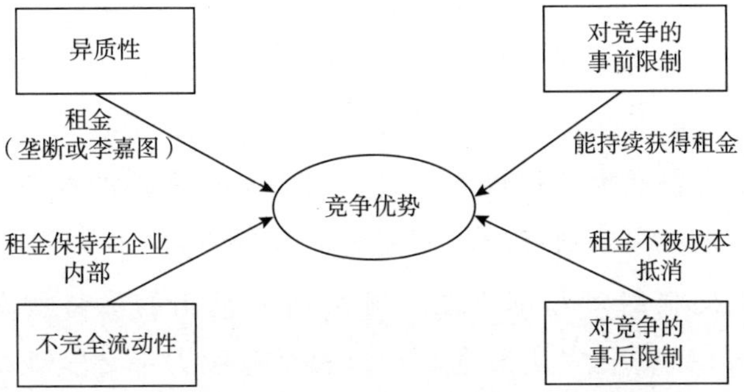

图 2 – 3 Peteraf 基于资源的竞争优势分析框架

资料来源：Peteraf（1993）。

Peteraf 主要从成本和租金的角度来阐述资源的异质性特征，她认为拥有普通资源的企业只能在盈亏平衡点附近经营，而拥有异质资源的企业可以获取租金。同时，她强调这类资源应具有不完全流动性，也就是具有企业特殊性，不能够被交易。这种资源即使可以交易，也可能由于转移成本太高或者是互补性的专有资产等原因在自身企业内部的价值比在其他企业内部更高，因而会阻碍这种资源的交易。

继 Wernerfelt、Barney、Grant 和 Peteraf 等学者的研究之后，资源理论研究在 20 世纪 90 年代掀起了热潮。学者们对该理论体系进行了发展，认识到企业想要拥有可持续优势仅仅占有资源是不够的，还需要关注其利用资源的能力和过程，从而出现了与资源观一脉相承的企业能力理论。Prahalad 和 Hamel[53]1990 年在《哈佛商业评论》上发表了具有划时代意义的论文《企业核心能力》。他们认为在市场竞争全球化的背景下，企业的竞争优势关键在于如何发现、培育和利用其核心能力（core competence）。他们认为日本的 NEC 公司在 20 世纪 80 年代的成功主要是因为其专注于开发核心产品，培养自身的核心能力，而美国的 GTE 公司出现经营下滑的原因就是没有培育自身的核心能力。Prahalad 和 Hamel 认为企业核心能力是组织内部的集合性学习过程所体现出来的能力，尤其是对各种多样化生产诀窍和复杂的技术之间进行协调和整合的能力。他们提出可以用三个标准来判断核心能力：第一，核心能力可以为企业提供进入广泛的、多样化市场的潜在途径；第二，核心能力能对终端产品的顾客感知利益产生显著的贡献；第三，核心能力是个体技术和生产诀窍聚合的复杂过程，很难被竞争者所模仿。他们还提出了基于核心能力的竞争力框架，把多元化的企业形象地比喻成一棵大树，核心产品就是树干和主要分支，企业的事业单元就是小的树杈，最终产品是树叶、花和果实，企业的核心能力就是为整棵大树提供养分、支撑力和稳定性的根茎系统。在市场竞争中，正如只看树叶则认不清树的真正力量一样，如果企业只关注竞争对手的最终产品则无法正确分析其真正的优势所在。Amit 和 Schoemaker（1993）[54]认为企业资源和企业能力都是企业的战略资产（strategic assets），他们分别对资源和能力给予了明确的定义，资源是企业拥有或控制的可获得要素的存量，企业通过综合技术、管理信息系统、激励系统和管理层与劳动者之间的信任可以将企业资源转化为最终产品或服务。而能力则是指企业配置资源的能力，一般而言是企业综合运用组织流程以达到渴望得到的结果的能力。企业能力是基于信息的、有形或无形的组织流程，是企业通过内部资源长期复杂的交互作用所培养起来的，是企业本身特有的。

从 20 世纪 90 年代开始，信息技术和全球化竞争的快速发展使市场环境变化加快并且难于预测。虽然上述学者从各自的角度解释了资源和能力对企业竞争优势的作用，然而，这些解释被认为是静态的，忽视了企业内部资源与企业外部环境的交互。[55] Barton（1992）[56]通过重点研究企业的新产品和流程的开发项目，发现传统的核心能力对企业的创新会有阻碍作用，也就是具有“核心刚性”（core rigidities）。他认为传统的核心能力是独特技术系统、技能和管理系统的集合，而这些要素都将深深地植入企业的价值创造体系中。企业的研发活动与自己的核心能力是相互作用的。一方面核心能力可以增强研发活动，另一方面当新的研发项目需要新的能力要素集合时，原有的核心能力就会阻碍研发活动，形成核心刚性。因此，由于市场环境变化的不断加剧，理论研究和商业实践都迫切需要新理论的出现。在此背景下，Pisano & Teece[57]在《产业与公司变革》杂志上发表的《企业动态能力：导论》一文，首先提出了动态能力的概念。另Teece，Pisano & Shuen（1997）[58]在SMJ上发表的《动态能力和战略管理》一文对之后动态能力理论的研究与发展具有里程碑式的意义。他们把动态能力定义为公司整合、构建、重新配置内部和外部能力以应对快速变化环境的能力，是改变企业能力的能力。Teece等人提出过程（process）、定位（position）和路径（path）是决定企业动态能力的三个维度。他们指出过程是公司协调和整合资源的行为方式，主要包括整合（integration）、学习（learning）和重构（reconfiguration）等三个组织管理过程。定位关系到公司特有的、难于被交易的知识性资产，互补性资产，顾客基础以及和供应商、合作者的关系，他们认为公司在市场上的战略定位是由这些特定资产所决定的。路径是指公司选择的战略以及由此产生的不确定的收益和路径依赖，他们认为企业的将来通常是由企业当前的定位和未来的路径共同决定的。他们认为企业只有通过吸收和整合资源、组织学习、对知识进行管理等提升自身的创新能力，以及获得新知识和能力，并逐步提高效率，整合和改进现有的能力，才能使企业在动态、复杂、不确定的环境下获得持续竞争优势。动态能力理论的提出由于与快速变化的市场环境特征相吻合，所以吸引了战略管理领域的大量关注。继Teece等人提出动态能力的概念之后，国内外诸多学者从组织管理视角[55]、学习视角[59]、过程视角[60,61]等不同视角对动态能力进行了研究。Eisenhardt & Martin[55]在2000年于SMJ发表的《动态能力是什么》一文中，强调动态能力是企业特定的、可识别的一系列流程，如产品开发、战略决策制定和战略联盟等。他们认为企业动态能力的性质会由于市场环境动荡程度的不同而发生变化，在适度动态的市场中，动态能力就跟传统意义上的流程一样，具有稳定性、可分析性和可预测性。然而，在高度动态的市场中，动态能力就是高度尝试性的、零碎的、无法预知未来结果的流程。企业的动态能力就是整合企业内外资源和能力去适应变化的能力。董俊武、黄江圳和陈震红等（2004）[60]认为动态能力是围绕变异、内部选择、传播和保持四个阶段循环进行的，整个循环过程是一个学习性的过程。

Sirmon，Hitt & Ireland（2007）[62]认为传统的资源观把从资源占有到价值创造的过程看成一个黑箱，没有对如何利用资源以创造价值做出解释。他们认为这个黑箱里主要有资源规划（Structuring）、资源捆绑（Bundling）和资源整合（Leverageing）等受环境动态性影响的三个过程。其中，资源规划过程又包括资源获取（Acquiring）、资源积累（Accummulating）和资源剥离（Diversing）三个子过程；资源捆绑是指整合资源以创造能力的过程，包括稳定（Stabilizing）、丰富（Enriching）和引领（Pioneering）三个子过程；资源整合是为顾客创造价值、为所有者创造财富的过程，包括动员（Mobilizing）、协调（Coordinating）和配置（Deploying）三个子过程。具体对上述每个子过程的描述见表 2－1，他们认为这些子过程的执行都应随着环境的动态变化而进行调整。

表 2－1　资源利用过程

	子过程	过程内容
资源规划	获取（Acquiring）	从战略要素市场购买资源
	积累（Accumulating）	内部资源的增长
	剥离（Diversing）	去掉企业控制的部分资源
资源捆绑	稳定（Stabilizing）	对企业已有的能力逐渐进行改善，如员工培训等
	丰富（Enriching）	扩展现有能力，保持企业能力最新，如组织学习等
	引领（Pioneering）	整合可能的或潜在的资源到企业资源中去获取新的竞争优势
资源整合	动员（Mobilizing）	识别和设计利用市场机会的能力
	协调（Coordinating）	整合动员起来的能力以创造有效的能力架构
	配置（Deploying）	使用能力架构以支持整合战略

资料来源：本研究根据 Sirmon，Hitt & Ireland（2007）的研究整理。

虽然继 Teece 提出动态能力概念之后，诸多学者都将动态能力与企业竞争优势联系起来，但 Ambrosini & Bowman & Cliff（2009）[63]强调动态能力并不一定能够直接带来竞争优势，他们认为动态能力中的“动态”二字更多地是指外部环境的动态，而不是能力的动态。在他们提出的动态能力模型框架（见图2-4）中，他们强调动态能力的价值创造过程会受到企业内外环境中的促进因素（Enablers）和抑制因素（Inhibitors）的影响。其中，内部环境中的管理者行为、互补性的知识和资源以及企业的社会资本，有助于企业价值创造；而外部环境的复杂性、不确定性、丰富性和归属国的特征等则会调节动态能力的价值创造过程与其效果（Outcomes）的关系。并且，他们认为该过程与外部环境的复杂性和不确定性的变化会存在时间滞后性，当外部环境高速变化时，这个时间滞后将会导致企业动态能力所带来的优势是暂时性的或是竞争平等性的，甚至会由于顾客和竞争行为的变化，导致资源优势的短命。他们提出，由于企业对环境不确定性反应的滞后性，企业整合、配置动态能力的主要任务在于资源优势基础的不断创新。

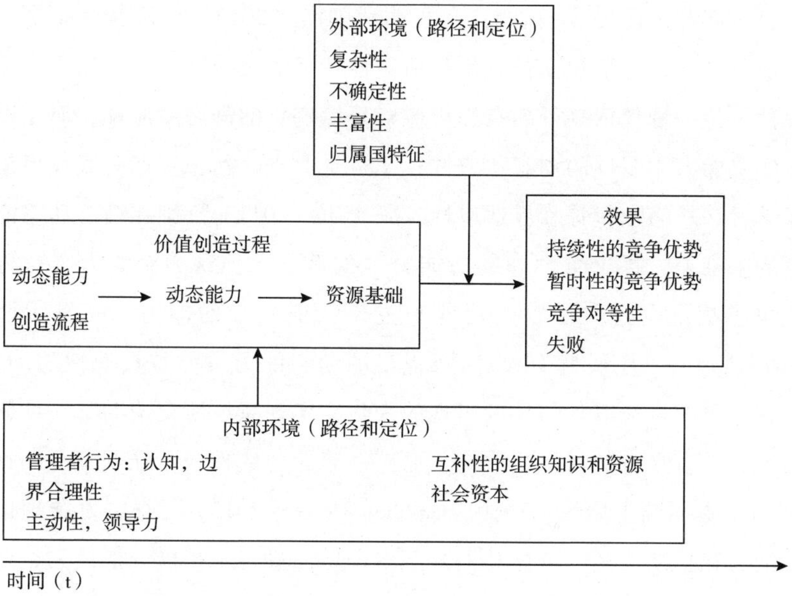

图2-4 动态能力框架

资料来源：Ambrosini，Bowman，Cliff（2009）。

世界著名的战略学家 Hamel[64] 在他 2007 年出版的 *The Future of Management* 一书中强调，只有那些能够在今天就创建明天的最佳实践的企业才能在未来的竞争中获得领先的起点。他认为在无从捕捉的变化中，当前产业年代下较为盛行的管理信念将会在21世纪对企业产生“有毒”的作用，只有主动创造和突破挑战才能取得成功。Jack & Welch（2005）[65]也认为“如果组织内部的变化比外部变化慢，企业的末日就在眼前了”，所以领导者必须培养第六感，培养一种能够领先洞察周围角落的能力。在外部环境变化不断加剧的背景下，Ma等（2009）[66]提出企业应建立具备以主动性为特征的、能够感知外部市场的变化并做出回应的战略适应能力（Strategic adaptive capability）。正如Ambrosini & Bowman & Cliff（2009）[63]所强调的，由于企业动态能力的价值创造过程相对于外部环境的变换存在时间滞后，企业的动态能力水平相对于市场环境的要求必然存在一定的差距。[8] Day（2011）[8]认为这个差距在当前急剧变化发展的环境下将会不断加大，而这必然会以牺牲企业的短期赢利能力和未来的竞争优势为代价，所以企业必须培育包括预测、实验和整合企业网络资源进行开放营销等在内的自适应营销能力。① 吕鸿江、程明和刘洪（2012）[67]认为企业是一个复杂适应系统，应该建立具有复杂适应性特征的组织结构。他们认为复杂适应性不是一种仅依赖于固有知识应对环境变化的静态适应性；而是以自稳型学习能力为基础的动态适应性；或是企业进入新稳定态时表现出的自组织学习、战略创新等临界适应性。张春明（2012）[68]则在继承动态能力理论的基础上，提出了“超动态能力”的概念。他认为企业为应对外部环境快速变化应建立的以主动性为主要特征的活的能力，就是所谓的“超动态能力”。他认为Teece等人提出的动态能力可能是被动性的动态，其存在的目的是应对外部环境出现的变化，实现系统所交给的某一项任务或功能，没有自身的目标或取向。而超动态能力的构建更强调自身的目标（取向），更强调主体的主动性。Darshan Desai（2013）[69]根据复杂理论对动态能力观也从个体、群体和网络等多个层面进行了扩展。他认为企业是在复杂自适应网络环境下培育能力的，当企业边界变得越来越模糊时，企业对动态商业系统的自适应就显得尤为重要。虽然目前学术界已经认识到

① Day（2011）提出的自适应营销能力在后面营销能力理论回顾中会有详细阐述，这里就不再赘述。

传统的企业能力或动态能力理论不符合当前的环境特征，但复杂理论在企业管理领域的应用研究刚刚起步，学术界关于企业自适应能力的研究目前只有少数学者进行理论上的探讨，还没形成系统的理论架构。

综上，资源基础观将企业看成一个独特的资源体系，认为持续竞争优势源自有价值的、稀缺的、不能被完全模仿的以及不能被完全替代的资源。而传统的企业能力理论和动态能力理论则是从资源配置以及资源之间动态联系的角度来理解企业竞争优势，强调资源之间的整合过程与整合之于企业竞争优势的关键意义。由此可见，资源是一个静态的概念，主要是指企业所拥有或所能支配的各种要素本身，而能力则是一个相对动态的整合性概念，它更多地与活动及过程相关。因此，实际上，企业能力理论是对企业资源理论的一个延伸，都是从企业内部角度去研究如何发挥自身独特的资源和能力的作用去应对外部环境的变化，进而建立企业竞争优势，其所谓的“企业能力”是一种被动性、应对性的能力。而最近少数学者基于复杂性理论提出的企业自适应能力，则是从企业所处的复杂网络系统的角度去研究企业如何通过自组织学习、主动创造等创新流程去洞察未来的环境变化，领先做出应对的能力，是一种主动性的、活的能力。

2.2.3 营销能力的概念发展

营销能力理论是 RBV（Resource - based view）理论和企业能力理论的一个分支。在 20 世纪 90 年代，战略领域的学者们掀起企业能力理论研究高潮的同时，营销领域的学者也开始对营销能力的概念、构成及其对企业获得并维持竞争优势和对企业绩效的作用机制等进行了多方面的研究，并取得了丰富的、有价值的理论成果和实践意义。

早在 20 世纪 80 年代学者们提出资源基础观以后，Möller & Anttila (1987)[70]就在此基础上提出了营销能力的概念，他们认为企业营销能力是一种多面体，是与营销相关的人力资源和资产、市场资产及组织资产的复杂结合。他们将营销能力划分为两个领域的能力：外部环境领域的营销能力和内部领域的营销能力（见图 2 - 5）。他们认为在企业评估自己在环境中的位势、顾客和竞争者行为以及企业与顾客、竞争者、供应商和经销商的关系时明显需要营销能力，并将营销能力在这几个方面的变现界定为外部领域的营销能力；而内部领域的营销能力是和企业管理过程相互交错在一起的，包括企业思想和战略的界定、关键职能整合（如 R&D、营销和生产）、营销职能管理、企业运营管理系统的营销定位等四个方面。

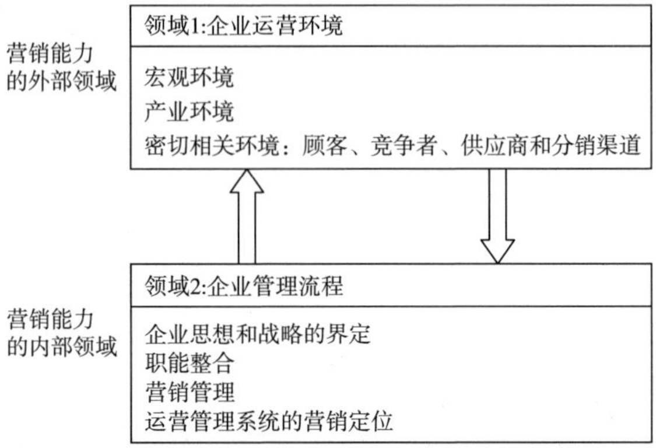

图 2－5　营销能力的子领域和维度

资料来源：Möller & Anttila（1987）。

1994 年 Day[71]在《市场导向型组织的能力》一文中对营销能力的界定为之后关于营销能力的研究提供了一个基础。Day 认为资产是企业所积累的资源禀赋，如投资规模、品牌资产、设备和系统、政府支持等。能力则不同于资产，能力是技能和集体性学习的复合体，它通过组织流程使企业得以协调各项职能行为并有效整合资产，包括“外部－内部化（outside-in）流程”、“内部－外部化（inside－out）流程”和“整合跨越（spanning）流程”（见图 2－6）。他认为市场导向组织拥有卓越的市场感知（market sensing）能力、顾客联结（customer linking）能力和渠道结合（channel bonding）能力，并且这三方面的能力都是通过“外部－内部化流程”来体现的。在该研究的基础上，营销领域的学者们开始广泛、深入地对营销能力进行研究。

Hooley 等人（1999）[72]认为 Day 提出的“外部－内部化（outside－in）流程”、“内部－外部化（inside－out）流程”和“整合跨越（spanning）流程”的能力内容均会在营销的操作层面上体现，而营销能力除了包含这三个操作层面外，还应包括营销文化和营销战略能力。他们提出营

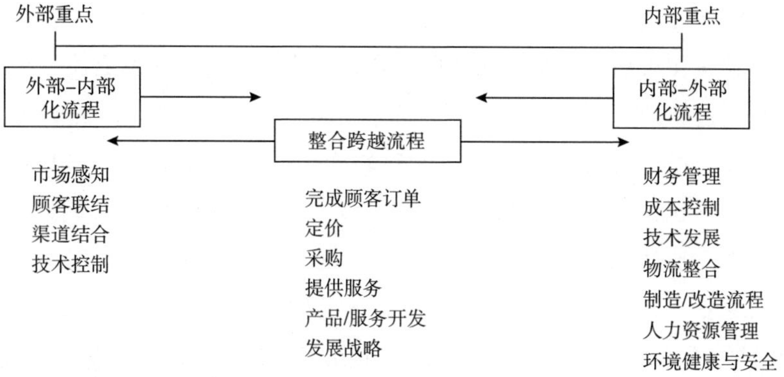

图 2－6 市场导向型组织能力的分类

资料来源：Day（1994）。

销文化包括企业的营销哲学（即市场导向）、企业在市场上的位置和企业对市场机会与威胁的反应（姿态）。而营销战略能力则包括企业的市场细分、目标市场选择和市场定位等三个方面的战略规划能力。Dutta, Narasimhan & Surendra（1999）[3]把营销能力定义为企业识别顾客需要、了解顾客决策行为的影响因素，比竞争品牌更好地对自身品牌进行选择和定位目标市场的能力。Weerawardena（2003）认为营销能力是企业将集体性知识、技术和资源运用于满足市场相关需求，从而增加其产品和服务的价值来满足竞争需要的整合性流程。他提出企业的营销能力主要体现在顾客服务、促销、销售人员质量、分销网络优势、广告开支、市场调研、产品差异化和产品引入速度等八个方面。Vorhies & Morgan（2005）[4]认为独特的营销能力可以被识别出来并确定为标杆，企业可通过缩小与标杆之间的差距来提升营销能力水平，进而培育企业的持续竞争优势。为此，他们对营销能力进行细化，认为八个方面的营销能力都会带来优异的企业绩效和持续竞争优势，包括产品发展、定价、渠道管理、营销沟通、销售、市场信息管理、营销计划和营销执行等。

随着市场需求的不断变化、信息技术的快速发展以及产品生命周期的明显缩短，营销环境的动态性和不确定性逐步加剧，所以自 20 世纪末开始，基于动态能力理论的深入研究，学者们也开始从市场环境的动态变化视角来理解营销能力概念的内涵与外延。Sirivastava, Shervani & Fahey（1999）[5]提出产品研发管理流程、供应链管理流程和顾客管理流程是企业的三个核心流程。面对外部市场环境的动态性和不确定性，他们认为营销能力就是在市场变化中形成新的观点，并重新设计和开发上述三个组织流程来创造新的顾客价值的能力。他们虽没有明确提出动态营销能力概念，但已经指明营销能力是改变流程的能力。Morgan 等人（2003）[73] 从资源基础理论的延伸——知识基础理论（KBV）——的视角对能力进行重新界定，他认为企业能力可以被看成一种组织记忆，会由于组织知识的更新而更新。他提出了结构性营销能力（Architectural marketing capabilities）的概念，将其定义为企业将获得的知识和其他资源进行整合、配置、运用于满足市场需求，实现向目标市场提供价值的过程，包括营销计划能力（marketing planning capabilities）和营销执行能力（marketing implementation capabilities）。Wang & Jiang（2006）[74] 基于传统的 4P 框架和动态能力理论，提出动态营销能力高低反映了企业动态调整其营销活动和资源对环境变化做出反应的速度。Bruni & Verona（2009）[75] 指出动态营销能力是企业为了适应市场和技术变化，创造、利用和整合营销知识和营销资源（人力资本、社会资本和管理者认知）的能力。Fang & Zou（2009）同样认为产品研发管理流程、供应链管理流程和顾客管理流程是企业的三个核心流程，他们认为动态营销能力高低反映了这些跨职能流程创造和传递顾客价值以应对市场变化的反应速度和效率。Morgan & Vorhies（2009）[76] 提出企业营销导向与营销能力的交互作用会促使企业比竞争者更好地配置资源，而这两者的交互其实也体现出了营销能力的动态性。[8] 动态营销能力还是一个比较新的概念，从学者们给的定义中可以发现，动态营销能力有着动态能力的本质，也是企业为适应市场环境变化而改变自身在营销领域中能力的能力。市场知识的积累和组织学习对动态营销能力的开发至关重要。同时，动态营销能力从本质上讲也是一种被动的应对变化的能力，在应对市场变化方面同样也会存在时间差。

针对市场环境的变化特征，许多领域的研究发现企业能力无法跟上市场的变化速度和复杂程度。[7,77,78] Eppler & Mengis（2004）[7] 认为信息时代中的信息超载将导致企业丧失决策能力、信息处理能力和任务排序能力。Day（2011）[8] 提出，市场要求的资源是市场复杂性（market complexity）和变化速度（market velocity）的函数，即资源$_r$ = F（市场复杂性，市场变化速度)；而企业可获得的资源是企业营销能力异质性的函数，即资源$_a$ = F（企业营销能力的异质性）。这里的资源是广义上的概念，包含了能力因素。Day 认为路径依赖（path dependency）、行为惯性（inertia）和结构性隔离（structural insularity）等因素带来的组织僵化和行动的滞后性，将会导致企业的营销能力水平与应对不断复杂变化的市场所需要的能力之间的差距（gap）越来越大（如图 2 -7 所示）。因此，Day（2011）根据复杂理论，提出了自适应营销能力（Adaptive marketing capabilities）这一新的概念。他认为自适应营销能力包括警觉性的市场学习和预期（Vigilant market learning）能力，自适应营销实验（Adaptive marketing experimentation）能力，以及协调、整合企业网络成员资源的开放营销（Open marketing）能力。

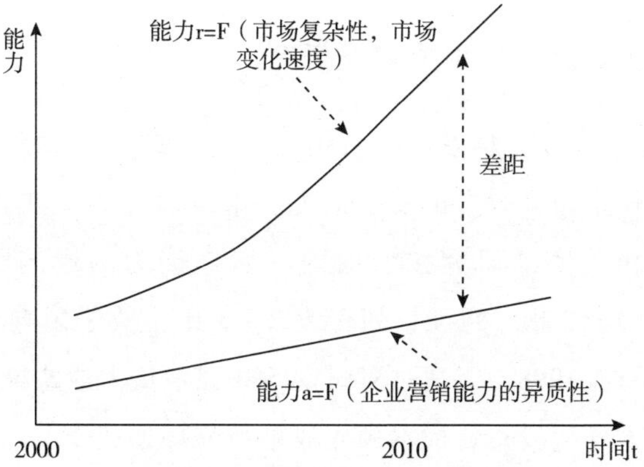

图 2 -7 营销能力存在的差距

资料来源：Day（2011）。

综上可见，营销能力概念的发展脉络与资源能力理论基本一致，基本可以归结为营销资源、静态营销能力、动态营销能力和自适应营销能力等四种概念，不同的视角对营销能力的构成要素有不同的观点，本章将学术文献中应用较多的几种分类归纳如表 2 -2 所示。

表 2 -2 营销能力的构成要素

概念视角	构成要素	代表作者
营销资源	营销相关的人力资源和资产、市场资产、组织资产	Möller & Anttila（1987）

续表

概念视角	构成要素	代表作者
静态营销能力	营销规划能力和营销执行能力	Morgan 等（2003）
	营销文化、营销战略能力和营销操作能力	Hooley，Fahy，Cox & Beracs（2003）
	产品发展、定价、渠道管理、营销沟通、销售、市场信息管理、营销计划和营销执行	Vorhies & Morgan（2005）
动态营销能力	产品研发管理流程应对市场变化的效率和速度 供应链管理流程应对市场变化的效率和速度 顾客管理流程应对市场变化的效率和速度	Fang & Zou（2009）
自适应营销能力	警觉性的市场学习和预期能力 自适应市场实验能力 协调、整合企业网络成员资源的开放营销能力	Day（2011）

资料来源：本研究整理。

2.2.4 营销能力的相关实证研究

自20世纪末至今，学者们对营销能力的形成及其对企业各方面绩效和竞争优势的作用做了大量的实证研究。本章通过对文献的整理和归纳，把营销能力的相关实证研究按照前因（营销能力的影响因素）和结果（营销能力的作用效果）两类，列于表2-3中。关于影响营销能力形成的因素，Vorhies（1998）[79]通过对财富500强中最大战略事业单位的研究发现，企业的差异化战略、成本领先战略和信息处理能力都有助于营销能力的培育和提升，但组织的集群化和形式化则会产生负面作用。Morgan等（2003）[73]提出营销能力包括营销计划能力和营销执行能力，并基于知识基础理论（KBV）提出企业层面知识和个人层面知识都会影响企业营销能力的形成，但他们强调不同类型和不同层面的知识会产生不同的作用。他们通过对英国和中国的出口制造企业的研究发现，个人层面和企业层面的经验知识（experiential knowledge）对营销计划能力和营销执行能力均有显著的正向影响作用，而企业的市场信息知识（market information knowledge）只对营销计划能力产生促进作用。张睿等（2008）[80]同样研究发现企业的顾客知识管理能力、竞争对手知识管理能力以及集成知识能力对营销能力具有促进作用。Weerawardena（2003）[81]、张骁等（2009）[82]和

Lee & Hsieh (2010)[83]通过不同的研究共同发现企业家精神(entrepreneurship,或称为创业精神、创业强度)也有助于营销能力的形成。Fang & Zou (2009)[6]基于资源理论视角,提出国际合资企业(IJVs)的动态营销能力受其资源获取机制(resource - picking mechanism)的直接影响。他们通过研究发现资源总量和资源的互补性对动态营销能力的形成具有促进作用,但会受到组织结构和组织文化调节的影响。就组织结构而言,他们的研究结果表明合资企业组织部门化会负向调节资源互补性对动态营销能力的影响,组织形式化则会正向调节资源总量与动态营销能力的关系;合资企业组织文化中的目标一致性和学习文化都会正向调节资源总量对动态营销能力的正向作用。他们的研究还发现当市场环境不确定性增强时,动态营销能力对企业绩效和竞争优势的作用会增强。市场信息和知识管理对于营销能力的正向作用也得到了多数学者的认同。[74]人力资本、关系资本、组织资本及市场导向等企业的相关资源因素也对营销能力的形成具有正向影响作用,如Griffith[84](2010)、Ngo & O'cass[85](2012)、Shin[86](2012)等。

表 2-3 营销能力的相关实证研究

作者	前因变量	作者	结果变量
Vorhies (1998)[79]	成本领先和差异化战略、市场信息处理能力	Vorhies (1998)[79] 张睿等 (2008)[80]	组织有效性(包括营销有效性、市场份额和销售额增长、盈利能力和新产品成功数量)
Morgan 等 (2003)[73]	经验知识、信息知识	Morgan 等 (2003)[73]	适应性绩效(对竞争者产品变化的反应、新产品导入市场时间和新产品收入)
Ming - Tien 等 (2004)[92]	市场知识管理	张骁等 (2009)[82]、Shin (2012)[86]	市场绩效
张睿等 (2008)[80]	市场集成知识能力	Morgan 等 (2009)[76]、Sonia 等 (2009)[88]、Murray 等 (2010)[93]、Vorhies 等 (2011)[91]、Shin (2012)[86]、Wang & Jiang (2006)[74]、李巍 (2011)[94]	企业绩效(成长、盈利能力、顾客满意度、适应性)

续表

作者	前因变量	作者	结果变量
Weerawardena（2003）[81]、张骁等（2009）[82]、Lee & Hsieh（2010）[83]	创业强度（创业精神）	Weerawardena（2003）[81] Vorhies & Morgan（2005）	持续竞争优势
Wang & Jiang（2006）[74]	顾客关系管理的技术支持	Weerawardena（2003）[81]	组织创新强度
Fang & Zou（2009）[6]	资源获取机制（资源总量和资源互补性）	Blesa & Ripollés（2008）[87]、Fang & Zou（2009）[6]	国际行为和国际化绩效
Griffith（2010）[84]	人力资本、关系资本、组织资本	Sonia 等（2009）[88]	股东满意
Vorhies 等（2011）[91]	营销探索能力、营销利用能力	于建原（2009）[89]、李清政（2011）[90]	领导者的创新欲望、自主创新
Shin（2012）[86]	顾客导向、竞争者导向、技术导向、学习导向		
Ngo & O'cass（2012）[85]	市场导向		
Fahy 等（2000）[95]	外商投资		

资料来源：本研究整理。

关于营销能力所产生的结果，现有研究在营销能力对企业总体绩效和竞争优势的正向影响作用这一结论上基本没有异议。尽管如此，许多学者在研究过程中同时考虑了企业内、外部环境特征对这一关系的调节作用。Fang & Zou（2009）[6]的研究证实了市场的不稳定性会正向调节动态营销能力与企业绩效的关系。Ngo & O'cass（2012）[85]则研究发现企业的营销资源也会促进营销能力对绩效的促进作用。也有学者通过研究发现营销能力会给企业带来组织创新强度提升（如 Weerawardena，2003）[81]、改善国际化行为和国际化绩效（如 Blesa & Ripollés，2008[87]；Fang & Zou，2009[6]），提升股东满意度（如 Sonia 等，2009[88]），提升领导者的创新欲望、自主创新水平（如于建原，2009[89]；李清政，2011[90]）。

通过对营销能力的相关实证研究文献的梳理，本书发现关于营销能力的前因和结果的实证研究，大多数停留在对静态营销能力的研究上。上述研究中对于动态营销能力的实证研究还相对比较少，除了 Fang & Zou (2009) 以外，只有 Wang & Jiang (2006)[74]研究发现动态营销能力在顾客关系管理的技术支持和企业绩效之间的关系中能起到中介作用。虽然 Vorhies 等 (2011)[91]在研究中也对营销能力的动态性进行了阐述，但并没有给出明确的定义。同时，目前还没有学者对自适应营销能力的形成、发展及其对企业绩效、竞争优势等结果变量的作用机制进行相关的实证研究。

2.3 企业网络理论

虽然资源和能力一直都被认为是企业获取竞争优势的重要战略因素，但随着经营环境动态化程度的不断升级，企业需要跨越自身边界，与外部环境中重要战略要素的提供者建立合作网络关系，实现相互间的资源共享和优势互补，才能突破自身的资源和能力约束。传统的资源能力理论并没有考虑到企业网络对企业战略行为和绩效的作用。因此，本节将重点梳理企业网络理论的相关概念及其作用，并回顾企业网络与企业能力和绩效的相关研究。

2.3.1 企业网络理论的基本概述

早在 20 世纪中叶，学者们就开始对企业网络的诸多相关现象进行研究，如长期契约、组织间关系和中间组织等。著名经济学家 Coase 在其 1937 年发表的《企业的本质》一文中讨论企业存在的原因及其扩展规模的界限等问题时，就分析了“长期契约”的作用。之后，新制度经济学领域的学者们对这种组织形态进行广泛的研究，涌现出了许多新的组织形态名词，如“中间组织”“组织间合作”等，这些组织形态介于市场和科层制之间，集合了两者的长处，并拥有不同的表现形式，[96]如产业集群、战略联盟、合作网络、特许经营、授权经营、混合组织、社区等。到了 20 世纪七八十年代，组织间的网络关系主要是在非营利组织研究中被展开讨论的（如 Aldrich & Whetten，1981；Benson，1975；

Boissevain，1974；Fombrun，1982；Provan，1983 等）[11]。Granovetter（1985）[97]率先站在社会网络视角分析经济活动，他认为一切经济活动都是嵌入社会关系中的，纯经济关系在现实生活中是不存在的，现实中的经济关系都包含有大量的嵌入性（Embeddedness）社会关系因素。此后，企业网络形式才开始被正式提出，并成为社会学家、经济学家、组织学家、战略学家的重点研究对象。Thorelli（1986）[11]、Jarillo（1988）[96]、Anderson（1994）[98]、Uzzi（1996，1997）[99,100]、Gulati（1998，1999，2000）[101~104]等是最早研究企业间网络关系的。之后，企业网络概念及其形成和作用机制就成为管理和战略领域的研究焦点。不同的学者基于不同的视角和侧重点对企业网络的概念进行了各种不同的界定（如表 2－4 所示）。

表 2－4 企业网络的概念界定

学　者	对企业网络的界定
Thorelli（1986）	是两个或两个以上企业在长期的合作关系中形成的，介于市场和科层组织之间的、由节点和链接组成的关系
Jarillo（1988）	是企业家或管理者通过与外部各相关组织或个人建立相对长期、稳定的联系，以获取持续竞争优势、使自身企业处于更有利的竞争地位而形成的一种组织形式
Anderson（1994）	是一系列相互联系的企业集合或者说是两个或两个以上相互联系的商业关系的集合
Uzzi（1996，1997）	指企业间为了实现组织间的优质信息转移与共同问题解决等目的，建立在彼此信任基础上的相互紧密联结的嵌入性互动关系
Gulati（2000）	是企业的一系列关系的集合，包括与跨产业和跨区域的其他组织（如供应商、顾客、竞争者和其他实体机构）形成的水平关系和垂直关系
Grandori（2004）	是一种节点之间保持一定程度持续联系的模式，网络中的节点就是指不同的组织单元，可以是各个成员企业，也可以是企业内的分支机构
Brass 等（2004）	是企业与它的供应商、竞争者、客户以及其他相关组织之间的长期合作关系
许冠南（2008）	是企业为获取更多竞争优势而与相关企业结成的非一次性交易关系的动态组织形态
Li 等（2013）	是促使网络成员之间的知识、资源创造与传递的非正式安排

资料来源：本研究整理。

如表 2 -4 所示，Thorelli（1986）认为网络是由节点和链接组成的，是介于市场和科层制之间的中间组织形式，他提出能力（power)、信任(trust)、位置（position）和链接（link）是关于企业网络的四个重要构念。能力是指企业在网络中影响其他成员的决策和行为的能力，这种能力主要来源于企业的经济基础、技术水平、专长、信任和合法性；信任是指彼此相信对方在相同的处境中也会采用同样方式来履行自己在网络中的交易责任；位置是企业在网络中的差异化优势，主要取决于其能力；链接则是网络成员之间相互依赖的表现，这种链接的松紧取决于网络成员的数量、质量以及相互参与的活动类型。Thorelli 强调网络是动态发展的，包括进入、定位、再定位和退出等过程。网络在实践中无所不在，如渠道体系、特许经营、国际营销和竞争者同盟等都是网络的具体形式。网络管理的核心是营销，也包括技术转换、信息传递、融资投资、公共和个人关系等，网络位置的质量和市场份额一样重要。[11] Jarillo（1988）认为企业网络是一种组织形式，与官僚制、部落制和传统市场不同，是不以价格机制和阶层命令为基础的。他强调企业网络创建和持续的基本条件除了需要相互间的信任以外，还必须是有效（effective）并且有效率（efficiency）的，有效（effective）是指加入该网络的成员企业能够产生更优的绩效；而有效率则是指合作网络体系能够让每个网络成员满意。[96] Anderson（1994）认为企业网络的作用不仅体现于企业与企业之间的联系这一直接层面，同时也体现于关系与关系之间的联系这一间接层面。他提出从活动（activities)、参与者（actor）和资源三个角度分析网络对企业产生的作用，认为企业所参与的网络中资源的可转换性（anticipated resource transferability)、活动的互补性（anticipated activity complementarity）和参与者关系的可推广性（anticipated actor - relation generalizability）会给企业的网络身份带来积极的、正面的作用。反之，网络中资源的特殊性（Anticipated resource particularity)、活动的不可调和性（Anticipated activity irreconcilability）和参与者关系的不可兼容性（Anticipated actor - relationship incompatibility）则会给企业的网络身份带来消极的、负面的作用。[98] Uzzi（1996，1997）提出企业间存在两种关系，即市场关系（arm - length ties）和嵌入性关系（embedded ties)，他认为企业网络是企业间嵌入性（embededness）的互动关系，他通过访谈发现这种紧密的关系具有相互信任、紧密的信息传递和共同解决问题三个方面的特征。Uzzi 认为嵌入网络关系中的参与者为了建立相互间长期的合作关系，宁可牺牲价格最大化所带来的狭隘的经济合理性目标。因此，网络嵌入性为企业创造的经济机会是很难通过市场、合约或者垂直一体化获得的。但 Uzzi 同时也提出了“嵌入性悖论”，认为在所处网络中核心企业丢失、政府强制合理化市场、过度嵌入等三种情况下，嵌入性关系会变成一种负债。[99,100] Gulati（1998）提出企业可以通过经济联系和社会联系与其他企业建立关系。他从两个角度说明网络可以为企业提供信息优势：一是关系嵌入，可使企业获得紧密的信息交流；二是结构嵌入，网络结构和地位可带来信息价值。他提出企业间建立关系的动机来自两个层面：产业层面（竞争、市场发展、竞争和需求的不确定性）和企业层面（成本和利益的衡量）。而企业间资源的相互依赖性和其他的不确定性情况是企业选择合作伙伴的主要考虑因素。Gulati 认为通过合同等方式形成的治理联盟是孤立的、静态的，应该通过信任培养。他强调由于合作者的目标、相互学习和环境都会影响联盟的发展，所以联盟是动态的，而这种动态行为更适合从网络视角来理解。[101~104] Grandori（2004）从关系持续的角度提出，网络是各成员企业或分支机构保持持续联系的模式。Brass 等（2004）[105] 从网络成员的角度出发，认为企业网络中的成员包括供应商、竞争者、客户和其他相关组织。许冠南（2008）[106] 强调企业间的网络关系不是一次性的交易关系，而是一种动态的组织形态。Li 等（2013）则认为企业网络是成员企业为了方便知识和有形物品在相互之间的传递而形成的合作关系。由此可见，不同的学者基于不同的视角和研究重点对企业网络给出了不同的界定。

企业网络的形成与变迁一直都是战略领域的研究重点。Gulati（1995）[107] 认为企业间联系的建立是相互间潜在资源依赖的结果，同时也会受双方重复合作的次数、合作时间间隔和共同的第三者数量的影响。他提出当企业间具有较高程度的战略依赖、重复合作次数较多、合作时间间隔较短和拥有较多的共同的第三者时，双方建立合作关系的可能性较高。但同时他也指出重复合作次数与双方建立合作关系的可能性是倒 U 形的关系，双方过于频繁合作，会导致双方过度相互依赖，进一步限制彼此的发展机会。Gulati（1999）[103]在之前研究的基础上提出，与企业间的战略依赖性一样，各个企业在网络中的关系嵌入性、结构嵌入性、位置嵌入性和结构差异化（具体概念界定见表2－5）越高，则建立新的合作网络关系的可能性越高。同时，当网络结构差异化程度增高时，位置嵌入性对新的合作网络关系建立的作用会随之增强，而战略依赖性对新的合作网络关系建立的作用则会随之减弱。Eisenhardt & Schoonhoven（1996）[108]运用资源基础理论分析企业间形成合作联盟的目的，通过创业型半导体企业的时间序列数据的实证研究发现当企业处于易受攻击的位置时，或处于高度竞争的产业中时，或试图技术领先时，或高管团队拥有较强的社会关系地位时，更愿意与其他企业建立合作联盟。Ahuja（2000）[109]则认为企业网络的形成会同时受到技术资本、商业资本和社会资本的共同影响。他认为拥有上述资本存量越多的企业越能从建立的网络关系中获得利益。Kim & Hongseok（2006）[110]认为组织内部、特定网络链接、特定网络位置和组织相互间的各种约束都会带来网络惰性（network inertia），即企业尝试解除旧的合作关系、形成新的网络链接时会面临持续的组织抵抗或困难。企业规模和年龄越大、网络链接数量越多、结构越多元化，则越难以改变其原有的网络链接。反之，企业在网络中的地位越高、拥有的网络结构洞越多、市场竞争越激烈，则企业越愿意改变其网络关系。Yang等（2010）[111]综合RBV理论和社会网络理论强调了企业内部资源禀赋和外部资源机会的重要性，认为企业边界决策是企业对外部资源的需求（扩展、补充自身资源）和对风险控制的需求（协调和维持外部关系）相互作用的结果。

学者们在研究过程中，提出并界定了许多相关构念，本节归纳如表2－5所示。

表2－5 企业网络相关构念的界定

构　念	界　定	作　者
战略依赖性（strategic interdependence）	是指合作者之间的资源和能力的互补程度，互补程度越高，战略依赖性越高	Ranjay Gulati（1995）

续表

构　念	界　定	作　者
关系嵌入性（relational embeddedness）	是指合作者之间的紧密联系对后续合作的影响作用，合作的次数越多，关系的嵌入性就越高	Ranjay Gulati & Martin Gargiulo（1999）
结构嵌入性（structural embeddedness）	是指合作者拥有的关系结构对相互间合作的影响作用，共同的合作者越多，结构的嵌入性就越高	
位置嵌入性（positional embeddedness）	是指企业在联盟网络中所占据的位置，越中心的企业位置嵌入性越高	
结构差异化（structural differentiation）	是一种自然出现的网络特征，指的是网络成员企业在网络中分别占据独特的网络位置，相互间的网络地位存在显著的差异	
网络惰性（network inertia）	企业尝试解除旧的合作关系、形成新的网络链接时所面临的持续的组织抵抗或困难	Kim & Hong-seok（2006）
结构洞（structural hole）	两个关系人之间的非重复关系，即一个人拥有的关系对另一个人而言具有排他性，存在结构洞的两个关系人对网络贡献的利益是可累加的而非重叠的	Burt（1992，1997，2001）
网络封闭（network closure）	网络中的每个关系人都相互联系，任何人的行为都无法逃避其他人的注意，也可以说是密集网络	
网络中心度（network centrality）	企业通过建立许多重要的联系在网络中拥有战略地位的程度，中心度越高的企业建立的关系越多，获得外部资源和能力的途径越多	Gnyawali & Madhavan（2001）
网络结构自主性（structural autonomy）	企业拥有的结构洞数量，数量越多，在网络中的自主权越高	
网络结构相似度（structural equivalence）	两个企业之间网络模式的相似程度	
网络密度（network density）	网络中的成员企业之间相互联系的程度，相互联系的程度越高，网络密度越高	Swaminathan & Moorman（2009）
网络中心度（network centrality）	一个企业直接建立联系的企业数量，数量越多，中心度越高	
网络效率（network efficiency）	在企业网络中，拥有非冗余知识、技术和能力的成员企业所占比例，成员企业所处的产业领域越多，网络效率越高	
网络声誉（network reputation）	网络中其他成员企业对自身的评价，是一种总体层面上的品质评价	

资料来源：本研究整理。

2.3.2 企业网络与企业能力和绩效的相关研究

企业网络不仅是企业实现资源获取的主要途径，也是企业提升资源利用能力的重要手段。一方面企业从网络中获取同质性资源或互补性资源实现成长，另一方面企业通过网络所获取的大量技术知识和信息可以提升企业对资源的利用能力，由此可见企业的网络行为具有显著的资源导向。[112]综观已有的研究，国内外学者大多从关系维度和结构维度两个视角来衡量企业网络的特征，并基于这两个维度的分析方法对企业间能力、行为和绩效的差异进行强有力的解释。[113]

Granovetter（1985）[97]将嵌入分为关系嵌入（关系的强度、亲密程度、持续性、方向等）和结构嵌入（网络结构、位置）两种。他强调经济行动是社会行动的一种形式，经济生活倚赖于社会网络而行，经济制度是一种社会建构。他认为网络嵌入性关系分为两类：强关系和弱关系，而弱关系更可能成为非同质信息的来源，对行动者更加有用。对于不同网络结构的作用，Burt[114~116]提出了网络封闭（network closure）和网络结构洞（structural hole）两个具有相对性的概念。网络封闭是指网络中的每个关系人都相互联系，任何人的行为都无法逃避其他人的注意，也可以说是密集网络。结构洞是指两个关系人之间的非重复关系，即一个人拥有的关系对另一个人而言具有排他性。他强调存在结构洞的两个关系人对网络贡献的利益是可累加的而非重叠的。如图 2－8 所示，企业 A 所处的网络只有一个结构洞，而且这个结构洞相对较弱，可以通过连接由 1、2、3 形成的集群与由 4、5 形成的集群来实现联系；而企业 B 的网络不仅包括了企业 A 所拥有的两个集群网络，还拥有更为多样化的联系，共有 5 个集群网络，存在 10 个结构洞。Burt 认为网络结构洞和密集网络对企业而言都是社会资本，发挥着不同的作用。拥有结构洞可以使企业获得更多新的、非重复性的信息来源，并在企业与其他未联系的企业之间起到桥梁作用，产生控制收益。而密集网络则会降低企业间的交易成本和信任风险，这对实现结构洞的价值至关重要。Gnyawali & Madhavan（2001）[13]在分析竞合（Co－opetition）网络对企业竞争行为的影响时，强调企业所处的网络结构和网络特征，会影响网络成员间的资产和信息的流动以及企业在网络中的地位，从而影响企业间的竞争行为。他认为当企业的网络中心度（network centrality）和网络结构自主性（network structural autonomy）较高时，它们拥有更多的信息和资源优势，发动竞争行动的可能性更高，并且由于双方实力悬殊，竞争者对其做出反应的可能性也会降低；当企业与竞争者之间的网络结构相似度（structural equivalence）较高时它们发动竞争行动的可能性会降低，并且竞争者对它们的竞争行动做出反应的可能性会提高；当所处网络密度（network density）较高时，网络中任何一个企业发起竞争行动的可能性都会降低，而网络中每个企业对其他企业的竞争行动做出反应的可能性都会提高。①

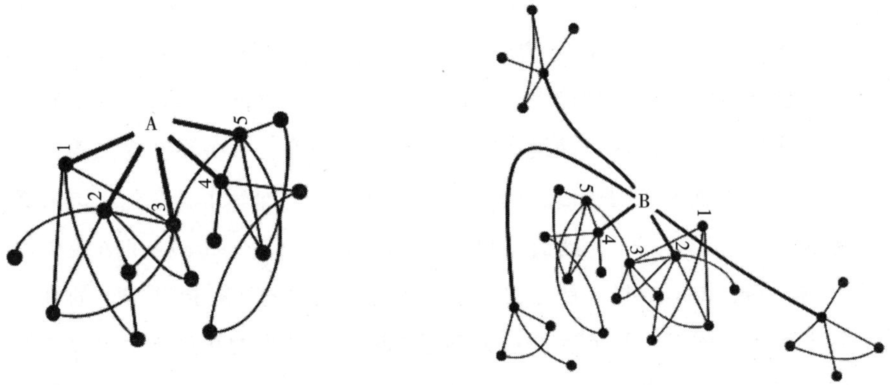

图 2-8 网络结构示意图

资料来源：Burt（1997），粗线条表示直接联系。

关于企业网络对企业能力、行为和绩效的作用机制的研究并未仅停留在理论分析的层面，国内外大量学者采用不同方法、不同视角对该作用机理进行了实证分析与验证（详见表 2-6）。早期关于战略联盟对企业绩效影响的研究都是以股票价值或存活（survival）可能性作为因变量的。然而，Gulati（1998）[101]提到考察联盟对企业绩效的影响不应只是考虑联盟公告对股票价值或存活可能性的影响，还应该从整体的网络特征和企业的网络地位进行考虑。

① 关于网络中心度、网络结构自主性、网络结构相似度和网络密度的界定详见表 2-5。

McEvily & Zaheer (1999)[12]指出企业在网络关系中的嵌入性是其获得竞争能力差异性的重要来源。他们通过对美国中西部集群制造业的实证研究发现，当企业在网络中拥有较多的桥接关系（Bridging ties）并能够保持与区域机构的联系时，将更能获得新的信息、创意和机会，获得竞争能力。他们所提出的桥接关系是指企业在经济、专业、社会领域的各种关系，而这些关系是其他企业无法获得的。他们所界定的这种桥接关系与Burt所提出的结构洞虽有相似之处，但并不完全相同，他们强调这种关系具有三个方面的特征：非冗余性（nonredundancy）、不频繁接触（infrequency of interaction）、地理分散性（geographic dispersion）。他们验证了企业网络的非冗余性和地理分散性正向影响企业竞争能力的获得，但不频繁接触对企业竞争能力的获得没有显著影响。同时，企业参与区域机构会正向影响竞争能力的获得，但网络的非冗余性会负面影响企业参与区域机构。McEvily & Marcus (2005)[14]对嵌入性关系做了进一步研究，提出嵌入性关系具备三个方面的特征：信息共享（information sharing）、相互信任（trust）和共同解决问题（Joint problem solving），他们发现“共同解决问题”对企业竞争能力的获得发挥了突出作用。他们研究发现，企业网络成员间的共同解决问题在信息共享、相互信任对竞争力获得的影响作用中能发挥中介作用，之后他们进一步剖析了嵌入性关系影响竞争能力获得的内在机制。在研究中，他们分别检验了企业与上游供应商、企业与下游客户之间的嵌入性关系对竞争能力获得的影响作用，结果发现与下游客户的共同解决问题对竞争能力的获得并没有显著作用。Zaheer & Bell (2005)[15]进一步强调企业的网络资源和内部能力都是影响企业绩效的重要因素。他们认为拥有良好网络结构的企业可以更好地开发、利用自身内部能力，进而提高业绩。他们通过对加拿大互惠基金公司的实证研究发现，企业自身的创新能力和良好的网络结构都可以提升企业绩效，并且这两个方面对企业绩效还存在显著的交互作用。同时，他们还发现合作对象的创新能力对自身绩效并没有显著作用。

Rowley等（2000）[117]认为关系嵌入和结构嵌入对企业行为和绩效的影响作用应该被综合考虑，并且环境需求特征的差异会导致其作用机制的差异。他们提出强联系可以为企业带来优质信息和缄默知识的交换以及相互间的信任和互惠互利，而弱联系可以使企业获得新的信息和思想。因此，企业网络应该是强联系与弱联系的一个组合。他们通过对钢铁行业和半导体行业战略联盟网络的研究发现，强联系和弱联系对企业绩效都具有正向的影响作用。不同的是，稀疏网络中的强联系对企业绩效的作用比高密度网络中的强联系更大，并且当产业环境需要企业更多投资于市场探索（exploration）时，弱联系对企业绩效会产生正向作用，而强联系对企业绩效则会产生负面作用。当产业环境需要企业更多投资于资源利用（exploitation）时，强联系对企业绩效则有正向作用。

Rindfleisch & Moorman（2001）[118]从关系嵌入和知识冗余两个视角分析企业间的网络关系，他们认为垂直网络比水平网络拥有更强的关系嵌入，但拥有较低的知识冗余。不仅如此，他们通过对新产品联盟网络的研究发现，关系嵌入会正向影响信息的获取，而知识冗余则对信息的获取具有负面作用。同时，他们还发现在新产品联盟网络中，关系嵌入和知识冗余对新产品的创造性、新流程的创造性和新产品的发展速度都具有正向的影响作用。

Awuah（2001）[119]通过两个案例研究发现企业的网络关系是可以用于培育企业竞争力的一项资产，并提出了通过网络关系培育竞争力的框架。如图2－9所示，Awuah认为企业竞争力的培育主要受以下三个方面因素及其相互间关系的影响：（1）交换元素的交互过程，包括产品/服务、信息、资金和社会关系等方面的交换；（2）网络成员之间的相互学习；（3）网络成员之间的相互适应。这三个方面相互促进，相互提升，进而可以提升企业的竞争力。

Lee等（2001）[120]认为企业的内部能力和外部网络关系都会对企业绩效产生作用，他们所考虑的内部能力包括企业家精神导向、技术能力和财务资源，而把企业网络关系分为伙伴关系基础（partnership－based linkages）和支持关系基础（sponsorship－based linkages）两种类型。伙伴关系基础的网络主要包括其他企业、风险投资企业、合作高校或研究机构、企业协会等；支持关系基础的网络则主要包括提供金融与非金融服务的商业银行和政府。他们通过对韩国137个新兴技术企业的调查研

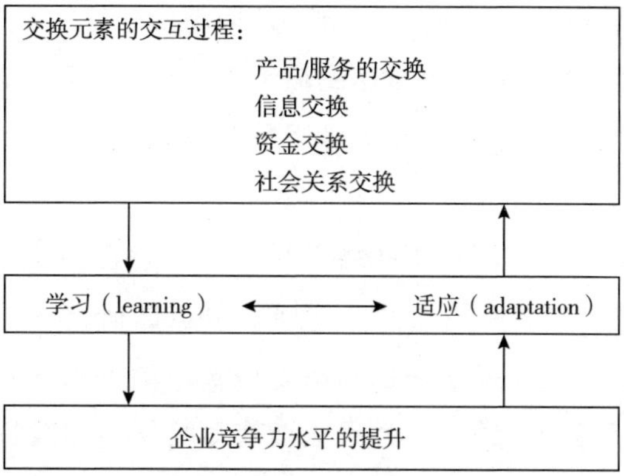

图 2－9 通过网络关系提升竞争力水平的理论框架

资料来源：Awuah（2001）。

究发现，内部能力对企业绩效都具有正向影响作用，而网络关系的作用则不显著，但内部能力与网络关系对企业绩效具有显著的正向交互作用，这说明企业若缺乏内部能力，外部网络关系不能带来企业绩效的提升，只有当企业具有吸收外部网络中的信息、知识和技术的能力时，网络关系才会发挥作用。

Swaminathan & Moorman（2009）[121]认为企业的营销联盟能力和营销联盟的网络结构特征均会对企业价值产生影响。他们所界定的营销联盟能力是指企业以往从联盟中创造更高回报的能力，而网络结构特征主要包括网络中心度（network centrality）、网络密度（network density）、网络效率（network efficiency）和网络声誉（network reputation）四个方面。① 他们采用事件分析法，利用营销联盟公告所带来的股价波动研究了上述因素对企业价值的影响作用，结果发现营销联盟公告会给企业超额收益带来正向的影响作用。但更重要的是，他们发现基于营销联盟公告，企业的营销联盟能力对企业超额收益会带来正向影响，这说明企业以往从联盟中获取回报的能力越高，公众对其新建的联盟就越看好。同时企业的网络效率和网络密度与企业超额收益呈现出倒 U 形的关系，这说明企业的网络效率和密度对企业而言都是双刃剑。就网络效率而言，企业虽然可以从多元化的网络关系中获取更多的信息，提升自身的利益，但也可能会由于这些信息与

① 网络中心度、网络密度、网络效率和网络声誉的界定详见表 2－5。

联盟企业各自的战略和目标存在差异，从而降低合作的能力。而在密度高的网络中，虽然合作企业之间的紧密联系可以使信息更容易传播，减少新加入者的机会主义，但也会降低企业对外部信息的敏感性和采取独特战略的弹性。

中国台湾地区的集群企业网络引起了许多学者的关注，Mahmood 等（2011）[122]通过对中国台湾集团企业面板数据的研究发现，外部网络是企业能力获得的一项重要来源。在买方与卖方的关系网络中，网络中心度越高的企业研发能力越强，并且企业在董事网络和股权网络中的中心性会增强这一关系。Huang 等（2012）[123]提出企业网络由三方面具有互补性的交互关系构成，包括与供应商、与客户和与竞争者的交互关系。他们认为新企业的创始人可以通过这三种交互关系形成企业网络，提升企业创新能力，进而提升企业绩效。新企业创始人的社会关系和人力资本则会通过影响这三种交互关系的质量而对企业创新和绩效也产生间接的影响作用。他们通过对中国台湾中小新兴企业的实证研究，验证了企业网络在创始人的社会联系和人力资本对组织创新和组织绩效的作用中能起到中介作用。

Li 等（2013）[124]以集群企业网络作为研究对象，认为集群企业的网络关系结构与广义上的企业网络关系结构不同，集群企业的网络关系更容易存在区域和空间的限制。他们强调合作企业的空间距离对企业绩效的影响存在差异。他们把企业间的联系分为集群内的联系（In - cluster ties）和集群外的联系（Extra - cluster ties），并通过对中国浙江集群企业的实证研究发现集群外的联系对企业绩效的正向影响作用比集群内的联系更显著。但企业在集群外的关系网络中的网络中心度、联系的强度和稳定性对集群外的联系与企业绩效之间的联系产生了负面的调节作用。而集群内关系网络的这些特征则产生了正面调节作用。这说明集群企业既要适当建立集群外的联系以避免企业被锁定在本地网络中，又要注意控制与距离较远的合作伙伴的关系密度和强度。

进入 21 世纪以后，国内学者也掀起了研究企业网络与企业能力、企业绩效间关系的研究热潮。邬爱其（2005）[113]在其博士论文

《集群企业网络化成长机制研究》中强调具有不同网络特征的企业拥有不同的成长能力。他认为网络特征代表了网络节点间不同的联结方式和联结状态，可以用“结构—关系”分析方法进行较全面的刻画。其中，结构特征主要包括网络的位置、规模和位差，关系特征主要包括关系的类型、强度和持久度。在此基础上，他进一步结合集群竞争优势理论，构建了“本地网络特征—集群企业竞争优势要素—集群企业成长”的理论分析框架，认为本地网络特征会通过影响集群企业的竞争优势来影响集群企业的成长。许冠南(2008)[106]研究发现企业在全球制造网络中的关系嵌入性对其技术创新绩效有正向影响，上下游网络中企业间的相互信任、信息共享和共同解决问题都有助于提升企业技术创新绩效。而这种作用是通过探索性学习的传递产生的，并且环境动态性在这一机制中发挥了正向的调节作用，即环境动态性越高，这一作用机制越明显。钱锡红等（2010）[125]整合了企业网络理论和吸收能力理论的相关观点，对深圳 IC 产业的实证研究发现，位于网络中心并占有丰富结构洞的企业在创新方面将更具优势，而企业的知识获取、消化、转换和应用能力能有效推动企业创新绩效的提升，并且知识获取和知识消化能力越强，企业通过改善网络位置获得的创新收益越大。董保宝(2012)[126]基于动态能力的中介视角，研究了网络强度、网络密度和网络中心度对竞争优势的影响作用，结果发现动态能力在网络强度和网络密度对竞争优势的作用机制中可起到完全中介的作用，而网络中心度则起到部分中介的作用。

综上，国内外学者主要从企业网络的关系维度（如关系嵌入性、关系强度、信任、效率等）和结构维度（结构洞、中心度、密度、结构相似性等）两个方面，研究企业网络特征与企业绩效（尤其是创新绩效）以及企业能力的关系。学者们对于企业网络的相关实证研究结果，本节归纳如表 2－6 所示。

表 2-6　企业网络的部分实证研究

研究对象/范围	自变量	中介变量	调节变量	因变量	研究结论	作者
集群网络企业	非冗余性、不频繁接触、地理分散性、区域机构参与	—	—	竞争能力的获得	企业网络的非冗余性和地理分散性正向影响企业竞争能力的获得，但不频繁接触对企业竞争能力的获得没有显著影响。同时，企业参与区域机构会正向影响竞争能力的获得，但网络的非冗余性会负面影响企业参与区域机构	Mcevily & Zaheer (1999)
	信息共享、相互信任	共同解决问题	—	竞争能力的获得	企业网络成员间的共同解决问题在信息共享、相互信任对竞争力获得的影响作用中发挥中介作用，但与下游客户的共同解决问题对竞争能力的获得并没有显著作用	McEvily & Marcus (2005)
	集群内联系、集群外联系	—	网络中心度、关系强度、关系稳定性	企业绩效	集群外的联系对企业绩效的正向影响作用比集群内的联系更显著。但企业在集群外的关系网络中的网络中心度、联系的强度和稳定性对集群外的联系与企业绩效之间的联系具有负面的调节作用。而集群内关系网络的这些特征则具有正面调节作用	Li 等 (2013)
	本地网络特征	集群企业竞争优势要素	—	集群企业成长	集群企业竞争优势要素在本地网络特征与集群企业成长的关系中具有中介作用	邬爱其 (2005)
基金公司	自我创新能力、结构洞	—	合作企业创新能力	市场份额	具有创新性的核心企业桥接结构洞有助于提升企业市场份额	Zaheer & Bell (2005)

续表

研究对象/范围	自变量	中介变量	调节变量	因变量	研究结论	作者
钢铁和半导体行业	强联系、弱联系	—	网络密度、产业类别	企业绩效	强联系和弱联系对企业绩效都具有正向的影响作用，但稀疏网络中强联系的作用比高密度网络中的更大。并且，当产业环境更需要市场探索时，对企业绩效而言，弱联系会产生正向作用，而强联系则相反。当产业环境更需要资源利用时，强联系对企业绩效则有正向作用	Rowley 等（2000）
新产品联盟	关系嵌入、知识冗余	—	—	产品和流程的信息获取、新产品和流程的创造性、新产品的发展速度	垂直网络比水平网络拥有更强的关系嵌入，但拥有较低的知识冗余。关系嵌入正向影响信息的获取，而知识冗余则相反。在新产品联盟网络中，关系嵌入和知识冗余对新产品的创造性、新流程的创造性和新产品的发展速度都具有正向的影响作用	Rindfleisch & Moorman（2001）
新兴技术企业	企业家精神导向、技术能力、财务资源、伙伴关系网络、支持关系网络	—	内部能力与外部网络交互	企业绩效	内部能力对企业绩效都具有正向影响作用，但外部网络关系不能带来企业绩效的提升，只有当企业具有吸收外部网络中的信息、知识和技术的能力时，网络关系才会发挥作用	Lee 等（2001）

续表

研究对象/范围	自变量	中介变量	调节变量	因变量	研究结论	作者
战略联盟	网络中心度、网络密度、网络效率和网络声誉、战略联盟能力	—	—	股票超额收益	基于营销联盟公告，企业的营销联盟能力对超额收益会带来正向影响，企业的网络效率和网络密度与超额收益呈现出倒U形的关系，网络中心度和网络声誉则没有显著影响	Swaminathan & Moorman (2009)
中小新兴企业	创始人的联系、创始人的人力资本	—	企业网络	组织创新和组织绩效	企业网络在企业创始人的社会联系和人力资本对组织创新和组织绩效的作用中起到了中介作用	Huang 等 (2012)
全球制造网络	关系嵌入性	探索性学习	环境动态性	技术创新绩效	关系嵌入性通过影响探索性学习影响企业技术创新绩效，环境动态性在关系嵌入性与探索性学习的关系中起正向调节作用	许冠南 (2008)
IC 产业	网络中心度、结构洞	—	吸收能力（知识获取、知识消化和知识应用）	创新绩效	位于网络中心并占有丰富结构洞的企业在创新方面将更具优势，而企业的知识获取、消化、转换和应用能力能有效推动企业创新绩效的提升，并且知识获取和知识消化能力越强，企业通过改善网络位置获得的创新收益越大	钱锡红等 (2010)
高科技企业和传统企业	网络强度、网络密度和网络中心度	动态能力	—	竞争优势	动态能力在网络强度和网络密度对竞争优势的作用机制中起到完全中介的作用，而网络中心度则起到部分中介的作用	董保宝 (2012)

资料来源：本研究整理。

2.4 公司企业家精神理论

2.4.1 公司企业家精神的基本概念

关于企业家精神的研究起源于著名经济学家 Schumpeter，他认为企业家精神是导入新产品、新生产技术和其他方面的创新，从而刺激经济，因此是经济增长的主要推动力。[127,128]熊彼特在其经典文献 *Theory of Economic Development*[128]中指出，企业家精神是一种创造性的破坏流程，是对现有的生产进行彻底的变革。在这个流程中，企业家们不断用新的产品或方法来替代或者破坏现有的产品或生产方法。他认为这种流程是十分有利的，因为创新就是典型的产品或流程效用提升、扩大买方利益和总体经济活动的结果。熊彼特强调“创新”是企业家精神的核心，认为首创性、成功欲望、冒险性和以苦为乐、精明与敏锐、强烈的事业心是企业家精神的五大要素。虽然熊彼特对企业家精神的阐述主要体现在个体层面上，但早在 20 世纪末期，学者们就已经明确指出，公司企业家精神（Corporate entrepreneurship）是推动企业成功、提升企业绩效的一项组织流程。许多学者已经对公司层面上的企业家精神做了大量的研究，如 Miller（1983）[129]、Drucker（1985）[130]、Covin & Slevin（1989）[131]、Zahra（1993）[132]、Lumpkin & Dess（1996）[133]。Burgelman（1991）[134]在研究企业家精神在英特尔公司战略重组中所发挥的作用时，发现企业家精神是公司内部个人和团体在不同层面上相互作用的结果。作为组织层面的概念，学术界对公司企业家精神的定义目前尚未明确，学者们提出了许多类似的术语：如企业家精神[129]、创新精神（innopreneurship）[135]、战略姿态（strategic posture）[136,137]、企业家姿态（entrepreneurial posture）[138]和企业家精神导向（或创业导向）[139]等。通过对文献的回顾，本书发现关于组织层面的企业家精神的界定主要包括两种方法：一种方法是强调企业的五种特征：创新性、主动性、冒险性、自主性和进攻性。另一种方法是将公司企业家精神划分成三个维度：冒险、创新和自我更新。

学者们从资源理论的角度对公司企业家精神进行分析，一致认为公司企业家精神是企业的异质性资源，不同公司的企业家精神存在差异。Miller（1983）[129]认为企业家精神是组织通过创业（Pioneering）、创新（Innovation）和冒险（Risk - taking）实现组织自身和市场更新的组织流程，这些流程的形式和内容主要是由组织的性质决定的。他将企业划分为三种类型：简单型、计划型和系统型。他认为简单型的企业是那些小的、同质化环境中的企业，这种企业的决策权力集中在领导者手中，公司的企业家精神主要取决于领导者的特征；计划型的企业是比较大的，企业目标可以通过正式控制和计划程序顺利、有效地实现的企业，这种企业倾向于明确的、整合的产品 - 市场战略，排斥具有风险、富有变化的决策；系统型企业是一种适应型的组织，其顾客战略、产品服务技术、竞争手段等经常变换，这种企业在越动态变化的环境中，越具有企业家精神。Barringer & Bluedorn（1999）[140]明确指出公司企业家精神主要体现在创新性、积极性和冒险性三个方面，并通过 9 个问题对公司企业家精神进行测量。他们强调企业的多种战略管理实践与公司的企业家精神强度有正相关关系。他们通过对 169 个美国制造企业的实证研究得出以下结论：环境搜索是企业了解组织环境中的事件和趋势的管理活动，这种管理行为会正向影响公司的企业家精神强度；规划弹性是企业改变战略规划以适应环境机会或威胁的能力，这种能力越强，企业越积极主动，越敢于创新和冒险；企业内部各层次员工参与规划的程度越深，企业的决策将会越接近市场，越容易获得多样化的观点，公司的企业家精神强度就会越高；企业控制系统是为了保证经营战略实现预定的目标和任务的体系，其中包括财务控制体系（采用财务指标来衡量，如净收入、投资回报、销售收入等）和战略控制体系（顾客满意率、新专利注册数、新产品导入市场成功率和质量控制等）。企业若越重视战略控制体系，则企业家精神强度越高。Elfring & Hulsink（2003）[141]提出公司企业家精神包含三个创业流程：发现机会、寻找资源和获得合法性，他们认为这三个流程对企业生存和发展具有重要意义。他们认为企业是嵌入合作网络关系中的，网络联系的强度会影响上述三个反映公司企业家精神的流程。他们通过案例研究发现，弱联系有助于企业获得新的信息和创意，虽能够提升渐进式创新（Incremental innovation）机会的识别能力，但弱联系缺乏默契和深层次的信任，企业想要获得实现根本性创新（Radical innovation）所需的资源和合法性必须通过组合和平衡企业间的强联系和弱联系来实现，因为强联系有助于企业获得根本性创新所需要的资源和合法性。Mair & Rata（2005）[142]也认为企业家精神是由企业内部人员或团体所发起的、带来新的组织创造或是原有组织的重生与革新的一种流程，他们强调企业中层管理在企业内部具有战略慎重执行、推动企业适应性、综合处理信息和优先决策选择四项战略作用，并且验证了中层管理者的这四项战略作用是公司企业家精神的重要因素。同时，他们也验证了公司企业家精神对财务绩效、顾客满意度和员工满意度的正向影响作用。

2.4.2 公司企业家精神的影响作用

公司企业家精神对企业能力和绩效的作用长期以来也是学术界研究的热点，相当部分学者已经研究发现公司企业家精神能够带来企业吸收能力、动态能力和企业绩效的提升，甚至还会影响企业的合作网络行为。Covin & Slevin（1991）[143]认为公司企业家精神是一种战略精神导向，保守型的企业不愿承担风险、缺乏创新精神，是一种反应型（reactive）的企业；而具有企业家精神的企业敢于挑战风险、富有创新意识，是一种积极主动型（proactive）的企业。他们通过对 111 家制造企业的研究发现，相比较于保守型企业，具有企业家精神的企业更重视顾客和产业需要的变化，对外部环境更具有警惕性，更容易获得外部的融资，但保守型企业更善于扩展顾客的信誉。他们的研究还发现，企业家精神会给企业带来更高绩效。Zahra & Garvis（2000）[144]认同 Barringer & Bluedorn（1999）基于公司企业家精神的观点，强调公司企业家精神是企业创新、冒险和主动性的综合表现，这些活动将帮助企业提升创新能力、适应性和对外部环境变换的敏锐反应能力。他们认为国际投资企业在国际市场上需要与国外企业建立合作关系，获取新的能力以从事重要的全球性活动，这就需要企业具有较强的企业家精神。他们通过对美国 98 家国际投资企业的实证研究发现，国际投资企业的企业家精神能给企业带来较高的盈利和增长。并且这一关系会受到国际环境敌对状态的调节，当国际环境对投资企业的敌对状态越高时，企业家精神对企业盈利和增长的作用越大。Yang 等

(2007)[145]提出公司企业家精神包含四个维度：新业务冒险、创新性、自我更新和主动性。他们通过对中国企业的调查研究发现这四个维度对企业市场绩效均具有积极的影响作用。Yao 等（2009）基于网络视角对公司创业的三种资源获取方式进行比较，认为网络资源是公司创业活动受益于企业集群的内在原因。他们通过对浙江省集群企业中网络资源、企业家精神导向与集群企业绩效的关系进行的实证研究表明：企业家精神导向、网络资源与企业绩效有显著的正相关关系，并且网络资源与企业家精神导向对企业绩效有正向的交互作用。李伟等（2010）[146]认为高度动态变化的外部环境会引发出现大量潜在的市场机会，促使企业家群体推动、组织、发掘和利用机会去创造新价值。他们认为企业家精神可以从三个方面衡量：对不确定性的容忍态度；开发、探索新技术机会的能力；对组织架构、协调的灵活倾向。他们强调外部创新网络对企业发展具有显著作用，而企业利用网络关系的能力也存在很大的差异性。他们以企业网络理论为基础，提出了影响联盟企业网络能力的五要素模型，包括企业家精神、外部知识保存能力、外部知识吸收能力、结构嵌入能力及关系嵌入能力等。他们通过对湖北武汉 220 家企业的实证研究发现，外部知识保存能力和吸收能力对网络能力有显著正向影响，而企业家精神则会促进外部知识保存能力和吸收能力的提升，进而影响企业网络能力的高低。Lee 等（2010）[83]对 1000 家台湾制造企业的研究也证明了公司企业家精神对营销能力、创新能力的直接促进作用以及对持续竞争优势的间接作用。阳志梅(2010)[147]认为变化是当今新经济时代下的永恒主题，这种变化所产生的不确定性除了给企业带来威胁以外，也蕴含着大量的市场机会。企业家精神是企业追求新市场机会并对现有经营运作领域进行革新的精神，对企业的发展具有重要作用。她通过对集群企业的研究发现，公司企业家精神不仅对其竞争优势水平，对企业的组织学习能力也有显著的正向影响。虽然公司企业家精神对企业创新绩效的促进作用毋庸置疑，但李西垚等(2010)[148]提出在这一作用过程中，需要企业的社会关系提供相应的资源和支持。他们的研究发现，在中国这种转型经济背景下，不同类型的社会关系呈现出不同的调节作用。其中，企业间的商业关系对企业家精神与创新的关系起到倒 U 形的调节作用，而企业与政府的关系则起到正向调节作用。基于此，他们认为中国企业为了更好地发挥企业家精神的作用，应该更注重与政府建立良好的关系，而不能过度依赖商业关系。

通过对公司企业家精神文献的回顾，本书发现学术界大多数学者对公司企业家精神对企业能力（如创新能力、吸收能力、营销能力等）、竞争优势、企业绩效（如财务绩效、市场绩效和创新绩效等）的正向影响作用已经达成了初步共识。其中也有少数几位学者研究发现公司企业家精神与企业网络关系和网络行为相互间存在一定的影响作用。但这方面的研究还不够深入，尤其是关于企业网络特征（包括关系维度和结构维度等）与公司企业家精神是否会对企业能力和企业绩效产生交互的影响作用，以及如何影响等问题的研究仍尚未涉及。本书基于企业网络视角研究企业营销自适应能力，将会试图探讨企业网络特征与公司企业家精神对此产生的交互影响作用。

2.5 环境动态性理论

2.5.1 环境动态性的基本概念

进入21世纪以后，经济全球化、信息技术大爆炸和顾客需求复杂多变等成为企业管理领域最常见的字眼。动态变化的市场环境给企业的经营和发展带来了高度的不稳定性和潜在威胁。信息技术将世界各个角落紧密联系在一起，使企业能更早、更快地预测或感知到竞争对手的决策和行为变化，并快速地做出反应。正如焦豪等（2007）[149]所说，“在这种动荡多变的环境中，竞争优势的来源正以逐步加快的速度被创造和侵蚀，竞争优势只是一个相对短暂时间的概念，持续竞争优势的存在是以无数个相对短暂的竞争优势来支撑的”。环境动态性对企业经营决策的影响已经成为一个不可回避的话题。因此，战略研究中的大量文献都涉及了环境动态性，学者们从不同的视角和分析层面对环境动态性的内容及其对企业战略决策、企业各层面的能力和企业各种绩效的调节影响作用做了广泛的研究。

Duncan（1972）[150]认为早期关于环境的研究只是考虑那些直接影响企业决策行为的有形的物质因素和无形的社会因素，这些因素只是企业边界内部的影响因素，只是环境因素的一部分。Duncan 明确提出环境包括内部环境和外部环境，而外部环境就是组织边界之外的物质及社会因素。Duncan 提出了环境分析的两个维度：简单 - 复杂维度和静态 - 动态维度。他认为简单 - 复杂维度的分析方法在决策中只考虑决策影响因素的数量多少，而静态 - 动态维度则是考虑决策影响因素的持续变化过程。他强调静态 - 动态维度的分析方法对环境不确定的分析更为重要。Miller & Friesen (1978)[151]认为环境动态性是创新和变化的速度以及对顾客行为和竞争对手行为预测的不确定性。Dess & Beard（1984）[152]将环境动态性界定为环境的频繁变化、没有固定可以遵循的模式及不可预测性等方面的特征，这些特性是较好地测度环境稳定性的因素。Kohli & Jaworski（1990）[25]在 Dess & Beard（1984）研究的基础上，提出环境动态性包括市场动态性、竞争强度和技术动态性三个维度。其中市场动态性是指顾客构成和偏好的变化频率，竞争强度是指企业间竞争的激烈程度，技术动态性是指技术的变化频率。动态的市场主要表现为客户需求不断变化、竞争不断加剧、技术使用周期不断缩短。国内学者李正卫（2003）[153]也认为环境动态性包含环境的非稳定性与不可预测性两方面，他认为通常情况下这两方面是并存的：即环境越不稳定，则越不可预测，因此可统一用动态性表示。焦豪等（2007）[149]提出环境动态性是以环境要素变化幅度和速度为特征的，是多个外部力量同时作用的结果，包括政府政策、企业规模的变化、行业中同类企业的数量、科技变化和技术传播、技术专有和引进以及市场风险等方面，其代表了环境变化的频率以及不可预见的程度。Mohamad 等 (2011)[154]在研究中也提出了类似的看法，他们认为企业无法控制环境中动态力量形成的新趋势，从而面临不确定性。他们认为反复无常的政府政策和法规、复杂的经济形势、激烈的市场竞争、快速发展的技术、资源的有限性和复杂多变的市场需求等都是动态环境的基本特征。

2.5.2 环境动态性的影响作用

国外学者普遍认为环境为企业经营决策的制定与执行提供信息，因此由环境的动态性所带来的不确定和不可预测性必然会导致管理层所得到的关于环境的信息也变得不确定。[150,155,156]“组织生存所需的资源存在于组织所处的环境中”是资源依赖理论和种群生态理论隐含的一个假设[152]。Aldrich（1981）[157]认为环境通过给组织提供资源影响组织行为，而组织形态也可以根据获得资源的效率来排序。因此环境特征不同可以影响组织资源获取和利用的效率，进而影响组织行为和绩效。[152]Fredrickson 的多项研究表明环境动态性对战略决策的理性程度与企业绩效之间的关系具有调节作用。[158~160]具体而言，在稳定的环境中，战略决策的理性程度与企业绩效呈正相关关系，而在动态的环境中则相反，呈负相关关系。原因在于，由于环境具有不确定性，企业管理者对环境中的关键影响变量以及变量之间的因果关系难以识别、度量和预测，而战略决策的理性制定需要全面分析和整合各种可行的战略决策。在动态环境中，数据很难得到，因果关系模糊，未来也难以预测，必然导致这种全面的分析和整合失败。Priem 等（2001）[161]也得出了类似的结论，证明了环境动态性调节战略决策过程与企业绩效之间的关系。Hough & White（2003）[162]也研究发现环境动态性可以调节决策理性和全面性与决策质量之间的关系。Rowley 等（2000）[117]在研究强联结与弱联结对企业绩效的作用时，引入了环境动态性作为调节变量。结果表明，强联结在稳定环境中有助于企业对现有资源的利用，进而提高企业绩效；弱联结在动态环境中可给企业带来新的资源和机会，有利于企业绩效的提升。Benner & Tushman（2003）[163]和 March（1991）[164]都认为探索（exploratinn）与开发（exploitation）是企业的两种不同战略导向，探索是指企业对外部新信息、新知识和新资源的探索，而开发是指企业对现有资源和能力的利用与开发。Teece 等（1997）[58]在《动态能力与战略管理》一文中强调，企业长期的竞争优势不仅需要整合与构建现有的能力，更需要发展新的能力。相关研究表明，环境动态性会影响企业的战略导向，在动态的环境中，企业的战略导向倾向于对新资源、新机会的探索；而在稳定的环境中，企业的战略导向倾向于对现有资源与能力的开发利用。[163]Gulati & Higgins（2003）[165]在分析新创企业的三种不同网络联结——与风险资本的联结、与证券包销商的联结、战略联盟——对其 IPO 成功的影响作用时，则引入了股权市场的环境动态性作为调节变量。实证研究发现：新创企业的不同类型网络联结关系只有与不同市场环境条件相匹配才能有助于企业取得 IPO 成功。当股票市场萧条时，与风险资本的联结对 IPO 成功有正向作用；当股票市场繁荣时，与证券包销商的联结对 IPO 成功有正向作用；而市场环境的动态性变化对战略联盟的调节效应不显著。Ang（2008）[166]通过对新加坡制造企业的实证研究，发现处于不同技术环境下的竞争与合作对企业成长会产生不同的影响作用，他引入了竞争强度作为调节变量，结果表明：对于高技术密集型产业，企业间合作在低竞争强度时更有助于企业成长；而对于低技术密集型产业，企业间合作在高竞争强度时更有利于企业成长。

关于环境动态性对企业战略行为和能力与企业绩效间关系的调节作用，近年来国内学者也做了大量的研究。焦豪（2008）[167]研究发现，环境动态性以快速变化的动态组织环境和危机状态为特征，是影响企业发展的重要权变变量，会显著调节企业动态能力与绩效之间的关系。因此企业必须在复杂、动态与不确定性变化的环境中寻求企业所拥有资源、能力与环境的动态匹配，才能动态适应环境并最终获取超出行业平均利润的经济租金。潘松挺和蔡宁（2010）[168]引入环境动态性对网络关系强度与组织学习之间的关系进行了实证研究，得出以下结论：弱关系有利于探索性学习，强关系有利于利用性学习。环境动态性对网络关系强度与探索性学习间关系的调节作用不显著，但对网络关系强度与利用性学习的关系具有显著调节作用。在稳定的环境下，强关系对企业利用性学习具有更大的正向作用。沈灏和李垣（2010）[169]通过对 127 家德国联盟企业的调查数据，证明了环境动态性在联盟关系对依赖方企业创新绩效的影响过程中具有显著的负向调节作用。这一实证结果说明企业在企图通过联盟关系提升企业创新绩效的过程中不能忽视对“外部动态环境”的考虑。环境动态性调节作用的显著性说明企业在通过改善联盟关系提升创新绩效时，必须要考虑外部环境变化所引发的资源价值和资源需求的改变，从而及时把握联盟合作关系的发展方向，甚至改变联盟战略，调整资源获取策略，避免不必要的联盟投入或利益损失，保证自身绩效的持续增长。苏晓华等（2013）[170]在分析战略联盟与新创企业绩效的关系时，认为在较为稳定的环境下，企业所需的资源都可以借助市场化交易来实现，联盟活动对新创企业的绩效并不存在显著的贡献；在高速动荡的环境中，联盟活动的管理工作会趋向于复杂化，联盟关系也会变得比较脆弱，所以此时的联盟收益无法弥补联盟投入和管理的成本，因而也无助于绩效的提升。基于此，他们强调战略联盟对新创企业绩效的影响在环境动态性适度的情况下表现得最显著，即环境动态性对这一关系产生倒 U 形的调节作用。从理论上分析，一般认为，在快速变化的动态环境下，企业更需要创新，因此创新对企业绩效的正向作用在动态环境中应该更显著。但马文聪和朱桂龙（2011）[171]在对广东省 399 家企业的工艺创新和技术创新对企业市场绩效影响的研究中发现，与高动态环境相比，相对稳定的环境下企业进行工艺创新和产品创新对企业市场绩效产生的边际效用更高，该结论与上述的理论逻辑并不一致。由此可见，在环境动态性对创新和绩效的影响作用方面尚未取得一致的看法。无独有偶，陈国权和王晓辉（2012）[172]在研究探索式学习和利用式学习对企业绩效的影响作用时，得出的结论与Benner & Tushman（2003）[163]的研究结论也存在很大不同。他们认为探索式学习倾向于开创全新的知识领域，在探索式学习与组织环境重新匹配的过程中会存在调整时滞，在越动态的环境下，这个调整时滞会越长，探索式学习与组织环境就会越不匹配；而利用式学习是企业识别、选择和利用内部现有知识的过程，若环境快速发生变化，则需要重新识别，并需寻找与新环境相匹配的方法，这个过程同样存在时滞。因此，他们研究得出的结论是环境动态性负向调节探索式学习和利用式学习与组织绩效的关系。

基于以上对环境动态性相关文献的梳理，我们看到，国内外学者普遍认为环境动态性主要是指企业所处环境变换的不确定性和不可预测性，包括政治环境、经济环境、技术环境、需求特征和市场竞争强度等方面的各种变化。关于环境动态性对企业战略行为与企业绩效关系的调节作用虽然基本得到了国内外学者的普遍认可，但在具体调节作用的方向上尚没有一致的结论，尤其是关于环境动态性对探索性学习和利用性学习与企业绩效的关系、企业间的合作关系对企业绩效作用的调节效应，不同的学者分别从不同的视角给出了不同的解释。

2.6 现有研究述评

2.6.1 当前相关领域的研究进展和不足

资源和能力理论尤其是营销能力理论和企业网络理论是本书的基础理论，营销能力（包括静态、动态和自适应性三种）、企业网络、公司企业家精神和环境动态性是本书主要涉及的理论构念。因此，本章主要对资源能力理论、营销能力理论、企业网络理论、公司企业家精神理论和环境动态性理论的研究进展进行了梳理和回顾。

在以 Wernerfelt、Barney、Grant 和 Peteraf 为代表的资源基础观理论中，资源是一个静态的概念，主要是指企业所拥有或所能支配的各种要素本身。资源基础观将企业看成一个独特的资源体系，认为企业的持续竞争优势源自有价值的、稀缺的、不能完全被模仿的以及不能完全被替代的资源。以 Prahalad 和 Hamel 为首提出的企业能力则是一个相对动态的整合性概念，它更多与活动及其过程相关。企业能力理论是从资源配置以及资源之间动态联系的角度来理解企业竞争优势，强调资源之间的整合过程与整合情况对于企业竞争优势的关键意义。Teece 等提出的动态能力理论是对传统资源和能力理论的一个延伸，是从企业内部的角度研究如何发挥自身独特的资源和能力的作用去应对外部环境的变化，进而建立企业竞争优势，其所谓的“企业能力”是一种被动性、应对性的能力。近年来，少数学者基于复杂性理论提出的企业自适应能力，则是从企业所处的复杂网络系统的角度去研究企业如何通过自组织学习、主动创造等创新流程去洞察未来的环境变化，领先市场做出应对的能力，是一种主动性的、活的能力。营销能力理论的发展脉络与资源能力理论基本一致，其概念的发展基本可以归结为营销资源、静态营销能力、动态营销能力和自适应营销能力等四种概念。通过对营销能力的相关实证研究文献的梳理，本书发现在关于营销能力的前因和结果的实证研究中，虽然大量的研究验证了营销能力对企业绩效的正向影响作用，但大多数停留在对静态营销能力的研究，只有少数学者（如 Fang & Zou，2009；Wang & Jiang，2006）验证了动态营销能力的作用。Day（2011）提出的自适应营销能力为营销能力理论研究提供了一个新的方向，但目前还没有学者对自适应营销能力的形成、发展及其对企业绩效、竞争优势等结果变量的作用机制进行相关的实证研究。

经济全球化和信息技术的发展使企业间的合作更加具有必要性和可行性，近年来，企业网络已经成为战略领域的研究热点。企业网络不仅是企业实现资源获取的主要途径，也是企业提升资源利用能力的重要手段。综观已有的研究，国内外学者大多从关系维度和结构维度两个视角来衡量企业网络的特征，并基于这两个维度的分析方法对企业间能力、行为和绩效的差异进行强有力的解释。虽然学者们基于不同的视角分析了企业网络的构成，如 Gulati（2000）[104]认为企业网络是企业一系列关系的集合，包括与跨产业和跨区域的其他组织（如供应商、顾客、竞争者和其他实体机构）形成的水平关系和垂直关系。Lee（2001）[120]把企业网络关系分为伙伴关系基础（partnership - based linkages）和支持关系基础（sponsorship based linkages）两种类型。但根据本书对相关文献的梳理，目前尚缺乏对于不同类别的网络关系对企业能力和企业绩效的作用机制差异的研究，如企业上游网络、下游网络以及水平网络关系的不同维度特征对企业能力和企业绩效的作用机制是否存在差异这一问题几乎没有文献涉及，而有关不同类型的网络特征之于营销能力的作用机制研究也是一个较大的研究空缺。本章还回顾了公司企业家精神和环境动态性的相关文献，发现这两个变量极有可能在企业网络、企业营销能力和企业绩效之间的关系中产生一定的影响作用，但至今为止极少有文献涉及这方面的研究。

2.6.2 本书拟研究的问题

上述的理论回顾和文献综述为本研究奠定了扎实的基础，已有研究的不足之处为本研究提供了方向。在上述理论和文献研究基础上，本书将着手通过理论研究和实证研究，探讨以下几个方面的问题。

1. 自适应营销能力与动态营销能力、静态营销能力存在哪些本质特征上的区别？自适应营销能力对企业绩效是否会产生正向影响作用？这三种营销能力对企业绩效的作用机制是否存在差异？在现今快速变化发展的环境背景下，哪一种营销能力对企业而言更为重要？

2. 企业垂直网络与水平网络对自适应营销能力的培育将会产生什么样的作用？公司企业家精神的差异将对企业网络特征与自适应营销能力的关系产生怎样的影响作用？

3. 企业垂直网络与水平网络对企业绩效将会产生什么样的影响作用？自适应营销能力在这中间是否发挥着一定的中介作用？

本书希望通过对上述问题的理论和实证研究，探索自适应营销能力的本质、形成和影响作用机制。

3 理论模型与研究假设

本章主要包括两部分内容：首先，本章从复杂自适应系统理论出发，结合资源基础理论、营销能力理论和企业网络理论，分析探讨了自适应营销能力的基本内涵和概念模型，比较、分析静态营销能力、动态营销能力和自适应营销能力在理论基础、对市场的认识、分析视角、战略重点和能力构成等方面所存在的本质区别，并提出了第一个理论模型和相关假设；其次，本章以资源依赖理论、社会网络理论为理论基础，进一步探究企业网络特征（包括企业垂直网络范围与质量、企业水平网络范围与质量）对企业自适应营销能力和企业绩效的影响作用，并借助相关理论分析不同程度的公司企业家精神在此过程中的影响调节作用，进一步提炼出了第二个理论模型和相关假设。

3.1 三种营销能力与企业绩效

3.1.1 自适应营销能力的内涵及概念模型

复杂自适应系统理论 CAS 的提出正好为人们提供了新的思路与方法。当把企业和经济系统视作一个面对不断变化的复杂环境、由具有适应性的主体构成、处于不断演进过程中的复杂系统时，这一新思路为经济科学和企业管理理论提供了一个新的视角。在市场需求日趋复杂多变的背景下，结合复杂自适应系统理论的基本观点，George S. Day 在 *Journal of Marketing* 杂志 75 周年庆典时，提出了自适应营销能力这一新的概念。[8]

George S. Day 认为不断加剧的市场复杂性对企业营销组织提出了越来

越高的要求，而大多数营销组织理解和应对这一复杂性的能力存在越来越大的缺口。他认为市场环境的复杂性对营销能力提出了新的、扩展性的要求，远远超出了企业原有的狭隘的营销组合的能力。他认为企业就是一个复杂的自适应系统，在与内外部环境中的各个主体持续不断的交互作用过程中，需要不断地“学习”或“积累经验”，并根据学到的知识和经验主动改变自身的结构和行为方式，以适应不断变化的内外部环境。因此，他在复杂自适应系统理论的基础上，提出了自适应营销能力（Adaptive Marketing Capabilities）这一新的概念。他认为这是一种新的、扩展性的营销能力，包括预期和实验维度的市场学习能力以及协同运用合作网络成员资源和能力的“开放营销”能力。他强调这种营销能力必须是自适应的，能够促使企业主动调整战略以适应快速变化的市场。[8] 基于上述概念界定，自适应营销能力主要包含三个方面的能力。

1. 市场预警能力（Vigilant market learning capability）

基于复杂系统理论的主要思想逻辑，所有自适应系统成功的关键在于能够以比表面噪音更快的速度将这些表面噪音转化成实际含义。[173] 因此，企业需要培养对市场环境的警觉性学习能力，以更早、更快地发现这些表面噪音的真正含义。Day（2011）强调在市场的复杂程度不断加剧的时代背景下，企业不仅需要通过预警系统加强对需求的深层次洞察能力，也必须丰富各种新兴技术以便自己能够快速搜索微观数据和共享观点中所体现出来的模式与规律。尽管学者们都认为尽早对市场模糊信号做出反应对企业抓住市场机会至关重要，[174] 但将模糊市场信号转化为有用决策却需要大量时间和工作，这是企业战略决策适应市场快速变化的主要障碍。Schoemaker & Day（2009）[175] 提出三个步骤（如图 3 – 1）可以帮助企业识别外部环境变化，并对后续行动更有信心。他们认为面对急剧变化的市场环境，企业无法也不应回避，而是应该整合团队整体力量，利用社会网络搜索本地及外地市场的各种信息，保持对市场信息的敏感度，大胆提出各种假设和各种情境，相信经验丰富者的直觉，鼓励企业内部的创造性冲突。

因此，本书认为，为了提升企业的市场预警能力，企业管理层需要具备好奇心、警惕性和基于模糊信息行动的意愿。首先，企业必须具有充分的市场导向，时刻关注过去的、现在的、未来的顾客需求特征，并观察顾

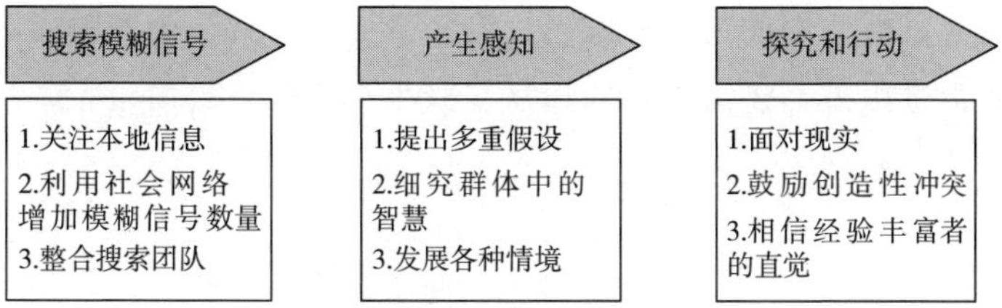

图 3-1 识别模糊信号的三个步骤

资料来源：本研究根据 Schoemaker & Day（2009）整理。

客如何处理数据，对于社会网络和社会媒体是如何反应的。[175]在这一过程中，企业不应该受那些先入为主的观点和思想所影响。其次，企业应该摒弃用以公司为中心的方法对待企业战略和运营，而应坚持以网络基础观（Network - based view）来加强企业对外部环境的认识，采用一种“开放心理方法”（open - minded approach）[8]去寻找多样化的观点、听取广泛来源的信息、培育更广泛的社会化和专业化网络，进而使企业能够持续性地产生新的创意。[176]最后，对于来自外部的模糊市场信号，企业必须具备理解和对其采取行动的能力。持续的市场学习是为了捕捉新创意、新概念和新的成功模式，这些目的的真正实现必须建立在外部模糊信息被企业内部的各个部门或机构准确理解和充分共享的基础上。[177,178]

2. 营销实验能力（Adaptive marketing experimentation capability）

复杂而又高速率变化的市场环境隐藏着大量的战略死角，如果缺乏对各种可能性的充分考虑，企业很难拥有正确的创意。同时，市场学习流程的自适应性都将由于企业认识顾客行为模式和市场多样化、碎片化的战略应对等方面能力的有限性而受到阻碍。[179]只要企业内部能够拥有可信任的团队对市场学习加以理解和分享，解决上述这些问题的最佳方法就是在市场学习流程的基础上，投资于可以产生新创意的小实验。[8] Davenport（2009）[1]认为企业内部缺乏学习的小实验只是在浪费资源，对企业没有任何贡献，他提出现代企业应该利用新兴技术，加强企业“尝试和学习”（test and learn）的能力。根据 Davenport（2009）的观点，成功、有效的实验应该经过提炼假设、设计和执行实验方案、分析实验结果、上线计划、正式上线等六个过程（如图 3-2），并在每个过程中不断学习，积累经验。通过这一流程的不断循环，企业的实验能力会得到持续提升。本研究在对企业进行访谈的过程中发现，许多企业高管都认为实验能力的提升除了不断尝试以外，还需要不断地从实验中学习，或者向领先者学习成功经验。

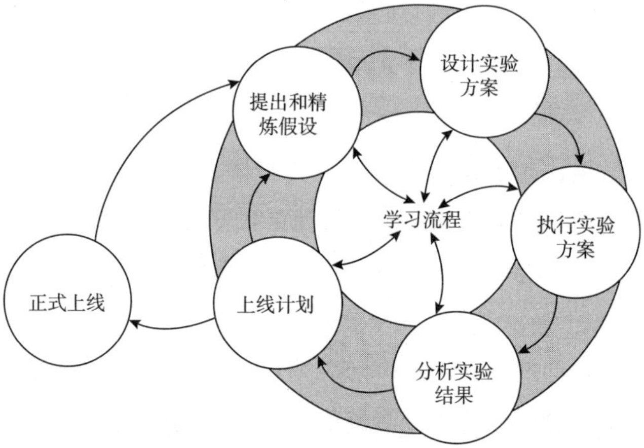

图 3－2　学习－实验流程

资料来源：本研究根据 Davenport（2009）[1] 整理。

因此，本书认为企业营销实验能力的培育必须做到以下几点：首先，企业必须培养实验心态以及挑战现有信念的意愿，企业应该鼓励内部各部门或机构根据广泛的、多样化的市场信息做出各种尝试，开展各种准实验。其次，技术进步为企业从事目标实验提供了帮助。互联网络技术的发展[180]、快速原型设计技术（Rapid－prototyping）[181]、数据库技术和各种新型软件工具的出现，为企业从事和追踪产品及市场实验提供了技术上的保障和可能。因此，企业必须提升运用上述高新技术的综合能力。再次，企业必须消除“害怕失败”的所有症状，加强试错（Tried and error）学习和改进实验流程的能力以探索未来可能的市场变化和成功模式。最后，大量的市场信息和实验可能会导致企业陷入信息超载的局面，企业需要通过社会网络加强与网络成员之间的合作，主动向更大范围的市场先驱者、竞争企业或合作伙伴学习成功经验。[1,180,181]

3. 开放营销能力（Open marketing capability）

当今世界是个网络世界，网络无处不在。营销学者已经对各种各样的网络结构进行分类。Achrol & Kotler（1999）就根据不同的成员构成将企业的社会网络分为四种：内部市场网络、垂直市场网络、企业集团和顾客机会网络等。[182]正如 Christophe & Stephan（2007）[183]所述，消费者通过250000个社会网络社区连接在一起，企业也从供应链转向供应网络，企业创新焦点从企业外部转向合作伙伴网络。Gulati（2009）提出传统封闭式的经营模式是模仿时代的产物，随着市场变化步伐和碎片化的加快，这种模式已经过时。[184]同时，随着知识共享、相互协调和模式识别等技术的进步，垂直的组织结构逐渐解体。[185]企业作为复杂自适应系统，为了防止广泛深入的市场学习和从事大量营销实验所带来的信息超载和资源、能力的局限性，必须加强关系管理能力的培育，跨越企业边界，通过企业间的合作扩展企业资源。[186]根据 Day（2011）[8]的观点，企业在营销管理过程中需要与包括上下游企业营销组织、同行企业营销组织、咨询公司、调查公司、广告代理商和社会媒体提供商等在内的外部相关企业或机构产生不同类型的交互作用，企业营销组织是嵌入交织的关系网络中的（如图3－3所示），要有效管理这一错综复杂的网络，企业需要培育一种新的、不易被模仿和学习的营销能力，以规划、协调、控制来自不同网络成员的各种资源、技术和能力。

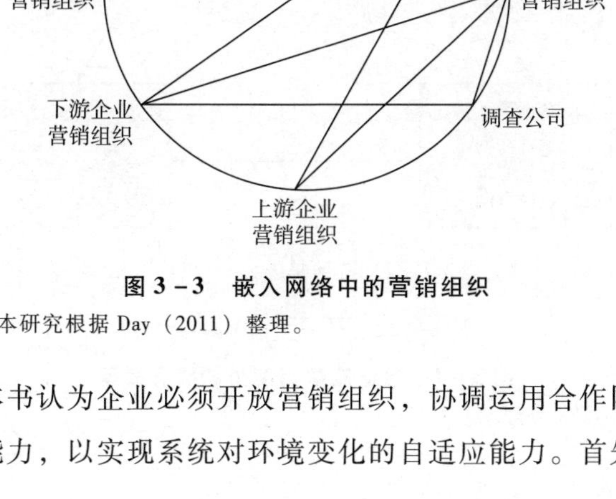

图3－3 嵌入网络中的营销组织

资料来源：本研究根据 Day（2011）整理。

因此，本书认为企业必须开放营销组织，协调运用合作网络成员的互补性资源和能力，以实现系统对环境变化的自适应能力。首先，由于市场的瞬息万变，客观存在的资源和能力有限性导致企业单纯依靠孤军奋战无法取得持续的成功，所以企业应该基于对未来市场趋势的预判和自身资源、能力的不足，寻求具有共识的、能力互补的合作伙伴，搭建高效的合作网络平台。其次，开放网络的形成将有助于企业间的信息和资源的流动，企业应该通过加强与网络成员之间的深层次合作，获取自身应对未来环境变化所需的稀缺的、互补的、专业化的资源和能力，实现技术和产品的不断创新。最后，为了提高企业对环境变化的自适应能力，企业应该整合、协调网络成员的资源和能力，对市场的模糊信号迅速采取有效的协同行动，通过信息和资源在企业间的流动，实现营销战略与策略的不断创新升级。

综上，自适应营销能力是一种有预见性的、主动的、由外而内的探索学习能力、实验能力和整合协调能力的综合，是促使企业主动调整战略和策略以适应市场变化加快和不具规律性的一种扩展性营销能力。这种新的、扩展性的营销能力由市场预警、营销实验和开放营销等三方面子能力组成。在市场环境变化的冲击下，这三方面的子能力相互影响、相互制约、相互提升，形成一个复杂的自适应系统（如图 3－4 所示）。

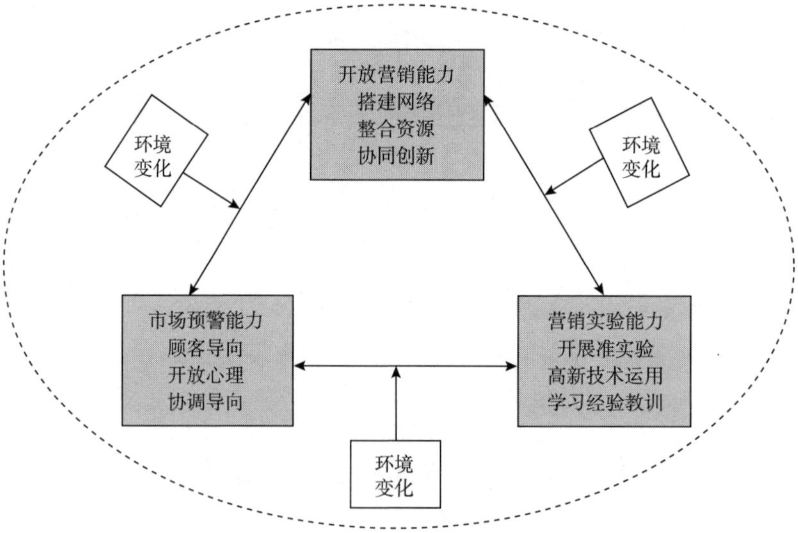

图 3－4　自适应营销能力的概念模型

资料来源：本研究整理。

3.1.2 自适应营销能力与静态、动态营销能力的区别

1. 静态营销能力的本质特征

如第二章所述，静态营销能力理论是最早的 RBV 理论和企业能力理论的一个分支。RBV 理论和能力理论都认为由于资源和能力都需要通过长时间的积累和发展来形成，所以不同企业所拥有的战略资源和能力是异质的、难于复制的。[48,50,53] Day（1994）认为资产是企业所积累的资源禀赋，如投资规模、品牌资产、设备和系统、政府支持等。能力则不同于资产，它是技能和集体性学习的复合体，通过组织流程使企业得以协调各项职能行为并有效整合资产，包括“外部 - 内部化（outside - in）流程”、“内部 - 外部化（inside - out）流程”和“整合跨越（spanning）流程”。他认为市场导向组织拥有卓越的市场感知（market sensing）能力、顾客联结（customer linking）能力和渠道结合（channel bonding）能力，并且这三方面的能力都是通过“外部 - 内部化流程”来体现的。[71] 之后很多学者在此基础上对静态营销能力的内涵进行了大量补充。Vorhies & Morgan（2005）[4] 将营销能力细化为包括产品发展、定价、渠道管理、营销沟通、销售、市场信息管理、营销计划和营销执行等八个方面的营销组合能力，这一观点得到了学术界的普遍接受。本书之所以将上述营销组合能力界定为静态营销能力，是因为这种界定只是从企业内部角度出发，静态地描述了企业利用难以复制的、熟练的资源和程序来执行早已建立的各种流程的能力。[8] 关于营销能力的发展机制和企业通过营销能力对市场变化进行适应的机制，上述理论观点并没有做出解释。比如，产品研发能力只包含了企业在新产品开发和发展方面的投资，并没有扩展到传递新的顾客价值或到达新市场的方法；营销战略的计划和执行能力[4] 也只是强调了市场细分、目标市场选择和营销预算的最优配置等能力，并没有涉及对商务模式和市场边界的重新思考。

综上，静态营销能力理论与传统的资源能力理论一样，认为市场是相对稳定并且可以预测的，强调异质的、不可复制的资源和能力会给企业带来竞争优势。[50] 该理论仅限于对企业利用内部营销资源和流程以满足市场需求的能力的探讨和研究，以“内部 - 外部化”为导向，仅注重对企业

内部资源和流程的“开发利用”(Exploiting)(其本质是对现有资源，技术和能力的提炼和扩展)，并没有考虑到企业对外部环境变化的“探索”(Exploring)（其本质是对新的、不确定的选择方案的尝试）和适应能力。[73,117,163]

2. 动态营销能力的本质特征

信息技术的迅猛发展和层出不穷的多样化、个性化市场需求使企业的营销环境从相对稳定和可预测，转变为无序、突变和不可预测，促使源自异质的、不可复制的稀缺资源和能力的竞争优势变得不可持续。在这样的市场背景下，许多学者认为企业必须通过不断地创造、调整组织流程以创造新的顾客价值，才能获得持续的竞争优势。[55,58]一部分营销学者也开始从动态的角度理解营销能力的内涵。Sirivastava 等（1999）[5]认为营销能力就是在市场变化中形成新的观点，重新设计和开发产品研究管理流程、供应链管理流程和顾客管理流程等来创造新的顾客价值的能力。他们虽没有明确提出动态营销能力概念，但已经指明营销能力是改变流程的能力。Fang & Zou（2009）在此基础上明确指出动态营销能力高低反映了这些跨职能流程创造和传递顾客价值以应对市场变化的反应速度和效率。Wang & Jiang（2006）[74]基于传统的4P框架和动态能力理论，提出动态营销能力高低反映了企业动态调整其营销活动和资源对环境变化做出反应的速度。

综上，动态营销能力有着动态能力的本质，也是企业为适应市场环境变化而改变自身在营销领域能力的能力。与静态营销能力理论相比，动态营销能力理论认识到外部环境的动态性和不确定性，强调企业对外部环境机会的探索和做出应对的能力。[8,163]动态营销能力的真正内涵是企业在接收到市场变化的明确信号以后，快速调整和改变企业内部资源的配置方式，促使企业营销管理流程更好地与市场环境需求相匹配的能力。从本质上讲，动态营销能力也是以“内部-外部化”为导向的，是一种被动的应对变化的能力，在应对市场变化方面会存在时间上的滞后。随着市场环境变化的不断加剧，这种滞后会更加明显，企业营销能力与外部环境对企业所提出的要求之间的差距会不断加大。

3. 三种营销能力之间的区别

正如上一节所述，自适应营销能力是以复杂自适应系统理论为基础，由市场预警、营销实验和开放营销等三方面子能力组成的。该理论强调企业对市场的预测、由外而内的探索和实验各种可能成功的机会和模式，是促使企业主动调整战略和策略，整合协调社会网络资源以适应市场变化加快和不具规律性的一种扩展性能力。针对市场环境的变化特征，许多领域的研究发现企业能力无法跟上市场的变化速度和复杂程度。[7,77,78] Day (2011)[8]认为自适应营销能力能够帮助企业缩小营销能力与外部环境对企业所提出的要求之间的差距。本书认为自适应营销能力与静态、动态营销能力在理论基础、对市场的认识、分析视角、战略重点和能力构成等方面都存在本质的区别，如表 3－1 所示。

表 3－1　三种营销能力的区别

能力类型 / 区别之处	静态营销能力	动态营销能力理论	自适应营销能力
理论基础	资源基础理论（RBV） 企业能力理论	动态能力理论	复杂自适应系统理论
对环境的认识	相对稳定、线性可测	无序、突变、不可预测	混沌、非线性的商业生态系统
分析视角	内部－外部化	内部－外部化	外部－内部化
战略重点	开发、利用	探索、调整、应对	主动探索、预测、自适应
主要内容	营销组合能力	流程改变能力	预测、实验和协同创新能力

资料来源：本研究整理。

3.1.3　三种营销能力对企业绩效的作用差异

通过上述对营销能力相关实证研究的回顾，不难发现国内外学者对于营销能力对企业绩效积极正向的作用基本形成了共识。

Day（1994）将营销能力看成企业战略目标实现的支持性流程，认为其有助于企业战略地位的实现以及获取较高水平的企业绩效。Vorhies (1998)[79]认为营销能力是企业内部的营销员工在不断重复运用他们所拥有的知识和技巧、将营销投入转化为产出的过程中发展起来的营销组合能力，主要包括产品发展、定价、渠道管理、营销沟通、销售、市场信息管理、营销计划和营销执行等八个方面的营销组合能力。企业在满足市场相关需求时，这些能力将促使企业为顾客增加产品及服务价值，把握市场机会，应对竞争威胁。[4,79]静态营销能力反映的是企业进行产品或服务差异化、培育成功品牌的能力，顾客往往愿意为产品的差异化和成功品牌付出额外的成本费用。[187]许多学者通过理论和实证研究也证实了上述营销组合能力对企业产品或服务的成功具有很大的贡献。[3,71,72,188]

动态营销能力反映的是针对市场变化，企业重新设计和开发产品管理、供应链管理和顾客管理等流程，创造和传递新的顾客价值，以应对市场变化的反应速度和效率。[5,6] Helfat（1997）强调动态能力有助于企业创造新产品和新流程以快速应对市场条件的变化。[189] Zollo & Winter（2002）研究发现投入更多努力改变企业流程以应对市场变化的企业比其竞争对手拥有更高的资产回报率。[59] Wang & Jiang（2006）通过对台湾500家制造企业的实证研究，发现高水平的动态营销能力可以帮助企业比竞争对手更快、更有效地对外部环境变化做出反应，进而提升企业绩效。Fang & Zou（2009）采用国际合资企业的双方调查数据，研究发现企业的动态营销能力正向影响企业的财务绩效和竞争优势。根据Teece等的观点，企业只有通过吸收和整合资源、组织学习、对知识进行管理等方式提升自身的创新能力，以及获得新知识和能力，并逐步提高效率、整合和改进现有的能力，才能使企业在动态、复杂、不确定的环境下获得持续竞争优势。Bruni & Verona（2009）[75]认为动态营销能力与静态营销能力对企业绩效的作用存在很大的差异。静态营销能力只是帮助企业在利用现有产品和分销渠道、对现有品牌进行广告宣传、满足现有顾客需求等方面的工作中取得良好的平衡；相反，动态营销能力支持企业改变现有的、固定的流程，通过释放和集成市场知识推动企业创新升级，将企业各流程能力重新组合形成新的竞争优势来源，实现企业的可持续发展。

然而，随着市场环境的快速发展变化，产品技术生命周期的不断缩短，市场环境的复杂性对营销能力提出了新的扩展性要求，远远超出了原有的狭隘的、应对性的营销组合的能力。动态营销能力也是企业基于

“内部－外部化”视角，从企业内部寻求应对外部的机会，其出发点是企业自身，而非市场。Ambrosini & Bowman & Cliff[63]（2009）强调动态能力并不一定能够直接带来竞争优势，他们认为动态能力中的“动态”二字更多的是指外部环境的动态，而不是能力的动态。随着市场环境变化的不断加剧，企业通过动态调整战略以应对外部机会和威胁将存在越来越严重的滞后性，甚至出现战略调整无效。[178]在本研究的访谈过程中，多个被访企业高管均提到，“市场变化太快了，我们好不容易研发出来的新产品，还没上市就已经过时了”。此外，在当前的市场背景下，企业很难通过利用（exploit）内部资源以应对市场的瞬息万变，Ma 等（2009）[66]提出企业应建立（具备）以主动性为特征的、能够感知外部市场的变化并做出回应的战略适应能力（Strategic adaptive capability）。张春明（2012）[68]认为企业为应对外部环境快速变化应建立以主动性为主要特征的活的能力，就是所谓的“超动态能力”。他认为 Teece 等提出的动态能力可能是被动性的动态，其存在的目的是应对外部环境出现的变化，实现系统所交给的某一项任务或功能，没有自身的目标或取向。而超动态能力的构建更强调自身的目标（取向），更强调主体的主动性。Day（2011）认为企业应该加强对外部资源和能力的探索（explore），寻求各种合作的可能性，通过整合网络关系资源加强企业对市场变化的自适应能力。

因此，本书同意 Day 的观点，认为自适应营销能力是现代企业迫切需要的一种新型能力。[8]首先，对市场环境的洞察和搜索需要相应的管理特性、管理系统和组织设计，保证组织对外部机会和威胁的时刻警惕性。授权层级明确的组织很难对即将发生的变化的模糊信号保持敏感性，同时也不具有从事市场实验的意愿。[190]相反，管理团队若能跳出企业边界的约束，基于外部市场角度洞察和搜索消费者为何以及如何变化，什么是新的顾客需求，企业该如何帮助顾客解决问题，新的竞争者又将采取何种努力等问题，将扩展企业战略视角，并帮助企业发现更为丰富的市场机会和竞争优势。[8]Day & Schoemaker（2008）认为警觉性的组织更具有能力在竞争对手之前发现机会和威胁，[191]其对市场变化的预测将有助于企业提前、主动地适应未来的市场变化，缩减企业的反应、对策与市场变化之间的时间差。其次，持续的营销实验将促使企业积累大量的经验性知识，并提高内部团队的市场学习能力。知识基础理论指出经验知识（experimental knowledge）更为缄默而难于被编辑和交流，而信息知识（informational knowledge）则相对明确、清楚而容易被编辑和传递（如 Kogut & Zanders，1992；Polanyi，1996；Reed & DeFillippi，1990）[192~194]。资源基础理论强调企业资源和能力的价值性、稀缺性、不可模仿性和不可替代性是企业竞争优势的重要来源。[50]因此，企业在营销实验方面的投入和所积累的能力，相比传统的营销调研能力，更加能够帮助企业获得持续竞争优势，提升企业绩效。最后，信息网络技术的发展，使各个角落的企业间合作与沟通都成为现实，垂直、封闭的组织结构和经营模式已经成为过去。开放自身营销组织，加强企业间网络的关系管理和资源协调能力，将能够帮助企业克服当前信息超载和自身资源能力局限所带来的劣势和威胁。与传统的营销组合能力或迅速调整能力不同的是，开放网络系统将促使企业间的信息和资源流动，实现产品、技术和营销战略的不断升级创新，以适应未来市场不断提出的新要求。因此，虽然开放营销将导致企业处于复杂的网络环境之中，但这种网络组织将促使企业对未来的市场变化更具有响应能力，这种能力将更加难于被竞争对手学习和复制。

综上，本书提出以下对比性假设：

假设 1　与静态营销能力相比较，动态营销能力对企业绩效具有更强的正向影响作用

假设 2　与动态营销能力相比较，自适应营销能力对企业绩效具有更强的正向影响作用

3.1.4　环境动态性的调节作用

根据 Kohli & Jaworski 的观点，环境动态性主要包括市场需求、竞争强度和技术变化等三个方面的不确定性和不可预测性。随着全球经济和信息经济的不断深入发展，企业经营环境不断呈现出顾客构成趋于复杂、顾客偏好的变化频率加快、企业间的竞争不断加剧、技术使用周期不断缩短等特征。在如此动荡多变的环境中，企业的竞争优势来源越来越容易被竞争对手所复制或侵蚀，每一种竞争优势来源都只是一个相对

短暂时间的概念。因此，企业只能不断地创造无数个相对短暂的竞争优势来实现持续竞争优势。[149,167] 基于资源依赖理论和种群生态理论的观点，组织生存所需的资源存在于组织所处的环境中，环境通过为组织提供资源来影响组织行为与决策。[152,157] 因此，环境的动态性程度必然影响企业对资源的获取能力和利用效率，调节企业战略决策能力与企业绩效的关系。当环境动态程度低时，企业可以通过全面分析和整合各种可行的战略决策和资源以制定理性的战略决策，提升企业绩效；而当环境动态性程度高时，由于市场环境变化迅速并且难以预测，因果关系模糊，企业采用全面分析和整合现有决策资源和流程进行理性决策势必无法应对，必然导致最终的失败。

因此，本书认为环境动态性程度高低也势必会影响企业营销能力与企业绩效的关系。正如前面分析，静态营销能力是企业利用自身所拥有的难以复制的、熟练的资源和程序来执行早已建立的各种流程的能力，是企业内部的营销员工在不断重复运用他们所拥有的知识和技巧，将营销投入转化为产出的过程中发展起来的营销组合能力，主要包括产品发展、定价、渠道管理、营销沟通、销售、市场信息管理、营销计划和营销执行等八个方面的营销组合能力。该能力以“内部－外部化”为导向，仅注重对企业内部资源和流程的开发利用（Exploiting），并没有考虑到企业对外部环境变化的探索（Exploring）和适应能力。Fredrickson 的多项研究表明，在稳定的环境中，战略决策的理性程度与企业绩效呈正相关关系，而在动态的环境中则相反，呈负相关关系。因此，只有当市场是相对稳定的情况时，企业才能够利用这八个方面的熟练资源和程序来满足市场需求，实现经济效益。而当环境动荡多变时，企业利用上述的熟练资源和程序不仅无法应对外部环境的变化，甚至还会由于内部资源的无效利用负面影响企业绩效。此时，企业需要迅速掌握大量的市场信息和知识，自行调整企业内部现有的运作流程，以适应外部环境的持续变化。[25,155,195]

动态营销能力是企业为适应市场环境变化而改变自身资源配置流程的能力。与静态营销能力相比，动态营销能力理论认识到外部环境的动态性和不确定性，强调企业对外部环境变化的探索能力。[8,163] 尽管如此，动态营销能力实质上是企业在接收到市场变化的明确信号以后，快速调整和改变企业内部资源的配置方式，促使企业营销管理流程更好地与市场环境需求相匹配的能力。从本质上讲，动态营销能力也是以“内部－外部化”为导向的，是一种被动的应对变化的能力，在应对市场变化方面会存在时间上的滞后。Ambrosini & Bowman & Cliff[63]（2009）认为动态能力创造价值的过程相对于外部环境的复杂和不确定性的变化会存在时间滞后性，当外部环境高速变化时，这个时间滞后将会导致企业动态能力所带来的优势是暂时的或是竞争平等性的，甚至会由于顾客和竞争行为的变化，导致资源优势的短命。随着市场环境变化的不断加剧，这种滞后会更加明显，企业营销能力与外部环境对企业所提出的要求之间的差距会不断加大，进而导致企业无法应对市场所发生的变化。

如上所述，自适应营销能力是一种探索、预测和自适应的能力，是企业不断由外而内地探索和实验各种可能成功的机会和模式，在市场变化信号明确之前，主动调整战略和策略，整合协调社会网络资源以自动适应即将发生的变化的扩展性能力。自适应营销能力强的企业对外部环境可能带来的机会和威胁会时刻保持警惕性和敏感性，并且具有从事市场实验的意愿。[190]通过持续的营销实验，企业将积累大量的经验性知识，市场学习能力也将得到不断提高。当环境高速动荡变化时，企业很难依靠自身资源和能力去应对，必须开放自身营销组织，加强企业间的合作和协调，才能够克服当前信息过载和自身资源能力局限所带来的劣势和威胁。因此，当环境动态性程度高时，自适应营销能力对企业而言显得尤为重要。

基于以上论述，本书认为环境动态性对静态营销能力、动态营销能力和自适应营销能力与企业绩效的关系会产生不同的调节作用，故提出以下假设：

假设 3a　环境动态性负向调节静态营销能力与企业绩效的关系

假设 3b　环境动态性负向调节动态营销能力与企业绩效的关系

假设 3c　环境动态性正向调节自适应营销能力与企业绩效的关系

基于上述假设，本研究构建第一个理论假设模型，如图 3－5 所示。

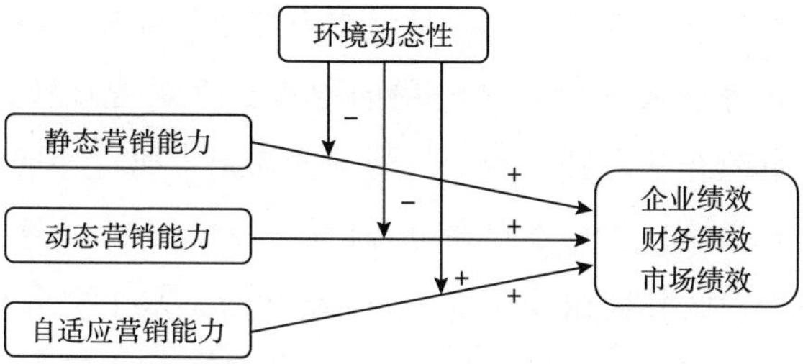

图 3－5 理论假设模型（一）

3.2 企业网络与自适应营销能力、企业绩效

基于上述关于自适应营销能力的内涵和基本概念的探讨，本书认为企业自适应营销能力的培育必须通过运用、整合企业间的合作网络资源得以实现。根据 Gulati （2000）[104] 的界定：企业网络是企业的一系列关系的集合，包括与跨产业和跨区域的其他组织（供应商、顾客、竞争者和其他实体机构①）形成的水平关系和垂直关系。因此，本书将企业网络划分为垂直网络（与上游供应商和下游顾客之间的关系）和水平网络（与竞争者之间的关系）两种类型。与以往研究不同的是，本节将重点探讨这两类网络的范围和质量对企业自适应营销能力的影响作用。

3.2.1 相关理论的基本观点

1. 资源依赖理论

资源依赖理论（Resource dependence theory，简称 RDT）强调环境赋予组织有限的、有价值的重要资源，组织在参与社会交换过程中所形成的网络关系会影响和控制组织行为，每个组织都希望通过获得资源的控制权实现两个相关的目标：一是降低自身对其他组织的依赖程度；二是提高其他组织对自身的依赖程度。[196,197] Salancik & Pfeffer （1978）[10] 认为一个组织对另一个组织的依赖程度，主要取决于 3 个关键性因素：一是所需资源

① 其他实体机构主要包括其他辅助企业或机构、企业协会、科研机构、金融机构和政府等。在企业网络中，企业与上述机构的关系在本质上有别于与上游供应商、下游顾客和竞争者之间的“竞争与合作”关系，本书不加以讨论。

或知识对于自身生存的重要性；二是组织内部或外部某一特定群体对该资源或知识的可获得性或自行裁决使用的程度；三是替代性资源的存在程度。如果一个组织非常需要一种专门资源或知识，而这种资源或知识在这个组织中又十分稀缺，并且不存在可替代的来源。那么，这个组织将高度依赖掌握这种知识的其他组织。Salancik & Pfeffer 基于资源依赖理论视角对组织间的关系做了如下论述：（1）组织是理解企业间关系和交往的基本单位；（2）这些组织并非自治的，更多受到与其他组织形成的相互依赖网络的约束；（3）组织间的相互依赖性和组织行为的不确定性将促使组织的成功存在不确定性；因此，（4）组织需要采取行动治理组织间的相互依赖性，从而形成新的依赖和相互依赖的模式；（5）这些新的依赖模式将产生组织之间和组织内部的权力分配，进而影响组织行为。[196] 他们在吸收 Hawley（1950）[198] 关于人类生态学（human ecology）的观点的基础上，将组织间的关系区分为竞争性互依（competitive interdependence）和共生性互依（symbiotic interdependence）两种。竞争性互依是指相互依赖的组织在同一市场中运行，如同行竞争者之间的合作关系。共生性互依是指相互依赖的组织间的资源交换对各自的生存与成功极其重要，如上下游企业之间的合作关系。

从资源依赖理论的视角看，组织间的分工创造了组织相互依赖的网络，经过相互间的合作，不仅会产生协同效应（synergistic effect），也会导致组织间的约束，企业管理网络关系的过程就是最大化自身能力的过程。[199,200] 组织间的关系无论是竞争性互依关系，还是共生性互依关系，都会影响组织的战略决策，影响组织获取和运用资源的综合能力。[199,201]

2. 社会网络理论

社会网络理论将组织间的联系看成由节点（nodes）和链接（ties）组成的，节点是指网络中的成员，链接是指网络成员之间的关系。[11] Granovetter（1985）首先站在社会网络视角分析经济活动，他认为一切经济活动都是嵌入社会关系中的，纯经济关系在现实生活中是不存在的，现实中的经济关系都包含有大量的嵌入性（Embeddedness）社会关系因素。与其他传统社会学研究不同，社会网络理论关注的是网络中行动者之间的关系和链接，而不是个体行动者的特性。网络中成员之间存在各种各样的关系，Uzzi（1996，1997）[99,100]将其主要归结为两类：市场关系和嵌入性关系。他认为企业网络是由企业间嵌入性的互动关系形成的，这种关系具有相互信任、紧密的信息传递和共同解决问题三个特征，这三方面特征水平的高低决定了企业间关系的紧密程度。这些关系被认为是企业的社会资本，将有助于企业收集信息、获取资源、培育竞争能力和制止竞争。[14] Burt（1983）[202]认为社会网络中的行动者只要避免依赖于其他行动者，在社会网络结构中占据相对稀疏的位置，并且受到那些占据相对拥挤位置的行动者的依赖，就能够从中获得优势和利益。对于不同网络结构的作用，Burt[114~116]提出了网络封闭和结构洞两个具有相对性的概念。封闭网络中的每个关系人都相互联系，任何人的行为都无法逃避其他人的注意，这种网络也可以说是密集网络。结构洞是指两个关系人之间的非重复关系，即一个人拥有的关系对另一个人而言具有排他性。他认为密集网络和结构洞对企业而言都是社会资本，发挥不同的作用。拥有结构洞可以使企业获得更多新的、非重复性的信息来源，并在其他未联系的企业之间起到桥梁作用，产生控制收益。而密集网络则会降低企业间的交易成本和信任风险，这对实现结构洞的价值至关重要。在 Burt 提出的结构洞概念的基础上，McEvily & Zaheer[12]（1999）提出了桥接关系（Bridging ties）的概念，他们强调这种关系除了具备结构洞的非冗余性以外，还具备地理分散性（geographic dispersion）。他们认为企业网络成员的地域分散将阻碍常规的、面对面的频繁沟通，这样的网络将提供更加非冗余性的信息和资源。Gulati（1998）[101]认为社会网络的影响作用主要来自两个方面：一是社会网络所赋予的信息优势，二是社会网络地位差异所产生的可控利益。由于可控利益的产生也来自对信息优势差异的控制，所以上述两方面影响作用具有重叠性。Gulati 认为社会网络通过两种机制提供信息优势：关系嵌入和结构嵌入。关系嵌入帮助网络成员获得高质量的信息（fine - grained information），而结构嵌入则强调网络结构和地位所带来的信息的独特价值优势。[97,203,204]

从社会网络理论的视角看，企业网络关系的范围和质量对企业竞争能力的培育和优势的获取都具有重要的影响作用。本书认为企业网络范围是指与企业具有合作关系的企业的数量及其分布区域范围，合作伙伴数量多且分散在不同的地区，则企业网络范围广。如图 3－6 所示，A 企业的合作对象分布在多个不同区域，而 B 企业的合作对象集中在一个地区，A 企业的网络范围比 B 企业广。企业网络质量是指企业与合作伙伴之间关系的紧密程度，体现在相互间信任、优质信息交流和共同解决问题的程度。A 企业与多个合作伙伴之间关系紧密，B 企业与合作企业之间的关系则以弱联系为主，本书认为 A 企业的网络关系质量高于 B 企业。在范围广的企业网络中，成员企业分布在多个区域，可以帮助企业获得来自不同地区的异质性、非冗余性的资源和信息，并且成员企业之间相互联系较弱，有助于企业在网络中拥有较多数量的结构洞和桥接关系。而高质量的网络关系则可通过信任、信息交流和共同解决问题帮助企业实现异质性、非冗余性资源和信息所带来的价值。

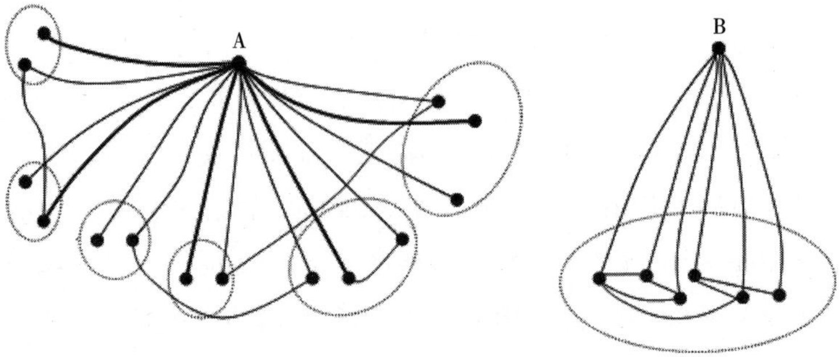

图 3－6　企业网络范围和质量对比

资料来源：本研究整理。粗线条表示强联系，细线条表示弱联系，同一虚线椭圆框内的网络成员表示处在同一区域。

综上，本书认为企业的网络范围和质量对自适应营销能力的培育具有重要的影响作用。从本质上分析，企业垂直网络关系是共生性互依关系，企业之间相互依赖程度较高；企业水平网络关系则是竞争性互依关系，企业相互间的依赖程度较低。所以，企业垂直网络和水平网络对自适应营销能力的影响机制将会存在本质上的区别。资源依赖理论和社会网络理论均以组织间的关系对于组织决策过程和行为表现的影响作用为核心理论，本书将以上述两个理论作为研究企业垂直网络（共生性互依关系）和水平网络（竞争性互依关系）的范围与质量对企业自适应营销能力影响作用机制的重要理论基础。

3.2.2　企业垂直网络与自适应营销能力

企业垂直网络是指企业与处于同一供应链网络的上下游合作伙伴所形成的关系集合。供应链网络包括供应商、核心企业、下游客户等所有参与企业信息、产品和服务的上下游组织。[101,205]基于自适应营销能力的概念模型和理论探讨，企业通过与上下游企业合作而形成的垂直网络不仅可以帮助企业快速、及时地获取市场和技术方面的信息，也可以为企业的营销实验与实践提供平台，有助于企业自适应营销能力水平的提高。

1. 垂直网络范围与自适应营销能力

企业垂直网络范围是指与企业处于同一供应链不同环节的合作成员的数量及其分布的区域范围。同一供应链不同环节的合作成员数量愈多、分布区域范围愈广，企业垂直网络范围就越广。值得强调的是，合作成员数量多，并不能代表企业网络范围广。来自同一地区或极少数地区的上下游合作者，虽然和企业处于不同的供应链环节，但网络内部成员之间经营环境相似、相近，其信息和资源、能力的冗余程度会较高。因此，本研究所提出的网络范围是对网络成员数量及分布区域的综合性衡量。由于企业垂直网络成员分别处于同一供应链的不同环节，成员所拥有的信息、资源和能力具有较强的互补性。[206]企业垂直网络范围越广，不仅越能够为企业提供广泛的、异质化的、互补性的市场信息，[207]以帮助企业尽早识别各种可能的市场机会，也越能为企业的各种营销实验和对市场机会的及时把握提供保障。根据社会网络理论，企业直接建立联系的企业数量越多，网络中心度越高，企业获得产品研发和营销创新所需要的供应链资源和能力的途径就越多。[121]此外，企业垂直网络成员分散在不同区域有助于企业在网络中拥有结构洞，在成员之间建立“桥接关系”。[12,15]企业垂直网络中的桥接关系将有助于企业获得非冗余性信息，进而提升企业在供应链网络中的控制权。根据上述的理论探讨，企业自适应营销能力的培育需要通过整合垂直网络的信息、资源和能力来实现。当企业在垂直网络中拥有更高的控制权时，其将比其他企业更能发现独特的市场信息、

机会和资源，这对企业自适应营销能力的培育至关重要。[12,15]

虽然目前很少有研究单独探讨企业垂直网络范围与企业能力的关系，尤其是与自适应营销能力的关系。但来自多领域的不同研究都从侧面证实了企业垂直网络范围对自适应营销能力的积极作用。Deeds & Hill (1996)[208]通过对生物技术企业的实证研究发现，垂直网络范围越广，企业越容易获得用于产品研发、推广的互补性的资源。Rauch（2001）的调查研究发现由来自不同种族和国家的企业构成的垂直网络可以创造更多的贸易活动，因为这样的垂直网络可以传播更多关于市场机会的信息。[209]垂直网络中的不同成员分别掌握着不同的信息和资源，Tsai（2001）[210]强调企业在网络中的中心化程度（中心度）越高，其整合其他企业知识和技术的能力就越强，越能够产生好的创意和创新活动。Grabher (2006)[211]和 Scott（2012）[212]都强调了非本地链接对于知识创造的重要性。网络成员过于本地化、空间距离过小将导致垂直网络的过度排外和僵化，这将给企业带来“锁定（lock－in）”效应，不利于企业获取非冗余性的市场信息、资源和能力。[213] Zhang & Li（2010）[214]强调有意识地开放网络关系将有助于企业获取更多的外部信息，以保证企业在网络中的竞争力。Jiang 等（2011）[215]认为创新性企业会通过远距离的合作伙伴获取新的市场信息，不会仅限于本地企业。通过与空间距离较远的上游供应商和下游客户建立联系，企业可以获得最新的技术发展信息，发现市场需求变化新动向，进而及时调整产品组合以适应即将发生的市场变化。Li 等 (2013)[124]通过对浙江集群企业的实证研究发现，集群网络的地理开放将为集群企业创造机会打破原有认知和组织的锁定效应，有助于提升成员企业之间的交互性学习和创新能力。

因此，本书提出：

假设 4　企业垂直网络范围对自适应营销能力具有正向影响作用

基于上述讨论，企业垂直网络范围与自适应营销能力的关系概括如表 3－2 所示。

表 3-2 企业垂直网络范围对自适应营销能力的影响

垂直网络范围	自适应营销能力		
	市场预警能力	营销实验能力	开放营销能力
大	为企业提供广泛异质化的、互补性的技术和市场信息，有利于企业尽早识别各种可能的市场机会	企业获得产品研发和营销创新实验所需供应链资源和能力的途径就多	网络中的结构洞和桥接关系可增强企业在供应链中的控制权，有助于其整合资源实现协同创新
小	来自区域集中的少数企业的信息存在较高冗余性，不利于企业及早识别市场机会	缺乏有充分来源的上下游支持，可供企业从事产品研发和创新实验的平台比较有限	网络封闭不利于企业获取营销创新所需的资源和能力，整合和协同网络创新受到很大限制

资料来源：本研究整理。

2. 垂直网络质量与自适应营销能力

企业垂直网络质量是指企业与供应链中上下游合作对象之间关系的紧密程度。Uzzi（1996）[99] 将企业间的关系分成两类：市场关系（arm - length ties）和特别紧密关系（embeded ties）。通过访谈，他发现特别紧密的关系具有三个方面的特征：信任、优质信息传递和共同解决问题。因此，本书认为企业垂直网络质量越高，企业与上下游合作伙伴之间就拥有越高的相互信任程度，相互间的信息传递越优质，越愿意携手共同解决问题。这些都对企业自适应营销能力的提升具有积极的影响作用。首先，上下游企业之间的相互信任可以降低企业间的交易成本和交易的不确定性，并简化交易手续与程序，有助于提升企业营销战略与策略的调整速度，有助于企业对外部的市场信号迅速做出反应。[14,99] 其次，为了适应市场环境的高速发展，上下游企业之间尤其需要高质量的信息交流。在普通的市场交易关系中，企业间只有基本价格和数量方面的信息交流，缺乏对市场和技术发展趋势的认识等方面的交流。若上下游企业紧密联系，则其交流的信息除了基本的交易信息以外，还会包括赢利性、生产成本、战略方向和组织实践经验等详细、深入和具有专有性的信息，有助于企业对整个供应链的发展趋势尽早做出准确判断。最后，企业与上游供应商和下游客户共同解决问题，不仅有助于提升相互间的学习能力，更重要的是有助于企业快速整合上下游企业资源，预测、评估市场即将发生的变化，并提前做好相应的准备。[216~218]因此，企业与上游供应商、下游客户之间的信任、优质信息传递和共同解决问题的程度对企业自适应营销能力存在重要影响。

当前信息技术进步带来的“信息泛滥”使企业内部理解和共享市场知识的难度增加，阻碍了企业市场学习能力的培养。垂直网络中，跨地区、跨企业的市场信息共享将帮助企业获得各种市场趋势数据，包括购买模式的改变、新的细分市场的出现等相关信息，这将有助于企业在竞争对手行动之前做好准备。[8]早在1990年，Helper通过比较研究美国和日本汽车产业的厂商与供应商的关系，就发现厂商与供应商之间的紧密关系将促使相互间缄默性信息（tacit information）和专有诀窍知识（proprietary know - how）的交换。[219]Uzzi（1996）认为嵌入网络关系中的参与者为了建立相互间长期的合作关系，会宁可牺牲价格最大化所带来的狭隘的经济合理性目标。因此，网络嵌入性为企业创造的经济机会是很难通过市场、合约或者垂直一体化获得的。[100]McEvily & Marcus（2005）通过一系列的案例研究和对234个制造企业的实证研究发现企业与领先供应商（lead supplier）和领先顾客（lead customer）之间共同解决问题直接有助于企业获得竞争能力，而与领先供应商和领先顾客之间的相互信任和信息分享则通过共同解决问题的中介机制间接有助于企业竞争能力的获得。王渊等（2006）[220]认为供应链上下游企业之间具有较强的资源依赖性，通过供应链联盟可以共享从供应商到最终用户的所有信息。Noordhoff等（2011）[221]重点研究垂直网络关系中的知识交换发现，企业与上下游合作伙伴之间的知识交换会通过“动机”和“机会”两个机制促使企业持续创新。首先，上下游的嵌入性关系中的信息和知识转移，将刺激上游企业不断创新，以满足下游客户的未来需求。[117,222]他们认为若没有这种知识转移，企业将只会把工作重点放在内部技术升级和流程改造上，缺乏主动的市场导向（proactive market orientation）的行动。其次，上下游企业间的嵌入性关系可为企业测试其营销创新思想和方案提供机会。如果上下游企业之间缺乏紧密联系，则没有企业愿意冒险尝试研发或销售尚不成熟的创新性产品。

因此，本书提出：

假设 5 企业垂直网络质量对自适应营销能力具有正向影响作用

基于上述讨论，企业垂直网络质量与自适应营销能力的关系可概括如表 3－3 所示。

表 3－3 企业垂直网络质量对自适应营销能力的影响

垂直网络质量	自适应营销能力		
	市场预警能力	营销实验能力	开放营销能力
高	详细、深入和具有专有性的信息交流，有助于企业对整个供应链的发展趋势尽早做出准确判断	上下游企业间的高嵌入性有助于提升合作伙伴参与企业营销实验的意愿，并为其提供帮助	降低企业整合网络资源和能力的成本并简化相关程序，有助于提升企业营销战略与策略的调整速度
低	企业间只有基本的价格和数量方面的信息交流，缺乏对市场和技术发展趋势的认识方面的交流	上下游企业之间缺乏紧密联系，则没有企业愿意冒险尝试研发或销售尚不成熟的创新性产品	上下游企业间缺乏相互信任和深入的信息交流，共同应对和解决市场问题的可能性很低

资料来源：本研究整理。

3.2.3 企业水平网络与自适应营销能力

企业水平网络是指企业与同行竞争对手合作所形成的关系集合。[223]与垂直网络不同的是，企业水平网络中的成员企业力量更加对称均衡，相互依赖程度较低，展现出的力量结构模型与垂直网络存在较大的差异。竞争对手之间的合作往往都是将各自的独特竞争能力整合在一起，以实现产品创新或其他营销创新。[224,225]在合作过程中，水平网络成员相互之间存在竞争关系，相互间的信任程度比企业垂直网络成员之间的信任程度低得多，组织间的信任与合作关系也相对较弱，进而导致合作过程中存在高度机会主义且网络成员间相互依赖程度较低。[226] Gulati（1995）[107]认为垂直网络成员来自不同类型的产业，相互间拥有互补性的资源和技术，而水平网络成员来自同一产业，相互间的信息、资源和技术具有较高的冗余程度。因此，企业水平网络与垂直网络相比，在信息和资源的冗余程度和相互关系的嵌入性程度方面存在根本的区别（如图 3－7 所示），与垂直网络相反，水平网络的冗余程度高，嵌入性低。所以，企业水平网络对自适应营销能力将产生不同于垂直网络的影响作用。

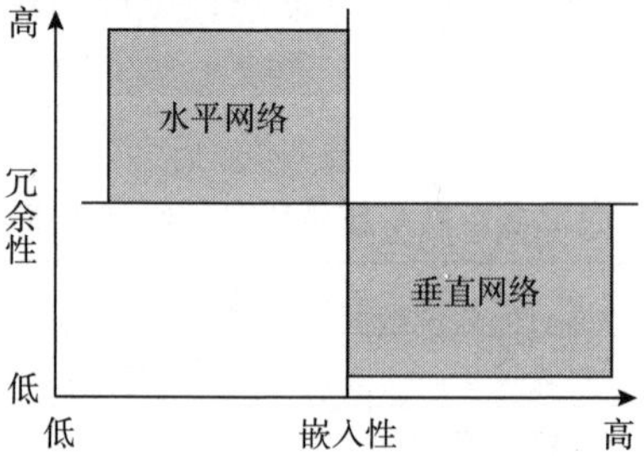

图 3-7 企业水平网络与垂直网络的区别

资料来源：本研究整理。

1. 水平网络范围与自适应营销能力

企业水平网络范围是指与企业有合作关系的同行竞争者数量及其分布的区域范围。如上所述，不同于上下游企业，同行竞争者之间在所拥有的市场信息、战略资源等方面具有较高程度的相似性。因此，若企业水平网络范围扩大，同行的合作者来自不同的区域，乃至不同的国家，则它们为企业带来的市场信息和战略资源的相似性程度会大大降低。[116,227]随着经济全球化的逐步深入发展，企业水平网络范围越大，越能为企业带来全球化的市场信息，有助于提升企业对全球化市场趋势发展的自适应能力。同样，随着合作竞争者数量和分布区域的增加，企业在水平网络中的中心度和拥有的结构洞数量会相应增加，这不仅可以加强企业在水平网络中的信息和资源获取能力，提高企业的竞争主动权和控制权，[15,116,227]同时有助于企业联合合作竞争者共同参与高难度的产品研发或营销创新实验，大项目的成功往往需要依靠多个竞争者之间的合作。[226]合作竞争者范围的扩大将为企业提供更多的资源和途径以使其进行广泛、深入的营销实验，这对处在产品和营销创新难度不断加大的时代背景下的企业而言，显得尤其重要。此外，同行竞争者各自都具有独特的竞争能力和经验知识。根据组织学习理论，企业水平网络是企业间相互学习、传递知识尤其是缄默性知识的重要渠道。因此，水平网络范围越广，企业越能够从中学习和整合到相关的知识、经验和资源进行营销战略的升级、创新，企业获取或整合短暂性需求资源的可能性就也越高。[223,228]比如，当出现生产满负荷时，企业可以将部分生产任务转包给竞争者。鉴于此，企业水平网络范围的扩大不仅有助于企业及时发现市场发展的趋势，也有助于企业整合各方面的资源提高对市场变化的自适应性，有助于企业快速搭建合作平台，对市场模糊信号快速做出反应。

尽管有少数学者认为企业水平网络中成员企业之间的竞争对立性和竞争性信息的泄露[229]会影响企业的发展，但与竞争对手（尤其是来自不同地区的竞争对手）的合作，将会帮助企业更好地了解企业所处的总体环境特征和面临的市场机会。Chetty & Wilson（2003）[230]认为企业与越多的竞争者合作，尤其是与分布在不同区域的竞争者合作，就越能够掌握全面的市场机会，提高企业处理跨区域市场需求的能力，加快其国际化进程。Lechner 等（2006）[223]认为缺乏“竞合网络”（co - opetition network）会约束企业的发展，在将竞争者看作对手的同时，也应该将其当作一种潜在资源。范佳凤和林健（2008）认为虽然当前企业与企业之间在争夺有限的资源时仍然存在互相竞争的局面，但追求的方式发生了很大的变化。管理者越来越认识到竞争者合作的重要性，认识到把竞争者的资源和能力集结在一起比分开竞争更有价值。其主要原因在于：竞争者之间建立网络联盟有助于企业应变高度不确定的全球经济环境，共同开拓市场。

因此，本书提出：

假设 6 企业水平网络范围对自适应营销能力具有正向影响作用

基于上述讨论，企业水平网络范围与自适应营销能力的关系概括如表 3 - 4 所示。

表 3 - 4 企业水平网络范围对自适应营销能力的影响

水平网络范围	自适应营销能力		
	市场预警能力	营销实验能力	开放营销能力
大	广泛的信息来源会降低水平网络中信息的冗余性，有助于企业对全球市场环境的全面认识	中心度提升和结构洞数量增多，增强了企业的竞争主动权和控制权，有助于其高难度的产品研发或营销创新实验	扩大可供学习的经验知识和能力集合，提升整合和获取营销创新所需的短暂性资源或平台的可能性

续表

水平网络范围	自适应营销能力		
	市场预警能力	营销实验能力	开放营销能力
小	信息的高度冗余会导致对市场变化和竞争趋势掌握不及时，不利于企业识别市场模糊信号	网络中心度低和结构洞数量少，信息来源有限，会导致企业被动参与竞争，很难进行高难度的产品研发或营销创新	可供学习的经验知识和能力集合狭小，整合和获取营销创新所需的短暂性资源或平台的可能性低

资料来源：本研究整理。

2. 水平网络质量与自适应营销能力

企业水平网络质量是指企业与同行合作竞争者之间关系的紧密程度。如上所述，企业与同行竞争对手拥有较多重叠信息、知识和资源，水平网络中信息和资源的冗余程度高，有助于企业的信息利用。[116,231] Debackere等（1996）研究发现生物技术企业通过与竞争对手之间的紧密联系，增加了企业的创新性产出。本书认为竞争者之间的深入合作与交流，有助于企业相互学习营销和创新经验。虽然同行企业处于大致相同的市场环境中，但每个企业对市场的认识都不尽相同。竞争企业若能共享各自对市场特征的认识、对未来趋势的判断和各自所拥有的缄默性知识和能力，将有助于企业提升利用现有知识的能力。[231] 同时，竞争者之间共享知识结构也有助于提升企业的吸收能力，有助于企业尽快将市场表面噪音转化为实际含义，加快企业将创新理念转化为新产品的速度。因此，企业水平网络成员之间的紧密联系将有助于深化企业对市场特征的理解，提升企业对知识进行利用和吸收的能力，加快企业营销创新的步伐。

如图 3 –7 所示，企业水平网络的关系嵌入性较低，这也正是竞争者在合作过程中存在高度机会主义的根本原因。现今市场中定位相似的企业间竞争越来越激烈，但如果这些企业能够相互紧密联系，则会大大缓和竞争的激烈程度。[104] Oke & Idiagbon – Oke （2010）[224] 认为同行竞争者之间的合作往往是为了完成某项高难度和复杂的项目，在合作过程中经常会遇到挫折和矛盾，因此尤其需要双方相互信任，及时并准确地交流有关信息。许多学者通过研究发现企业与竞争者之间的弱联系和无效的沟通是合作失败的主要原因。[232,233] 因此，水平网络成员之间如果能够加强相互信任与沟通，共同解决面临的市场困难，将能有效提升相互间的依赖程度，降低彼此间的机会主义行为，增强企业间协同营销创新平台的稳定性和有效性。

因此，本书提出：

假设7 企业水平网络质量对自适应营销能力具有正向影响作用

基于上述讨论，企业水平网络范围与自适应营销能力的关系概括如表3-5所示。

表3-5 企业水平网络质量对自适应营销能力的影响

水平网络质量	自适应营销能力		
	市场预警能力	营销实验能力	开放营销能力
高	冗余的信息知识和资源的深入交流有助于提升企业利用和吸收知识的能力，尽快将市场表面噪音转化为实际含义	相互间的信任、沟通与合作有助于缄默知识的传递，可以提高营销实验成功的可能性，减少挫折和矛盾	较高的相互依赖程度，可降低彼此间的机会主义行为，增强企业间协同营销创新平台的稳定性和有效性
低	停留在表面的冗余知识的交流对企业识别和分析市场环境中的表面噪音没有帮助	缺乏信任和深层次的交流与合作将带来重重矛盾和困难，降低营销实验成功的可能性	企业间相互依赖程度低，会增加合作过程中的机会主义行为，降低企业协同创新平台的稳定性和有效性

资料来源：本研究整理。

3.2.4 公司企业家精神的调节作用

著名经济学家Schumpeter对企业家精神的阐述主要体现在个体层面上，他强调“创新”是企业家精神的核心，认为首创性、成功欲望、冒险性和以苦为乐、精明与敏锐、强烈的事业心是企业家精神的五大要素。20世纪末期，学者们将企业家精神的概念扩展到企业层面。根据Covin & Slevin（1991）[138]的观点，公司企业家精神是一种战略精神导向，是企业家精神在整个企业战略制定和执行过程中的渗透。他们认为保守型的企业不愿承担风险，缺乏创新精神，是一种反应型（reactive）的企业；而具有企业家精神的企业敢于挑战风险、富有创新意识，是一种积极主动型(proactive)的企业。通过文献回顾我们发现，许多研究都强调公司的企业家精神，即公司的创新性精神、冒险性精神和主动性精神，认为这些精神会影响企业对外部信息和资源的吸收和利用能力，进而影响企业绩效，尤其是创新绩效。[140,154,228,234,235]基于此，本书认为公司企业家精神会对企业从外部网络获取信息、知识和利用资源培育企业自适应营销能力产生调节影响作用。

1. 对垂直网络范围与自适应营销能力关系的调节影响

根据以上论述，企业垂直网络范围越广，越能够为企业提供广泛的关于上下游的技术和市场信息，这些信息与企业自身所拥有的信息相比是异质的、互补的，有助于企业了解更多的市场机会。Barringer & Bluedorn (1999)[140]明确指出具有强企业家精神的企业更加倾向于对环境机会的搜索，对外部环境中存在的各种机会更加积极主动，并且更愿意冒险。因此，对于具有强企业家精神的企业而言，上下游合作伙伴所提供的各种信息和机会都将引起企业的积极关注。根据公司企业家精神的理论观点，机会是“外生”的。Acs (2009)[236]认为公司企业家精神会促使企业不断积极地从外部获取的信息中寻找、发现、甚至创造机会。然而上下游企业与自身企业处于不同的产业类型，它们所传递给企业的信息和机会可能与企业自身行业的相关性不高，并非都有助于企业对自身所处行业发展趋势的判断。企业若对来自不同区域范围的众多上下游合作伙伴所传递的信息和机会都积极关注，势必会耗费企业内部大量资源对众多机会加以识别和判断。由于企业资源的有限性，这不仅会负面影响企业对自身所处行业的市场变化趋势的准确判断，也将导致企业在整合资源进行营销实验和创新过程中产生资源约束。同时，Miller (1983)[129]强调冒险性是公司企业家精神的一个重要维度。随着企业垂直网络范围的扩大，企业所接触的产业领域会不断扩大，具有强企业家精神的企业从事各领域冒险的可能性会不断增加，这将分散企业对自身所处市场领域的创新和冒险精神，不利于企业自适应营销能力的提升。因此，当企业具有较强的企业家精神时，企业垂直网络范围的扩大对企业自适应营销能力的正向影响作用会减弱。鉴于此，本书提出：

假设8a 公司企业家精神**负向**调节企业垂直网络范围与自适应营销能力的关系

2. 对垂直网络质量与自适应营销能力关系的调节影响

Uzzi（1996）[99]认为紧密的关系具有三个方面的特征：信任、优质信息传递和共同解决问题。在高质量的企业垂直网络中，企业与上下游合作伙伴相互之间高度信任，信息传递频繁、深入，能够共同解决问题，有助于企业从网络中获取关键性资源，这对具有较强企业家精神的企业而言尤其重要。Yao等（2009）基于网络视角对公司创业的三种资源获取方式进行比较，认为网络资源是公司创业活动受益于企业集群的内在原因。他们通过对浙江省集群企业中网络资源、企业家精神导向与集群企业绩效的关系进行的实证研究发现，网络资源与企业家精神导向对企业绩效有正向的交互作用。Elfring & Hulsink（2003，2007）[141,237]强调具有较强公司企业家精神的企业会更加积极、主动地通过发现机会、寻找资源和获得合法性以实现企业生存和盈利。他们认为强联系的企业网络不仅为冒险主动型企业提供了丰富的机会信息，更重要的是提供了抓住机会的诸多资源和获取合法性的可能，这是弱联系所无法赋予的。Garnsey（1998）[238]认为外部市场环境充满着机会和不确定性，依靠企业自身的资源和能力无法及时把握市场机会并获得合法性，垂直网络则为企业提供了获取所需知识和资源的途径。与上游企业的紧密联系可以帮助企业获得创新过程中需要的最新技术和原材料；[218]与下游企业的紧密联系则有助于解决企业与客户之间的信息不对称，充分了解客户需求及其变化走向，还可以让客户参与产品的研发和生产过程，以实现企业创新尽快在市场上获得合法性。因此，当企业具有较强的企业家精神时，上下游企业间的强联系不仅能够帮助企业对市场机会及其变化做出快速预警，更有利于企业快速整合和利用上下游网络资源和能力实现对市场机会及其变化的快速适应。鉴于此，本书提出：

假设8b 公司企业家精神**正向**调节企业垂直网络质量与自适应营销能力的关系

3. 对水平网络范围与自适应营销能力关系的调节影响

根据以上论述，企业水平网络成员由于处于同一产业领域，相互间掌握的信息冗余程度较高，扩大合作成员数量和地域范围有助于降低信息冗余性。[116,227]具有较强企业家精神的企业在经营管理过程中始终承担着高风险，企业对市场或技术发展动向的判断失误将会带来重大的损失和惨败。因此，对于冒险性企业而言，信息来源的广泛性显得尤为重要。经济全球化已经成为不可逆转的趋势，区域内的行业信息并不能代表全球市场的发展特征，扩大水平网络范围将有助于企业全面了解市场，有效降低企业冒险、创新过程中的风险程度。Lechner 等（2006）认为为了满足企业创新、冒险和积极主动参与市场竞争的需要，具有较强企业家精神的企业更加需要掌握竞争的主动性和控制权，调动和整合多方面的水平网络关系以获取异质的市场信息和资源。[223]合作竞争者数量和分布区域的增加，有助于提升企业在水平网络中的中心度和增加其拥有的结构洞数量，这不仅可以加强企业在水平网络中的信息和资源获取能力，提高企业的竞争主动权和控制权[15,116,227]，也可以帮助企业找到合适的合作伙伴进行重大项目或高难度、高风险项目的共同开发。因此，对于具有较强企业家精神的企业而言，企业水平网络范围的扩大，对企业自适应营销能力的培育更加重要。鉴于此，本书提出：

假设 8c　公司企业家精神正向调节企业水平网络范围与自适应营销能力的关系

4. 对水平网络质量与自适应营销能力关系的调节影响

根据 Baum 等（2000）[229]的观点，企业网络成员之间的关系本质上是一种不完全契约关系，对合作的产出和利益很难做出明确界定。在合作过程中存在很多风险，如存在信息泄露、专利侵权等丧失重要资产控制权的可能。如上述讨论，企业水平网络成员既是合作伙伴，也是同行业的竞争对手。Khanna 等（1998）[239]认为在企业水平网络当中，企业在合作的同时存在学习竞赛。每个企业都希望从合作伙伴身上获取各种可能的知识和信息。具有较强企业家精神的企业虽然对外部的信息变化更加积极主动，更具有创新和冒险精神，但当企业与竞争对手之间紧密联系时，相互信任、深层次的信息交流与合作，将导致企业所拥有的独特见解、创新思想和独特竞争能力很容易被竞争对手所学习，甚至被超过，进而导致企业经过多次冒险或创新失败所积累下的独特经验[73]不再是企业所拥有的稀缺的、不可替代性的资产。[50]因此，虽然企业与竞争对手之间的紧密联系有助于缄默性经验知识的传递、增强企业间协同营销的能力，但当企业具有较强的企业家精神时，水平网络质量对自适应营销能力的促进作用会有所减弱。鉴于此，本书提出：

假设 8d 公司企业家精神负向调节企业水平网络质量与自适应营销能力的关系

3.2.5 自适应营销能力的中介作用

虽然目前仍很少有研究同时考虑企业网络范围和质量的影响作用，但自 20 世纪 80 年代以来，学者们从许多不同的角度分别对企业网络范围和质量对企业绩效的作用做了大量研究，验证了企业网络范围和质量对企业绩效的积极影响作用。

企业网络范围广意味着企业拥有很多来自不同区域的合作伙伴，网络密集程度较高，企业在网络中也拥有较高的中心度和较多的结构洞。Burt 认为网络结构洞和密集网络都是企业的社会资本，对企业绩效发挥着不同的作用。结构洞可以使企业获得更多新的、非重复性的信息来源，并在其他未联系的企业之间起到桥梁作用，产生控制收益。而密集网络则会降低企业间的交易成本和信任风险，这对实现结构洞的价值至关重要。[114~116] McEvily & Zaheer (1999)[12]也认为当企业所处网络成员多、分布地区广时，企业可以拥有较多的桥接关系，有助于企业竞争能力的获得和企业绩效的提升。钱锡红等 (2010)[125]整合了企业网络理论和吸收能力理论的相关观点，对深圳 IC 产业的实证研究发现，位于网络中心并占有丰富结构洞的企业在创新方面将更具优势，而企业的知识获取、消化、转换和应用能力能有效推动企业创新绩效的提升，并且知识获取和知识消化能力越强，企业通过改善网络位置获得的创新收益越大。

企业网络质量高说明成员企业相互信任，能够深层次沟通和交流，遇到问题能够携手共同解决。McEvily & Marcus（2005）[14]研究发现信息共享（information sharing）、相互信任（trust）和共同解决问题（Joint problem solving）对企业的竞争能力和绩效的获得都会产生积极作用。Rowley等（2000）[117]提出强联系可以为企业带来优质信息和缄默知识的交换以及相互间的信任和互惠互利，而弱联系则可以使企业获得新的信息和思想。因此，企业网络应该是强联系与弱联系的一个组合。许冠南（2008）[106]研究发现企业在全球制造网络中的关系嵌入性对其技术创新绩效有正向影响，上下游网络中企业间的相互信任、信息共享和共同解决问题都有助于提升企业技术创新绩效。董保宝（2012）[126]基于动态能力的中介视角，研究了网络强度、网络密度和网络中心度对竞争优势的影响作用，结果发现动态能力在网络强度和网络密度对竞争优势的作用机制中可起到完全中介的作用。Huang等[123]（2012）提出企业网络由三方面具有互补性的交互关系构成，包括与供应商、与客户和与竞争者的交互关系。他们认为新企业的创始人可以通过这三种交互关系形成企业网络，提升企业创新能力，进而提升企业绩效。

综上，本书认为企业垂直网络和水平网络的范围和质量对企业绩效具有正向影响作用（即企业网络→企业绩效）。基于前面关于自适应营销能力与企业绩效的关系（即自适应营销能力→企业绩效）、企业垂直网络和水平网络的范围和质量对自适应营销能力的正向影响作用（即企业网络→自适应营销能力）的论述，本书提出：

假设9a　自适应营销能力在企业垂直网络范围与企业绩效的关系中具有中介作用

假设9b　自适应营销能力在企业垂直网络质量与企业绩效的关系中具有中介作用

假设9c　自适应营销能力在企业水平网络范围与企业绩效的关系中具有中介作用

假设9d　自适应营销能力在企业水平网络质量与企业绩效的关系中具有中介作用

基于上述假设4～假设9d，本研究的第二个理论假设模型如图3－8所示：

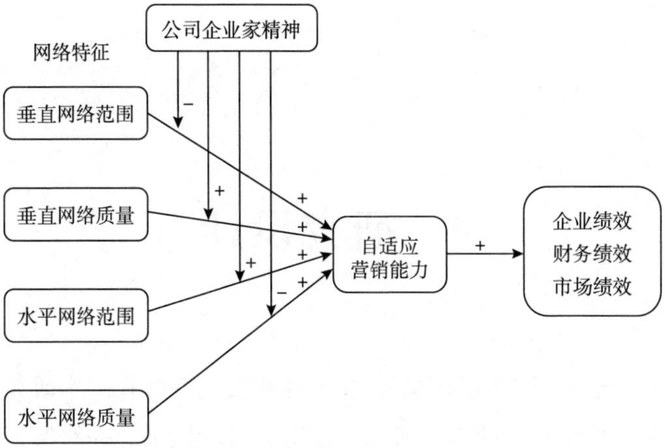
公司企业家精神
网络特征
垂直网络范围
垂直网络质量
水平网络范围
水平网络质量
自适应
营销能力
企业绩效
财务绩效
市场绩效
–
+
+
+
+
+
–
+
+

图 3–8 理论假设模型（二）

4　研究设计

基于上一章所提出的两个理论模型和相关研究假设，本研究将通过抽样问卷调查，采用相关的实证研究方法对其进行验证，并对实证研究结果进行深入的讨论与分析。本研究所涉及的自适应营销能力、企业网络、企业家精神、环境不确定性和企业绩效等构念都属于企业层面构念，并且很难采用公开的二手数据对上述构念进行度量，所以本研究采用问卷调查的方式收集企业数据。调查问卷由笔者通过对相关企业和专家的实地访谈，并结合已在国内外刊物公开发表并获得学术界普遍认可的相关量表设计而成。本章将从问卷设计、变量度量、数据收集和分析方法等方面阐述本书的具体研究设计。

4.1　问卷的设计

4.1.1　问卷的设计步骤

根据上一章所提出的研究假设和理论模型，本研究需要测量四类变量：一是对企业静态、动态和自适应营销能力的三种营销能力的测量；二是对企业网络特征的测量，具体包括对垂直网络范围与质量、水平网络范围与质量的测量；三是对企业绩效的测量，包括财务绩效和市场绩效；四是对调节变量的测量，包括对公司企业家精神和环境不确定性的测量。为了确保测量工具的信度和效度，本研究结合本书的研究视角和中国的文化特征，尽量通过改编国内外知名文献中已经发展并经过检验的成熟量表，对上述四类变量进行测量。但由于自适应营销能力目前尚无成熟量表，因此本研究基于相关文献回顾、企业的经验调查与访谈，自行开发了自适应营销能力的测量量表。根据 Churchill (1979)[240]、Gerbing & Anderson (1988)[241]、Hinkin, T. R. (1998)[242]等学者的建议，本研究的问卷设计包含以下步骤。

(1) “平行”翻译成熟量表。我们首先通过文献阅读，查找符合本书研究视角和需要的相关变量的成熟量表，形成英文版问卷，英文问卷中的所有题项都经过三个经验丰富的营销学者检查。然后，笔者与其他两位营销学者及一位专业的翻译人员共同讨论并翻译英文问卷，形成中文版的问卷。最后，为了确认中文版问卷与英文版问卷之间是否存在差异，本研究邀请了美国俄勒冈大学营销专业的两位中国博士生将中文量表翻译成英文量表，并基于语意差异对中文版问卷进行微调，以确保中文版问卷的表达与英文版相匹配。[243]

(2) 自适应营销能力量表的开发。由于当前学术界没有自适应营销能力的成熟量表，并且这一构念容易与静态营销能力、动态营销能力两个构念混淆。为了确保对该构念的客观、准确的把握，我们首先通过相关文献回顾，深入剖析三种营销能力的理论基础、对市场的认识、分析视角、战略重点和能力构成等方面存在的本质区别。然后，根据对自适应营销能力的理论认识，笔者与所在学术团队的多位学者（包括 2 位教授、1 位副教授和 2 位博士生）深入讨论，设计出适用于企业经验调查的半结构性访谈提纲（详见附录 1）。并根据该访谈提纲对 12 个来自不同行业的企业进行面对面的深度访谈，以了解企业实际的运作表现。最后，基于对自适应营销能力的理论认识和实地的访谈结果，笔者通过与学术界专家、学者的讨论，设计出自适应营销能力的测量题项。[244]

(3) 通过与企业界专家讨论对问卷题项进行修改。基于上述两个步骤，形成问卷初稿之后，本研究采取了以下工作进一步修正问卷，以确保问卷的准确性和可操作性。首先，笔者对 3 位制造企业的营销总监（均拥有营销专业硕士学位或 MBA 学位）进行深度访谈，就问卷初稿征询了两方面问题：本研究所提出的两个理论假设模型是否符合企业实际逻辑，以及量表中的测量题项是否能够反映相关构念在企业中的具体表现。此外，笔者还对 3 位营销知识背景相对较弱的企业管理人员进行沟通，以了解问卷中的措辞是否易于被企业人士所理解。在此基础上，笔者对问卷进行了进一步修正，形成第二稿问卷（详见附录2）。

（4）通过前测纯化问卷题项，确定调查问卷终稿。笔者将第二稿问卷发给60位企业中高层管理人员进行前测，其中15位采用面对面调查，45位采用邮件调查，共回收50份。首先，在面对面调查过程中，笔者对企业高管在回答问卷过程中的疑问和建议做了相应记录。随后，笔者根据回收的50份前测问卷的结果对量表做了初步探索性因子分析和信度检验（结果详见附录3），基于“因子特征值大于1、因子载荷大于0.4、不存在交叉负荷的因子”和“校正的项总计相关性大于0.5，Cronbach's α 系数大于0.6”的原则和企业高管反馈的意见纯化和修正了问卷题项，形成了问卷终稿。

4.1.2 问卷的构成

本研究的调查问卷包括企业的基本情况、问卷的主体部分和填写问卷者的基本情况。问卷主体部分采用Likert七点量表法（非常差—非常好；非常不同意—非常同意）的封闭式问答方式；企业的基本情况和填写问卷者的基本情况则是采用填空题与选择题相结合的方式进行。本研究的正式调查问卷主要包括以下四个部分。

（1）标题和引导语部分。在进行企业深度访谈和前测的过程中，许多被访者会对调查人员不信任，担心泄露企业内部信息，在回答过程中非常敏感，导致调查结果的真实性下降。此外，也有部分被访者认为这种研究对企业自身并无帮助，不乐意配合，导致回收率下降。为了确保问卷的高回收率、真实性和有效性，引导语尤其重要。因此，本研究的调查问卷在一开始便向被调查者说明了调查人员的身份、问卷所要关注的内容方向和用途，并对调查结果保密性予以保证，同时也请被调查者留下有效的邮箱地址，承诺将最终的研究结论发给被调查者，以供其在管理实践中参考，从而提高被调查者的积极性。

（2）企业背景部分。这部分主要关注了企业性质、所处区域、所在行业类别和市场结构、企业规模、所处发展阶段和生命周期以及竞争的激烈程度等方面的基本情况。这部分信息的收集不仅有利于调查者对被访企业形成初步认识，也有利于收集主要变量以外的相关变量信息，以便为模型的实证分析提供完整的数据。

(3) 填写问卷者的基本情况。这部分不仅关注了填写问卷者的职位、所在部门、受教育程度、对公司的了解程度和对问卷题目的把握程度，同时要求填写问卷者对企业的主要客户类型、主营业务等方面做简单的介绍，这部分有助于调查者判断问卷的有效性。

(4) 问卷的主体部分，即问卷的核心部分。这部分主要包括对静态营销能力（8个题项）、动态营销能力（3个题项）、自适应营销能力（12个题项）、企业垂直网络范围（上游和下游各3个题项，共6个题项）与质量（上游和下游各6个题项，共12个题项）、企业水平网络范围（3个题项）与质量（6个题项）、公司企业家精神（9个题项）、市场环境不确定性（12个题项）和企业绩效（财务绩效和市场绩效各4个题项，共8个题项）的度量，共由79个题项构成。每一个变量的测量题项都放在同一个表格里，以保证变量间的相对独立性。该部分的问题采用Likert七级量表进行测量，其中，对于营销能力和企业绩效的测量，要求填写问卷者根据公司与主要竞争者的比较，按照“1. 非常差；2. 比较差；3. 差；4. 不确定；5. 好；6. 较好；7. 非常好”这一准则对每个问题进行打分；对于企业网络范围与质量、公司企业家精神和市场环境不确定的测量，则是要求填写问卷者根据公司实际情况，按照“1. 非常不同意；2. 不同意；3. 比较不同意；4. 中立；5. 较同意；6. 同意；7. 非常同意”这一准则对每个问题进行打分。

4.2 变量的操作性定义与测量

4.2.1 企业绩效的操作性定义与测量指标

企业绩效是本研究中的因变量，指的是企业的经营活动所体现出来的综合结果。企业绩效包含多个维度，不同维度反映企业不同方面的经营结果。因此，在企业绩效的衡量方面，一般采用多维度、多指标测度的方式，因为单一指标无法全面反映企业绩效的总体情况。许多学者在具体的实证研究中，往往同时采用市场绩效和财务绩效两个维度测量企业总体绩效，如 Andersson 等（2002）[245]、Matsuno 等（2002）[246]、Ngo & O'Cass（2012）[85]、Sheng（2011）[247]等，他们认为这两种绩效结合才能够总体反映企业经营的全貌，并且这两个维度具有较好的一致性。企业绩效的测量方法，主要包括主观测量和客观测量两种。有的学者认为客观的测量方式可以较好地避免主观意识偏差，倾向于采用企业的客观绩效数据，如 Vorhies 等（2011）[91]。然而，由于大多数企业都不愿意对外公开企业真实的绩效数据，并且已经有大量学者研究表明企业绩效的主观评价与客观数据具有强相关关系。[152] Churchill 等（1985）在研究中发现采用自评绩效并不会膨胀被解释变量与解释变量之间的相关关系，并且可以提供与客观数据相同的结果。Brownell & Dunk（1991）也指出，没有证据可以证明企业内部的会计报表、ROI、销售利润和现金流量等指标会比主观评价更为有效。因此，本研究和大多数战略领域的研究一样，采用被调查者对所在企业的财务绩效和市场绩效的主观评价对企业绩效进行综合测度。

为了更为深入、详细地了解各解释变量对企业绩效的影响作用，本研究将分别测量财务绩效和市场绩效。这部分量表是综合参考 Matsuno 等（2002）[246]、Bonner 等（2005）[248]、Sheng（2011）[247]、Ngo & O'Cass（2012）[85]、Wan 等（2013）[124]等多位学者所采用的量表形成的。Matsuno 等（2002）[246]自行开发了三个题项测量企业绩效，包括市场份额增长率、新产品销售占比、投资回报率（ROI），他们要求被调查者在回答上述问题时，基于与主要竞争者的比较给出评价。Bonner 等（2005）[248]的研究则只是测量了企业市场绩效，要求回答者根据自身企业与领先竞争者的对比，对销售增长率、市场份额、市场发展和产品发展等四个方面做出评价。类似地，Sheng（2011）[247]也主要衡量与主要竞争者相比较，企业的销售增长率、市场份额增长率、利润增长率和投资回报率等四个方面的水平。Ngo & O'Cass（2012）[85]则不同，他们要求被调查者根据自身企业拟定的目标评价其在销售、市场份额、赢利性和总体市场表现四个方面的水平。Wan 等（2013）[124]采用七个题项衡量被调查企业与主要竞争者相比，其投资回报、销售利润、年平均销售增长、新产品销售占比、新产品成功率、缺陷产品召回率和顾客满意度的表现，这七个题项实际上包括了财务绩效、新产品绩效和市场绩效三个方面。本研究认为，对企业绩效的衡量在参照主要竞争对手的同时，还需要考虑自身目标的实现程度。因此，本书综合参考上述学者关于企业绩效的测量量表，分别设计了四个题项测量企业的财务绩效和市场绩效（如表4－2所示），被调查者在填写问卷时，要求将各个题项与主要竞争对手进行对比，给出客观的评价。以各个操作变量的算术平均值作为该名义变量的得分。具体的衡量公式如下：

$$\text{财务绩效 } F\_PER = \frac{\sum_{i=1}^{4} F\_PERi}{4}$$

$$\text{市场绩效 } M\_PER = \frac{\sum_{i=1}^{4} M\_PERi}{4}$$

表4－1 企业绩效操作变量的表述和说明

名义变量	操作变量	变量描述	量表来源
财务绩效	*F_PER*1	公司投资回报	Matsuno 等（2002） Bonner 等（2005） Sheng（2011） Ngo & O'Cass（2012） Wan 等（2013）
	*F_PER*2	公司利润率	
	*F_PER*3	公司销售收入增长	
	*F_PER*4	公司财务目标的实现	
市场绩效	*M_PER*1	公司市场份额增长	
	*M_PER*2	公司新顾客的获得	
	*M_PER*3	公司的顾客满意度	
	*M_PER*4	公司市场目标的实现	

4.2.2 自适应营销能力的操作性定义与量表开发

由于自适应营销能力是一个新的构念，现有文献中并没有成熟量表可供使用，所以本研究按照 Churchill 等的建议自行开发了该构念的测量量表。根据 Day（2011）的观点，企业就是一个复杂自适应系统，在与内外部环境中的各个主体间持续不断的交互作用过程中，营销能力必须能够促使企业主动调整战略以自动适应快速变化的市场。上一章已经对自适应营销能力的内涵和本质做了深入的分析，为了确保量表的可操作性和准确性，本研究在进行这部分量表开发之前，对福建泉州12家制造企业的营销总监做了面对面的深度访谈，了解企业对当前市场环境的认识以及具体的营销工作内容，具体的访谈提纲和结果详见附录1。在企业访谈过程中，笔者发现许多企业谈到在应对当前快速的市场变化时深感力不从心，产品的更新速度跟不上市场变化潮流，网络信息技术的出现使营销策略和手段不断创新。大多企业认为亟须改变传统的营销模式，提升企业对市场变化的自适应能力。

基于第三章的论述，自适应营销能力是由市场预警能力、营销实验能力和开放营销能力三个维度构成的潜变量。市场预警能力是指企业在复杂、混沌的市场环境中识别模糊市场信号，使其被企业内部各部门或机构准确理解和充分共享，并对市场即将发生的变化做出准确判断和预警的能力。根据 Day（2011）[8] 对市场预警能力的界定和 Schoemaker & Day（2009）[175] 所提出的“识别模糊信号的三个步骤”（图3－1），本研究认为可以从企业的市场敏感性、通过社会网络和社会媒体获取信息的能力、对市场发展趋势的判断与预测能力及其在企业内部各部门的信息共享能力等几方面来测度市场预警能力。营销实验能力是指企业基于自身对市场的认识和判断，利用各种新兴技术、通过“尝试和学习”的试验流程科学、有效地探索成功模式的能力。根据上述关于营销实验能力的理论界定和 Davenport（2009）的“学习－实验流程”（图3－2），本研究认为可以从企业做出尝试的意愿、试错学习能力、运用新兴技术开展营销实验的能力和向营销经验丰富的领先者学习的能力等方面对营销实验能力进行衡量。开放营销能力是指企业创建营销组织、协调和运用合作网络成员间的各种互补性资源和能力，以实现营销战略与策略的不断创新，适应市场环境变化的能力。本研究认为可以从企业搭建高效合作网络的能力，与网络成员协同行动的能力，整合网络资源实现产品、技术、营销战略和策略持续升级创新的能力等方面对企业的开放营销能力进行衡量。

根据上述的理论探讨和企业深度访谈的结果，笔者对自适应营销能力的三个维度分别设计了6个题项进行测量。通过前测发现其中6个题项的信度和效度检验的指标都低于可接受的标准值，详见附录3。因此在正式调查问卷中删除了这六个题项，每个维度只剩下四个题项，共 12 个题项，如表 4－2 所示。被调查者在填写问卷时，要求将各个题项与主要竞争对手进行对比，给出客观的评价。以各个操作变量的算术平均值作为该名义变量的得分，自适应营销能力的具体衡量公式如下：

$$\text{自适应营销能力}\ MAC = \left(\frac{\sum_{i=1}^{4} MACi}{4} + \frac{\sum_{i=5}^{8} MACi}{4} + \frac{\sum_{i=9}^{12} MACi}{4}\right) \div 3$$

表 4－2　自适应营销能力操作变量的表述和说明

名义变量	操作变量	变量描述	量表来源
市场预警能力	*MAC*1	公司对外部市场保持高度敏感，更早、更准确地发现市场模糊信号的能力	自行开发
	*MAC*2	公司通过各种社会网络和媒体持续获取广泛信息的能力	
	*MAC*3	公司根据顾客以往需求特征的发展变化预测市场发展趋势的能力	
	*MAC*4	公司对市场的新认识和新判断在各分（子）公司或公司各部门之间迅速实现信息共享的能力	
营销实验能力	*MAC*5	公司根据自己对市场变化的预测和判断，积极主动地做出各种尝试的意愿	
	*MAC*6	公司通过“试错”学习和实验流程等方式探索未来可能的市场变化和成功模式的能力	
	*MAC*7	公司利用新兴技术（如互联网、快速原型设计技术、数据库技术等）开展和追踪市场试验的能力	
	*MAC*8	公司主动向更大范围的市场先驱者、竞争企业或网络伙伴学习、吸收成功经验的能力	
开放营销能力	*MAC*9	基于自身能力和资源的不足，公司寻求能力、资源互补的合作伙伴，搭建合作网络平台的能力	
	*MAC*10	公司与合作网络成员相互协调，针对市场模糊信号迅速、有效地采取协同行动的能力	
	*MAC*11	公司整合各合作网络成员的资源实现技术和产品持续创新的能力	
	*MAC*12	公司协同合作网络成员，实现市场战略与策略创新升级的能力	

4.2.3 静态营销能力的操作性定义与测量指标

静态营销能力理论与传统的资源能力理论一样，认为市场是相对稳定的，强调的是企业在营销管理的各个流程中所体现出来的能力水平，是一种静态的理论观点。静态营销能力是一个存量概念，描述的是企业利用自身拥有的难以复制的、熟练的资源和程序来执行早已建立的各种营销流程的能力，缺乏对市场变化应对和适应能力的考量。自从 Day（1994）提出市场导向型组织的能力分类以后，许多学者相继开发出了静态营销能力的测量量表，如 Hooley 等（1999）[72]提出的“营销文化”、“营销战略规划能力”和“营销操作与技术能力”三个维度；Morgan 等（2003）[73]提出的“营销计划能力”和“营销执行能力”；Ming - Tien 等（2004）[92]提出的包括“产品、定价、分销、促销”的营销组合能力和营销调研能力。Vorhies & Morgan（2005）[4]开发的量表是内容较为完整并且被大量运用的量表，包括了产品发展、定价、渠道管理、营销沟通、销售、市场信息管理、营销计划和营销执行等八个方面的能力。之后的许多研究（如张睿等，2008；[80]于建原，2009；[89]Morgan & Vorhies，2009；[76]Ngo & O'cass，2012[85]）运用该量表衡量企业营销能力时，都验证了该量表的信度和效度。为此，本书继续沿用该量表。但为了简化问卷，本书将静态营销能力看作单一维度构念，对 Vorhies & Morgan 的量表做了适度的改编，只用八个题项进行测度（详见表 4 -3），以各个操作变量的算术平均值作为静态营销能力的得分，具体衡量公式如下：

$$静态营销能力\ MSC = \frac{\sum_{i=1}^{8} MSCi}{8}$$

表 4 -3 静态营销能力操作变量的表述和说明

名义变量	操作变量	变量描述	量表来源
静态营销能力	*MSC* 1	公司的价格机制和定价技巧	Vorhies & Morgan（2005）[4]
	MSC 2	公司的新产品研发能力	
	MSC 3	公司对分销渠道进行管理和控制的能力	

续表

名义变量	操作变量	变量描述	量表来源
静态营销能力	*MSC* 4	公司综合运用人员推销、广告、销售促进、公共关系等沟通和销售技巧的能力	Vorhies & Morgan (2005)[4]
	MSC 5	公司销售管理的计划和控制能力	
	MSC 6	公司的信息收集能力	
	MSC 7	公司的营销规划和战略选择能力	
	MSC 8	公司将营销战略规划转化为具体策略和行动的能力	

4.2.4 动态营销能力的操作性定义与测量指标

动态营销能力是战略营销学者在市场变化不断加剧的背景下提出的。针对外部环境的动态性和不确定性，Sirivastava，Shervani & Fahey (1999)[5]提出营销流程是企业针对市场变化改变产品研发管理流程、供应链管理流程和顾客管理流程的能力。Fang & Zou (2009)[6]在此基础上设计了测量动态营销能力的量表，重点衡量当市场出现变化时，企业迅速并高效率地调整上述三个流程的能力。他们认为动态营销能力反映了企业应对外部变化时所表现出的调整速度和效率，是一个动态变化的概念，而不是存量的、静态的概念。他们通过表4-4中的3个题项对动态营销能力进行测量，在对国际合资企业的实证研究中，也验证了该量表的信度和效度。因此，本书沿用该量表测量企业的动态营销能力，以各个操作变量的算术平均值作为静态营销能力的得分，具体衡量公式如下：

$$\text{动态营销能力 } MDC = \frac{\sum_{i=1}^{3} MDCi}{3}$$

表4-4 动态营销能力操作变量的表述和说明

名义变量	操作变量	变量描述	量表来源
动态营销能力	*MDC* 1	当市场出现变化时，公司通过跨部门协调，迅速并高效率地设计、开发、生产和投入新产品以实现顾客价值和利益最大化的能力	Fang & Zou (2009)[6]
	MDC 2	当市场出现变化时，公司通过获取顾客信息、建立和维持顾客联系、售后服务等顾客关系管理流程，迅速并高效率地了解并满足顾客需求的能力	

续表

名义变量	操作变量	变量描述	量表来源
动态营销能力	*MDC* 3	当市场出现变化时，公司通过建立和管理物流系统、设计操作流程等，迅速并高效率地整合公司本身、供应商和顾客三方供应链以满足市场发展的能力	Fang & Zou (2009)[6]

4.2.5 环境动态性的操作性定义与测量指标

环境动态性是指环境的频繁变化、没有可以遵循的模式及不可预测性等方面的特征。[152] Kohli & Jaworski（1990）[25]认为环境动态性主要包括市场动态性、竞争强度和技术动态性三个维度，其中市场动态性是指顾客构成和偏好的变化频率，竞争强度是指企业间竞争的激烈程度，技术动态性是指技术的变化频率。动态市场的主要表现是客户需求不断变化、竞争不断加剧、技术使用周期不断缩短。关于环境动态性的测量，Kohli & Jaworski（1990）[25]所开发的量表被学术界广为运用，如 Hough & White（2003）[162]，Gulati & Higgins（2003）[165]，潘松挺和蔡宁（2010）[168]，Mohamad 等（2011）[154]等，并且具有良好的信度和效度。本书综合参考 Kohli &Jaworski（1990）[25]与潘松挺和蔡宁（2010）[168]的量表，分别设计了4个题项测量市场动态性、技术动态性和竞争动态性三个维度，共 12 个题项，以各个操作变量的算术平均值作为各名义变量的得分。环境动态性的具体衡量公式如下：

$$\text{环境动态性 } MKCHA = \left(\frac{\sum_{i=1}^{4} MKCHAi}{4} + \frac{\sum_{i=5}^{8} MKCHAi}{4} + \frac{\sum_{i=9}^{12} MKCHAi}{4}\right) \div 3$$

表 4－5 环境动态性操作变量的表述和说明

名义变量	操作变量	变量描述	量表来源
市场动态性	*MKCHA*1	顾客偏好一直在迅速地改变	Kohli & Jaworski（1990）[25]
	*MKCHA*2	市场需求和消费者偏好变得难以预测	
	*MKCHA*3	公司很难预测未来五年内消费者的需求状况	
	*MKCHA*4	不断变化的消费者需求为公司业务发展带来了许多潜在机会	

续表

名义变量	操作变量	变量描述	量表来源
技术动态性	*MKCHA5*	公司现在采用的技术正在发生快速的变化	潘松挺和蔡宁(2010)[168]
	MKCHA6	技术变化给公司产品的发展带来了巨大的机会	
	MKCHA7	公司很难预测未来五年内有关产品发展的技术变化趋势	
	MKCHA8	行业内不断变化的技术给公司业务发展带来了许多潜在机会	
竞争动态性	*MKCHA9*	行业内存在许多不合法的竞争行为，如非法仿制竞争对手的新产品等	
	MKCHA10	有些竞争对手会假冒公司产品和商标	
	MKCHA11	市场竞争相关法律法规无法有效地保护公司的知识产权	
	MKCHA12	行业内有些公司不公正的竞争行为越来越多	

4.2.6 企业垂直和水平网络范围的操作性定义与测量指标

根据上一章的理论界定，企业网络范围是指与企业具有合作关系的企业的数量及其分布区域范围。垂直网络范围是指上下游合作伙伴的数量及其分布范围，而水平网络范围则是有合作关系的同行竞争对手的数量及其分布范围。合作伙伴数量多且分散在不同的地区，则企业网络范围广。已有的文献对企业网络范围的衡量大多集中于对企业网络成员数量的测量，有的直接采用具体数值（如 Swaminathan & Moorman，2009[121]），有的则采用主观评价的方式（如 Fang，2008[249]）。McEvily & Zaheer（1999）[12]在研究企业网络中的桥接关系对企业竞争能力的作用时，则强调地理分散性是桥接关系的重要特征。在进行企业深度访谈时，不少高管认为处于同一地区的企业间信息冗余程度高。因此，本书认为对企业网络范围的衡量除了考虑网络成员数量多少以外，还需同时考虑网络成员的地区分散性。本研究综合 McEvily & Zaheer（1999）[12]和 Fang（2008）[249]的量表，设计了 4 个题项测量企业网络范围，其中前三个为正向题项，第四个为反向题项。① 经过前测，第四个题项的信度不高，在正式调查中予以删除，详见

① 进行实证分析之前，第四个题项的分值需要进行调整，调整后分值 = 8 - 原始分值。

表 4 -6。

其中，关于企业垂直网络范围的测量，为了便于被调查者理解，上游网络范围和下游网络范围分开独立测量，两者的平均得分便是垂直网络范围的得分。垂直网络范围和水平网络范围的具体衡量公式如下：

$$垂直网络范围\ Verti\_Sco = \sum_{i=1}^{3}\left(\frac{Up\_Scoi + Down\_Scoi}{2}\right) \div 3$$

$$水平网络范围\ Hori\_Sco = \frac{\sum_{i=1}^{3} Hori\_Scoi}{3}$$

4.2.7 企业垂直和水平网络质量的操作性定义与测量指标

企业网络质量是指企业与其合作网络成员之间关系的紧密程度。Uzzi (1996)[99]认为紧密的关系具有三个方面的特征：信任、优质信息传递和共同解决问题。信任是指企业与合作成员之间相互信任的程度，信任程度越高，彼此间的关系越稳固。优质信息传递是指企业与合作成员之间信息沟通的频繁程度和信息的有用性。共同解决问题是指在合作过程中，企业与合作成员之间互相帮助、共同解决问题、共渡难关的程度。McEvily & Marcus (2005)[14]分别用三个题项测量企业间的信任、优质信息传递和共同解决问题的程度，他们的实证研究表明该量表具有良好的信度和效度。因此，本书直接沿用这一量表，但为了简化问卷篇幅，在翻译过程中，本研究将其 9 个题项简化为 6 个题项，详见表 4 -7。同样，关于企业垂直网络质量的测量，为了便于被调查者的理解，上游网络质量和下游网络质量分开独立测量，两者的平均得分便是垂直网络质量的得分。垂直网络质量和水平网络质量的具体衡量公式如下：

$$垂直网络质量\ Verti\_Qua = \sum_{i=1}^{6}\left(\frac{Up\_Quai + Down\_Quai}{2}\right) \div 6$$

$$水平网络质量\ Hori\_Qua = \frac{\sum_{i=1}^{6} Hori\_Quai}{6}$$

表 4-6 企业垂直和水平网络范围操作变量的表述和说明

名义变量		操作变量	变量描述	量表来源
垂直网络范围	上游网络范围	*Up_Sco*1	公司拥有很多不同区域的原材料供应商	McEvily& Zaheer (1999)[12]、Fang (2008)[249]
		*Up_Sco*2	公司的原材料供应来源很广泛	
		*Up_Sco*3	公司的供应商遍布海内外	
	下游网络范围	*Down_Sco*1	公司拥有很多不同区域的下游客户	
		*Down_Sco*2	公司的下游客户很广泛	
		*Down_Sco*3	公司的下游客户遍布海内外	
水平网络范围		*Hori_Sco*1	公司与很多不同地区的同行竞争对手建立了合作关系	
		*Hori_Sco*2	很多来自不同地区的同行竞争对手都与公司有业务往来	
		*Hori_Sco*3	与公司合作的同行竞争对手遍布海内外	

表 4-7 企业垂直和水平网络质量操作变量的表述和说明

名义变量		操作变量	变量描述	量表来源
垂直网络质量	上游网络质量	*Up_Qua*1	公司与供应商已建立起高度的信任	McEvily & Marcus (2005)
		*Up_Qua*2	公司与供应商已建立起稳固的关系	
		*Up_Qua*3	公司与供应商保持经常的信息沟通	
		*Up_Qua*4	供应商经常给公司提供有用信息和建议	
		*UP_Qua*5	公司和供应商总是互相帮助、共同解决问题	
		*UP_Qua*6	遇到困难时，供应商能与公司共渡难关	
	下游网络质量	*Down_Qua*1	公司与下游客户已建立起高度的信任	
		*Down_Qua*2	公司与下游客户已建立起稳固的关系	
		*Down_Qua*3	公司与下游客户保持经常的信息沟通	
		*Down_Qua*4	下游客户经常给公司提供有用信息和建议	
		*Down_Qua*5	公司和下游客户总是互相帮助、共同解决问题	
		*Down_Qua*6	遇到困难时，下游客户能与公司共渡难关	
水平网络质量		*Hori_Qua*1	通过合作，公司与同行业竞争对手已建立高度的信任	
		*Hori_Qua*2	通过合作，公司与同行业竞争对手已建立稳固的关系	
		*Hori_Qua*3	公司与同行竞争对手保持经常的信息沟通	

续表

名义变量	操作变量	变量描述	量表来源
水平网络质量	*Hori_Qua4*	同行竞争对手经常给公司提供有用信息和建议	McEvily & Marcus (2005)
	Hori_Qua5	公司和同行竞争对手总是互相帮助、共同解决问题	
	Hori_Qua6	遇到困难时，同行竞争对手能与公司共渡难关	

4.2.8 公司企业家精神的操作性定义与测量指标

本研究所指的公司企业家精神并不是个人层面，而是公司层面的概念。根据 Covin & Slevin（1991）[143] 的观点，公司企业家精神是一种战略精神导向，是企业家精神在整个企业战略制定和执行过程中的渗透，包括公司的创新性、冒险性和竞争主动性三个方面，他们在 Miller（1983）[129] 测量企业家精神的七个题项的基础上，设计了九个题项对这三个方面进行测量，详见表 4－8。之后的很多研究都是沿用他们的量表测量公司企业家精神，如 Barringer & Bluedorn（1999）[140]，Zahra & Garvis（2000）[144]，Yao 等（2009）[235]，孙秀丽和蒋春燕（2011）[250] 等。这些研究都验证了该量表具有良好的信度和效度。因此，本书也沿用这一量表，其中第 5、第 6、第 7 三个题项为反向题项，① 其余为正向题项。公司企业家精神的具体衡量公式如下：

$$\text{公司企业家精神 } Entrepre = \left(\frac{\sum_{i=1}^{3} Entreprei}{3} + \frac{\sum_{i=4}^{6} Entreprei}{3} + \frac{\sum_{i=7}^{9} Entreprei}{3}\right) \div 3$$

表 4－8　公司企业家精神操作变量的表述和说明

名义变量	操作变量	变量描述	量表来源
创新性	*Entrepre1*	公司管理层喜欢强调研发、创新和技术领先而不是现有的产品和服务	Covin & Slevin (1991)[143]

① 同网络范围指标，进行实证分析之前，这三个题项的分值需要进行调整，调整后分值 = 8 − 原始分值。

续表

名义变量	操作变量	变量描述	量表来源
创新性	*Entrepre2*	在过去五年，公司引进了许多新的产品线或服务	Covin & Slevin (1991)[143]
	Entrepre3	在过去五年，公司在产品线或服务方面的改变都是引人注目的大变化，而不是细微的调整	
冒险性	*Entrepre4*	公司管理层喜欢从事高风险高回报的项目而不是低风险低回报的项目	
	Entrepre5	当遇到不确定的决策情况时，为了减少错误决策带来的巨大损失，我们一般持审慎的“等等看”的态度	
	Entrepre6	面对当前市场环境，我们认为企业目标的实现需要仔细地、逐步地探索企业所处的商业环境	
主动性	*Entrepre7*	为了避免竞争失败，我们倾向于与竞争对手和平共处	
	Entrepre8	在市场竞争中，我们总是竞争行为的发起者	
	Entrepre9	在市场竞争中，我们总是率先开发新产品/服务、采用新技术等	

4.2.9 控制变量的测量

除了上述几个主要影响变量以外，还有其他一些变量可能对企业自适应营销能力和企业绩效产生一定影响。虽然这些变量不是本书的研究重点，但为了提高研究结果的准确程度，本书在研究过程中将对其进行控制。这些变量包括企业规模、企业年龄、行业类别和所处区域等。

企业规模在一定程度上反映了企业的资源状况，常被认为是影响企业战略决策和行为的重要变量。[86,91,251] 企业规模越大，就拥有越多的机会和资源参与各种实验和创新，提升自适应营销能力，而小的企业可能更多采取模仿、跟随战略。因此，企业规模可能会影响企业自适应营销能力水平，进而影响企业绩效。本书采用企业员工人数来测量企业规模大小。

企业年龄也可能会成为影响企业自适应营销能力和绩效的重要因素。随着时间的推移，企业年龄越大，企业积累的知识、能力和经验会越多，企业自适应营销能力水平和企业绩效可能会越好。本书设计了六个年龄范围供被调查者根据企业成立至今的年限进行选择。

企业所属行业类别的属性决定了企业外部的行业环境，这将可能影响企业对自适应营销能力培育的投入程度，也可能影响企业的其他经营战略和绩效。如服装、鞋帽、工艺品、文娱用品和食品等快消品行业与计算机制造或机械、设备制造行业的营销战略可能会表现出不同的营销导向，其绩效也可能存在一些差异。本研究在调查过程中设计了八个行业类别（详见调查问卷）供被调查者选择。在实证研究过程中，则采用两个虚拟变量表示企业所在行业。第一个虚拟变量为1时表示企业所在行业为A类行业，即计算机、通信及其他电子设备行业；第二个虚拟变量为1时表示企业所在行业为B、C、D行业，即机械设备、电气器材、仪器仪表、生物、制药、化工、交通运输设备等行业；两个虚拟变量都为0时表示企业所在行业为E、F、G、H行业，即纺织服装、鞋、帽、包袋、家具、办公用具及其他文教、工美、体育、娱乐用品、食品、饮料、烟草、工艺品及其他轻工制品等。

地理区域环境不同会有不同的文化、行业氛围和经济活力，也会对企业的战略选择、自适应营销能力和绩效产生一定影响，有必要在研究过程中加以控制。本研究在调查过程中对样本企业所在区域进行了限制，主要选取了福建、浙江和广东三个省的制造企业。在实证研究过程中，采用两个虚拟变量表示企业所在区域，第一个虚拟变量为1时表示企业所在区域为福建；第二个虚拟变量为1时表示企业所在区域为广东；两个虚拟变量都为0时表示企业所在区域为浙江。

4.3 数据收集及样本基本情况

本研究于2012年7～12月，通过向企业发放调查问卷的方式收集数据（见表4-9）。为了保证数据的真实有效性，本研究要求填写问卷者必须是在企业工作满三年以上的中高层管理人员，以确保其对企业有较为全面的了解。

表 4-9 问卷发放与回收的具体情况

问卷发放方式		发放问卷数量（份）	回收问卷数量（比率）	有效问卷数量（比率）	有效问卷的区域分布
本人发放回收	邮寄问卷	200	43	23	福建 64 浙江 9 广东 47
	现场填写	50	49	32	
	MBA、EMBA 课堂填写	150	133	65	
委托他人发放与回收		350	186	105	福建 8 浙江 58 广东 39
合　计		750	411 （54.8%）	225 （54.74%）	福建 72 浙江 67 广东 86

由于本研究的数据收集范围较广，分布在福建、广东、浙江三个区域，所以主要采取两种方式进行数据收集。第一种方式是笔者发放和回收问卷。笔者通过根据企业名录随机邮寄问卷、亲自前往企业邀请企业中高层管理人员填写问卷、到厦门大学和华侨大学的 MBA 和 EMBA 课堂请学员填写问卷等方式收集数据。通过这种方式共发放问卷 400 份，共回收 225 份，其中有效问卷 120 份，有效问卷较多来自福建和广东地区的企业。第二种方式是笔者通过个人关系，委托他人代为发放与回收问卷，主要是通过在企业当高管的朋友、辖区内分管经济的负责人等代为发放。通过这种方式共发放问卷 350 份，回收 186 份，其中有效问卷 105 份，有效问卷较多来自浙江和广东地区的企业。本研究通过以上两种方式共发放问卷 750 份，回收 411 份，回收率 54.8%，其中有效问卷 225 份，占回收问卷的 54.74%。问卷发放与回收的具体情况详见表 4-9，样本的描述性统计结果如表 4-10 所示。

从表 4-10 可以看出，样本企业以私营企业或个体工商户、有限责任或股份有限公司两种类型居多，这符合这三个地区民营经济发达的特点；企业员工人数集中在 100~300 人，以中小规模企业为主；企业年龄集中在 6~20 年，只有极少数的新建企业和超过 30 年的成熟企业；企业所处行业类别除了食品、饮料、烟草和交通运输设备行业相对较少以外，行业分布较为分散。综合上述描述性统计分析，本研究样本覆盖范围适度，具有较好的代表性。

表 4-10 样本企业的描述性统计结果

单位：个，%

企业特征	分类标准	样本数	所占比重
企业性质	国有或国有控股企业	16	7.1
	私营企业或个体工商户	89	39.6
	有限责任或股份有限公司	76	33.8
	外商及港澳台投资企业	44	19.6
企业员工数量	100 人以下	66	29.3
	101~300 人	68	30.2
	301~500 人	27	12.0
	501~1000 人	27	12.0
	1001~10000 人	31	13.8
	10000 人以上	6	2.7
企业年龄	1 年以下	2	0.9
	1~5 年	32	14.2
	6~10 年	81	36.0
	11~20 年	77	34.2
	21~30 年	23	10.2
	30 年以上	10	4.4
行业类型	计算机、通信及其他电子设备	53	23.6
	机械设备、电气器材、仪器仪表	32	14.2
	生物、制药、化工	23	10.2
	交通运输设备	11	5.0
	纺织服装、鞋、帽、包袋	43	19.1
	家具、办公用具及其他文教、工美、体育、娱乐用品	27	12.0
	食品、饮料、烟草	10	4.4
	工艺品及其他轻工制品	26	11.6

4.4 主要分析方法

为了检验本研究提出的两个基本理论模型和相关假设，问卷回收后，采用计量方法对数据进行处理和分析便是本书接下来的重点。本研究将通过问卷调查收集到的数据录入 Excell 表格中，运用分析软件 SPSS 19.0 版、AMOS 18.0 版和 Eviews 7.0 版对数据进行描述性统计分析、信度检验、效度检验、相关分析、多元回归分析等统计分析工作。具体的分析方法如下。

1. 描述性统计分析

本研究运用描述性统计对企业样本的基本资料（包括企业性质、规模、年龄和所处行业类别）和各变量的均值、标准差、变量间的相关系数等进行分析，以了解样本的基本特征、各变量的基本取值情况，并初步了解变量间的相关关系。

2. 信度检验

信度检验是指对问卷测量结果一致性和稳定性的检验，即对问卷所获得的各个样本数据与其平均值的差异程度进行检验。常用的信度检验指标有三类：稳定性（stability）、等值性（equivalence）和内部一致性（internal consistency）。本研究主要采用最为常用的内部一致性指标进行量表信度的测量，该指标反应的是观测项目（名义变量的测量题项）之间的内部一致性或同质性。[252] 针对 Likert 式量表，最常用的是用 Cronbach's α 值来评价量表的信度。Churchill（1979）[240] 强调，在进行探索性因子分析前要进行测量条款的净化并删除"垃圾测量条款"（garbage items）。假如不净化测量条款，直接进行因子分析，很可能导致多维度的结果，很难解释每个因子的含义。根据 Hinkin（1998）[242] 的观点，Cronbach's α 值至少要大于 0.70。[242] 但近来已经有学者对 0.70 这一标准提出了质疑，认为内部一致性的系数并非越高越好。Clark & Watson（1995）[244] 认为当一个测量量表的 Cronbach's α 值超出了一定水平时，不但不会有利于构念效度，反而会降低测量的内容效度。陈晓萍等（2008）[252] 提出为了获得较为理想的 Cronbach's α 值，而删除一些在内容上符合概念定义的测验指标的做法是不可接受的。本研究参照 Joseph（1998）和卢文岱（2002）的观点，具体做法是计算操作变量的 CITC（Corrected Item - Total Correlation），若操作变量的 CITC 值大于 0.5 且名义变量的 Cronbach's α 系数在 0.6 以上，说明量表的可靠性是可以接受的。若操作变量的 CITC 值小于 0.5 且 Cronbach's α 系数小于 0.6，删去该题项后 Cronbach's α 系数可以得到提高则删去该题项，直至满足上述标准为止。

3. 效度检验

效度是指量表准确测量出想要衡量的变量性质的程度，即评估的有效程度。一般而言，效度检验主要检验内容效度（content validity）和构念效度（construct validity）两方面。

内容效度是指量表题项对目标变量测量的适当程度，即量表题项是否能够涵盖所测变量的全部含义，反映了测量题项和测量目的的一致性程度。内容效度是进行效度分析时首先要测量的效度，是量表构念效度检验的基础和前提。本研究为了提高问卷的内容效度，除了自适应营销能力以外，对其他构念的量表基本是参考现有研究中已经应用较为成熟的量表进行改编设计的，能在一定程度上保证这些变量测量的内容效度。而自适应营销能力的量表虽由本研究自行开发，但本研究是严格按照 Churchill (1979)[240] 的量表开发步骤进行的：首先通过大量的相关文献阅读，提炼出自适应营销能力的理论内涵；然后通过专家讨论和实地企业访谈，提炼出测量题项；进而通过前测数据检验初步量表的信度；根据前测结果和进一步的专家讨论，对量表进行进一步纯化进而形成最终的正式量表。因此，该量表的内容效度也是可以得到保证的。

构念效度是指在测量过程中，构念的定义和测验结果之间的一致性程度。对构念效度的评估是为了评价量表在多大程度上测量了目标内容，一般用聚合效度和区分效度来衡量量表的构念效度，保证测量的准确性和有效性。与多数研究一样，本书采用探索性因子分析和验证性因子分析来检验构念效度。首先通过探索性因子分析来确认单维构念的因素结构，再进行验证性因子分析检验模型的适配程度。探索性因子分析能够将具有错综复杂关系的变量聚合为少数几个主要因子，用于寻找多元观测变量的本质结构。本书采用主成分分析的因子提取方法和最大方差旋转法，按照特征根大于1、因子载荷最低可接受值为0.5的方法提取因子。通过探索性因子分析确定因子结构以后，本书采用验证性因子分析来检验已知的特定结构是否按照预期的方式产生作用，综合运用绝对拟合指数和相对拟合指数对模型进行评价，评价指标和标准见表4－11。此外，本书还通过结构方程模型分析各变量的建构信度（construct reliability），并比较各变量的平均方差萃取值（Average variances extracted，AVE）的平方根与变量间的相关系数，要求建构效度CR必须在0.60以上，AVE超过0.5且AVE的平方根必须小于两变量间的相关系数，以检验变量间的区分效度。通过上述步骤便可确保问卷测量的有效性和结构的合理性。

表4－11 模型拟合指标判别标准

指标类型	$\chi 2/df$	GFI	CFI	TLI	RMR	RMESA
评价标准	1～3	>0.9	>0.9	>0.9	<0.08	<0.08

4. 相关分析

相关分析（Correlation Analysis）用来测量变量间关系的强弱程度，一般使用相关系数矩阵（本书采用Pearson系数矩阵）来描述和衡量变量之间的关系程度和方向。相关分析能够检测两个变量间的相互关系，并判断其密切程度，但是不能区分自变量和因变量，因此只能作为回归分析的基础，为下一步研究提供依据。本研究在验证研究假设之前，通过对理论模型（一）中的静态营销能力、动态营销能力、自适应营销能力、环境动态性和企业绩效以及对理论模型（二）中的垂直网络范围、垂直网络质量、水平网络范围、水平网络质量、企业家精神、自适应营销能力和企业绩效等变量间的相关程度进行分析，首先对理论模型中变量间的相关性进行总体上的把握，为后面的多元回归分析奠定了基础。

5. 层级线性回归分析

相关分析只能检测变量间相互关系的密切程度，并不能区分自变量和因变量，因此只能作为回归分析的基础，为下一步研究提供依据。回归分析一般用来预测或解释，即通过一个或几个自变量来解释因变量。层级回归分析的逻辑就是根据自变量对因变量产生影响的顺序将自变量分成多个层级，自变量的影响作用越是基础，层级就越高，层级高的自变量可能会影响层级低的自变量。因此，在进行层级回归分析时，自变量是按照由高层级到低层级的顺序逐步加入回归方程的，以判断每个自变量对因变量的影响作用。[253]本研究将采用层级线性回归分析（Hierarchicallinear regression analysis）检验本研究的两个理论模型和相关的研究假设。

5 实证分析一：三种营销能力与绩效的关系

本章将根据第三章所提出的第一个研究模型及其相关研究假设，运用适当的计量分析方法对本研究正式调查所取得的225个有效样本进行分析，并结合企业的实际情况对计量分析所得出的结果加以解释和讨论。

5.1 量表的信度和效度检验

5.1.1 量表的信度检验

根据上一章提出的信度检验方法，本研究采用SPSS 19.0版软件中的可靠性分析对第一个研究模型中的三个自变量（自适应营销能力、静态营销能力和动态营销能力）、一个调节变量（环境动态性）和两个因变量（市场绩效和财务绩效）分别进行信度检验，以确保数据的可靠性。

通过前测后的量表纯化，自适应营销能力各二级变量的操作变量均保留四个题项。从自适应营销能力的信度测试结果（如表5-1所示）可以看到，根据前测结果进行纯化后的正式量表中，每个操作变量的CITC值都大于0.5，且对应的二级名义变量的Cronbach's α值均大于0.8，说明自适应营销能力的测量量表信度较高，各名义变量的操作变量内部一致性较好。

从表5-2可以看到，静态营销能力和动态营销能力的每个操作变量的CITC值都大于0.5，且Cronbach's α值均大于0.8，说明静态营销能力和动态营销能力的测量量表信度较高，各操作变量内部一致性较好。

从表5-3可以看到，环境动态性各二级变量的每个操作变量的CITC

值都大于0.5，且对应的二级名义变量的Cronbach's α值均达到0.9以上，说明环境动态性的测量量表具有很高的信度，各名义变量的操作变量内部一致性很好。

从表5－4可以看到，企业财务绩效和市场绩效的每个操作变量的CITC值都大于0.5，且Cronbach's α值均大于0.8，说明企业财务绩效和市场绩效的测量量表具有很高的信度，各操作变量内部一致性较好。

表5－1 自适应营销能力量表的信度分析

二级变量	题项	校正的项总计相关性（CITC）	项已删除的Cronbach's α值	Cronbach's α值
市场预警能力	*MAC*1	0.66	0.81	0.84
	*MAC*3	0.71	0.79	
	*MAC*5	0.67	0.81	
	*MAC*6	0.68	0.80	
营销实验能力	*MAC*8	0.73	0.79	0.85
	*MAC*10	0.67	0.81	
	*MAC*11	0.61	0.83	
	*MAC*12	0.73	0.79	
开放营销能力	*MAC*13	0.79	0.80	0.87
	*MAC*14	0.65	0.86	
	*MAC*17	0.74	0.82	
	*MAC*18	0.70	0.84	

表5－2 静态和动态营销能力量表的信度分析

一级变量	题项	校正的项总计相关性（CITC）	项已删除的Cronbach's α值	Cronbach's α值
静态营销能力	*MSC* 1	0.70	0.85	0.87
	MSC 2	0.59	0.86	
	MSC 3	0.59	0.86	
	MSC 4	0.60	0.86	
	MSC 5	0.59	0.86	

续表

一级变量	题　项	校正的项总计相关性（CITC）	项已删除的 Cronbach's α 值	Cronbach's α 值
静态营销能力	*MSC* 6	0.65	0.85	0.87
	MSC 7	0.69	0.85	
	MSC 8	0.61	0.86	
动态营销能力	*MDC*1	0.74	0.68	0.82
	MDC 2	0.62	0.81	
	MDC 3	0.67	0.76	

表 5－3　环境动态性量表的信度分析

二级变量	题　项	校正的项总计相关性（CITC）	项已删除的 Cronbach's α 值	Cronbach's α 值
需求不确定性	*MKCHA*1	0.86	0.86	0.91
	*MKCHA*2	0.80	0.88	
	*MKCHA*3	0.78	0.89	
	*MKCHA*4	0.76	0.90	
技术不确定性	*MKCHA*5	0.88	0.87	0.91
	*MKCHA*6	0.79	0.90	
	*MKCHA*7	0.75	0.92	
	*MKCHA*8	0.85	0.88	
竞争不确定性	*MKCHA*9	0.88	0.93	0.94
	*MKCHA*10	0.88	0.93	
	*MKCHA*11	0.86	0.94	
	*MKCHA*12	0.88	0.93	

表 5－4　企业财务绩效和市场绩效量表的信度分析

一级变量	题　项	校正的项总计相关性（CITC）	项已删除的 Cronbach's α 值	Cronbach's α 值
财务绩效	*F_PER*1	0.77	0.87	

续表

一级变量	题　项	校正的项总计相关性（CITC）	项已删除的Cronbach's α 值	Cronbach's α 值
财务绩效	*F_PER*2	0.76	0.87	0.90
	*F_PER*3	0.73	0.88	
	*F_PER*4	0.82	0.85	
市场绩效	*M_PER*1	0.78	0.85	0.89
	*M_PER*2	0.75	0.86	
	*M_PER*3	0.74	0.87	
	*M_PER*4	0.77	0.86	

5.1.2　探索性因子分析

同样，本研究采用 SPSS 19.0 版软件对上述变量进行了探索性因子分析。

1. 自适应营销能力的探索性因子分析：KMO 值为 0.89，Bartlett 的球形度检验为 1364.41，显著异于 0（$p<0.001$），适合进行因子分析。按照因子载荷大于 0.5，特征根大于 1 的标准，采用最大方差旋转法对自适应营销能力最终量表的 12 个相关题项进行探索性因子分析，共提取了三个因子，累计解释方差 70.07%，具体如表 5－5 所示。

表 5－5　自适应营销能力的探索性因子分析

二级变量	题　项	描述性统计分析		因子载荷		
		均值	标准差	市场预警能力	营销实验能力	开放营销能力
市场预警能力	*MAC*1	5.46	1.13	0.77		
	*MAC*3	5.42	1.06	0.78		
	*MAC*5	5.50	0.98	0.81		
	*MAC*6	5.48	1.21	0.71		
营销实验能力	*MAC*8	4.76	1.14		0.78	
	*MAC*10	4.98	1.30		0.78	
	*MAC*11	4.75	1.21		0.73	
	*MAC*12	4.91	1.13		0.84	

续表

二级变量	题 项	描述性统计分析		因子载荷		
		均值	标准差	市场预警能力	营销实验能力	开放营销能力
开放营销能力	*MAC*13	5.09	1.30			0.84
	*MAC*14	5.20	1.27			0.75
	*MAC*17	5.05	1.25			0.78
	*MAC*18	5.19	1.16			0.83

2. 静态营销能力和动态营销能力的探索性因子分析：由于这两个变量在本研究中都被视为一级变量，所以将这两个变量放在一起做探索性因子分析，以判断这两个变量的区别。KMO 值为 0.85，Bartlett 的球形度检验为 976.49，显著异于 0（$p<0.001$），适合进行因子分析。按照因子载荷大于 0.5，特征根大于 1 的标准，采用最大方差旋转法对静态营销能力量表的 8 个相关题项和动态营销能力的 3 个相关题项进行探索性因子分析，共提取了 2 个因子，累计解释方差 59.04%，具体如表 5-6 所示。

表 5-6 静态和动态营销能力的探索性因子分析

一级变量	题 项	描述性统计分析		因子载荷	
		均值	标准差	静态营销能力	动态营销能力
静态营销能力	*MSC* 1	5.19	0.96	0.79	
	MSC 2	5.27	1.16	0.69	
	MSC 3	5.40	1.04	0.70	
	MSC 4	5.25	1.15	0.70	
	MSC 5	5.32	0.99	0.70	
	MSC 6	5.48	1.19	0.74	
	MSC 7	5.32	0.97	0.77	
	MSC 8	5.26	0.86	0.72	
动态营销能力	*MDC*1	5.00	1.13		0.89
	MDC 2	5.01	1.15		0.81
	MDC 3	5.05	1.09		0.86

3. 环境动态性的探索性因子分析：KMO 值为 0.89，Bartlett 的球形度检验为 2401.91，显著异于 0（$p<0.001$），适合进行因子分析。按照因子

载荷大于0.5，特征根大于1的标准，采用最大方差旋转法对环境动态性量表的12个相关题项进行探索性因子分析，共提取了3个因子，累计解释方差82.46%，具体如表5-7所示。

表5-7 环境动态性的探索性因子分析

二级变量	题项	描述性统计分析		因子载荷		
		均值	标准差	需求不确定性	技术不确定性	竞争不确定性
需求不确定性	*MKCHA*1	4.44	1.33	0.87		
	*MKCHA*2	4.41	1.36	0.84		
	*MKCHA*3	4.47	1.40	0.84		
	*MKCHA*4	4.69	1.32	0.77		
技术不确定性	*MKCHA*5	4.52	1.19		0.90	
	*MKCHA*6	4.59	1.25		0.85	
	*MKCHA*7	4.48	1.33		0.75	
	*MKCHA*8	4.74	1.27		0.89	
竞争不确定性	*MKCHA*9	4.68	1.52			0.88
	*MKCHA*10	4.62	1.56			0.90
	*MKCHA*11	4.72	1.46			0.89
	*MKCHA*12	4.82	1.49			0.89

4. 企业财务绩效和市场绩效的探索性因子分析：KMO值为0.78，Bartlett的球形度检验为1117.22，显著异于0（$p<0.001$），适合进行因子分析。按照因子载荷大于0.5，特征根大于1的标准，采用最大方差旋转法对企业财务绩效和市场绩效量表的8个相关题项进行探索性因子分析，共提取了2个因子，累计解释方差75.99%，具体如表5-8所示。

表5-8 企业财务绩效和市场绩效的探索性因子分析

二级变量	题项	描述性统计分析		因子载荷	
		均值	标准差	财务绩效	市场绩效
财务绩效	*F_PER*1	4.52	1.16	0.87	
	*F_PER*2	4.57	1.26	0.86	
	*F_PER*3	4.62	1.22	0.84	
	*F_PER*4	4.68	1.19	0.90	

续表

二级变量	题 项	描述性统计分析		因子载荷	
		均值	标准差	财务绩效	市场绩效
市场绩效	*M_PER*1	4.53	1.07		0.87
	*M_PER*2	4.59	1.17		0.86
	*M_PER*3	4.58	1.20		0.85
	*M_PER*4	4.69	1.11		0.87

5.1.3 验证性因子分析——模型适配度检验

验证性因子分析（Confirmatory Factor Analysis，CFA）往往是通过结构方程模型来检验测量变量和潜变量构念间的关系。结构方程模型包括测量方程和结构方程两个部分，测量方程主要描述潜变量与观测变量之间的关系，结构方程则用来描述潜变量之间的关系。[254]本书为了检验理论模型（一）中各潜变量间的关系以及各潜变量与观测变量之间的关系，采用 AMOS 18.0 对其进行验证性因子分析，进一步确保量表的建构效度和模型的适配度。

1. 变量间的区分效度检验：为检验理论模型（一）中各潜变量之间的区分效度，本研究首先采用 AMOS 18.0 构建变量间的两两相关模型，如图5－1 所示。由于与测量题项相比，本研究的样本量相对较小。因此，本书根据 Aryee 等（2007）[255]和 Mathieu & Farr（1991）[256]的建议采取相关程序对数据做了相应的技术处理。首先，静态营销能力的测量题项有 8 个，笔者在探索性因子分析的基础上分别将因子载荷最高和因子载荷最低的题项合并、第二高和第二低的题项合并，依次类推，将其 8 个题项合并为 4 个新的题项，分别以两个合并题项的均值作为每个对应新题项的得分。其次，由于自适应营销能力和环境动态性分别有 3 个维度的二级变量，在进行验证性因子分析时，笔者直接采用 3 个维度各自题项的均值作为这两个潜变量的新指标，从而实现降维。

上述六个变量间的区别效度检验是通过图 5－1 的六因子模型与单因子模型、五因子模型、四因子模型、三因子模型等模型的拟合指标来验证的。从表 5－9 可以看出，六因子模型的拟合指标（χ^2 值为 228.14，χ^2/

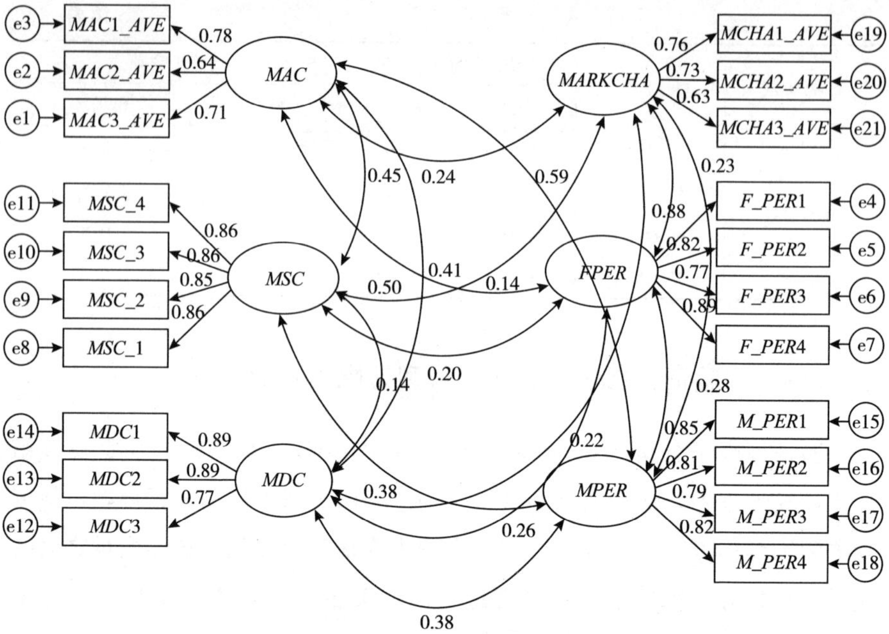

图 5－1　理论模型（一）的验证性因子分析

df 为 1.31，RMSEA 为 0.04，RMR 为 0.05，GFI 为 0.92，CFI 为 0.98，TLI 为 0.97）达到标准，根据表 5－9 数据的对比，六因子模型的适配度显著优于其他模型，说明这六个构念具有较高的区分效度。

表 5－9　不同变量间的区分效度分析结果

	χ^2	*df*	$\Delta\chi^2$ (Δdf)	RMSEA	RMR	GFI	CFI	TLI
六因子模型	228.14	174		0.04	0.05	0.92	0.98	0.97
五因子模型 a	745.38	179	517.24 (5)***	0.12	0.16	0.72	0.77	0.73
五因子模型 b	417.91	179	189.77 (5)***	0.08	0.12	0.83	0.90	0.89
五因子模型 c	415.59	179	187.45 (5)***	0.08	0.08	0.84	0.90	0.89
四因子模型 d	690.52	183	462.38 (9)***	0.11	0.16	0.73	0.79	0.76

续表

	χ^2	*df*	$\Delta\chi^2$ （Δdf）	RMSEA	RMR	GFI	CFI	TLI
三因子模型 e	1182.49	186	954.35 (12)***	0.16	0.22	0.60	0.59	0.54
单因子模型 f	1653.58	189	1424.86 (15)***	0.19	0.18	0.53	0.40	0.34
零模型	2664.03	210	2435.89 (36)***	0.23	0.34	0.35	0.00	0.00

注：*** $p<0.01$，** $p<0.05$，* $p<0.1$。在零模型中，所有测量项目之间没有关系；a 将财务绩效和市场绩效合并为一个潜在因子；b 将自适应营销能力与静态营销能力合并为一个潜在因子；c 将自适应营销能力和动态营销能力合并为一个潜在因子；d 将自适应营销能力、静态营销能力和动态营销能力合并为一个潜在因子；e 在 d 的基础上，将财务绩效和市场绩效合并为一个潜在因子；f 将所有项目归属于同一个潜在因子。

为了进一步验证变量间的区分效度，本研究还根据图 5－1 运行所得标准化因子载荷，计算了各变量的组合信度（CR）和平均萃取方差（AVE），发现各变量的 CR 均大于 0.70，平均萃取方差均大于 0.50，且其平方根均大于变量间的相关系数，详见表 5－10。因此，理论模型（一）的各变量间具有较强的区分效度。

表 5－10　各个变量的组合信度 CR、萃取变异量 AVE 和相关系数表

	AVE	CR	1	2	3	4	5	6
1. 自适应营销能力	0.51	0.76	0.71					
2. 静态营销能力	0.73	0.92	0.34***	0.85				
3. 动态营销能力	0.78	0.91	0.32***	0.08	0.88			
4. 环境动态性	0.50	0.75	0.19***	0.10	0.14**	0.70		
5. 财务绩效	0.87	0.96	0.42***	0.19***	0.23***	0.21***	0.93	
6. 市场绩效	0.86	0.96	0.48***	0.26***	0.32***	0.17***	0.26***	0.93

注：*** $p<0.01$，** $p<0.05$，* $p<0.1$。相关系数对角线上的数字表示 AVE 的平方根。

2. 二阶变量的验证性因子分析：由于自适应营销能力和环境动态性都是二阶因子的构念，因此本研究进一步对这两个构念进行二阶验证性因子分析。

表 5－11 显示的是自适应营销能力的二阶验证性因子分析结果，其模

型的拟合优度指标均达到前面所提到的标准，各操作变量和二阶变量的标准化因子载荷都在0.6以上，且达到0.01的显著性水平，衡量误差皆为正且较小，各变量的组合信度均超过0.8，AVE也超过标准0.5。因此，自适应营销能力的二阶验证性因子分析模型达到适配标准，说明该测量模式是可以接受的。

表5-11 自适应营销能力的二阶验证性因子分析

变量	MLE估计参数		组合信度（CR）	平均方差萃取（AVE）
	因子载荷	衡量误差		
第一阶				
市场预警能力			0.84	0.58
*MAC*1	0.73***	0.591		
*MAC*3	0.79***	0.421		
*MAC*5	0.73***	0.446		
*MAC*6	0.79***	0.554		
营销实验能力			0.85	0.59
*MAC*8	0.82***	0.44		
*MAC*10	0.76***	0.70		
*MAC*11	0.69***	0.77		
*MAC*12	0.79***	0.48		
开放营销能力			0.87	0.63
*MAC*13	0.88***	0.38		
*MAC*14	0.70***	0.82		
*MAC*17	0.82***	0.51		
*MAC*18	0.75***	0.58		
第二阶				
自适应营销能力			0.81	0.59
市场预警能力	0.86***	0.17		
营销实验能力	0.73***	0.40		
开放营销能力	0.71***	0.65		

拟合优度指标

χ^2/df	GFI	CFI	TLI	RMR	RMESA
1.40	0.95	0.98	0.98	0.05	0.04

表 5－12 显示的是环境动态性的二阶验证性因子分析结果，其模型的拟合优度指标均达到前面所提到的标准，各操作变量和二阶变量的标准化因子载荷都在 0.6 以上，且达到 0.01 的显著性水平。测量误差皆为正，除了二阶变量“竞争不确定性”的误差大于 1 以外，其余操作变量和二阶变量的测量误差均较小，各变量的组合信度均超过 0.7，AVE 也超过标准 0.5。因此，环境动态性的二阶验证性因子分析模型也基本达到适配标准，说明该测量模式是可以接受的。

表 5－12　环境动态性的二阶验证性因子分析

变量	MLE 估计参数		组合信度（CR）	平均方差萃取（AVE）
	因子载荷	衡量误差		
第一阶				
需求不确定性			0.91	0.72
*MKCHA*1	0.92***	0.28		
*MKCHA*2	0.84***	0.54		
*MKCHA*3	0.82***	0.65		
*MKCHA*4	0.83***	0.55		
技术不确定性			0.92	0.75
*MKCHA*5	0.93***	0.19		
*MKCHA*6	0.85***	0.43		
*MKCHA*7	0.80***	0.63		
*MKCHA*8	0.89***	0.35		
竞争不确定性			0.94	0.82
*MKCHA*9	0.91***	0.38		
*MKCHA*10	0.91***	0.40		
*MKCHA*11	0.89***	0.45		
*MKCHA*12	0.91***	0.40		
第二阶				
环境动态性			0.76	0.52
需求不确定性	0.81***	0.50		
技术不确定性	0.69***	0.63		
竞争不确定性	0.65***	1.11		

续表

变量	MLE 估计参数		组合信度（CR）	平均方差萃取（AVE）	
	因子载荷	衡量误差			
拟合优度指标					
χ^2/df	GFI	CFI	TLI	RMR	RMESA
2.34	0.93	0.97	0.96	0.08	0.08

5.2 假设检验

5.2.1 变量的描述性统计及三大问题检验

1. 变量的描述性统计

在对理论模型（一）进行验证之前，本研究首先计算了被解释变量、解释变量、调节变量和控制变量的描述性统计和上述变量两两之间的相关系数，结果如表 5－13 所示。结果表明企业的财务绩效和市场绩效均与自适应营销能力、静态营销能力和动态营销能力有显著的正相关关系，且与自适应营销能力的相关系数最大，这初步体现了本研究的假设预期。下面将采用层级线性回归分析法对理论模型（一）的 5 个假设进行更为详细和准确的验证。

2. 三大问题检验

为了确保正确地使用回归分析检验研究假设并得出合理的结论，需要对回归模型是否存在多重共线性、序列自相关和异方差等三大问题进行检验，只有在确认回归模型不存在这三大问题的前提下，回归结果才具有统计意义上的稳定性和可靠性。[257,258] 多重共线性是指回归模型中的自变量之间（包括控制变量）存在严重的线性相关关系，可以用方差膨胀因子（VIF）指数来衡量是否存在多重共线性。一般认为，当 VIF 大于 5 时，就可以判断回归模型中存在较为严重的多重共线性问题。[257] 本书采用 SPSS 软件计算每个回归模型的方差膨胀因子，结果表明所有回归模型的方差膨胀因子均小于 2。因此，本书确定理论模型（一）的回归模型中自变量之间不存在严重的多重共线性。序列自相关是指回归模型中不同的残差项之间具有相关关系。本研究中，由于样本数据是采用问卷调查方式

表 5-13 模型（一）变量的描述性统计与相关系数

变　量	均　值	标准差	1	2	3	4	5	6	7	8	9	10	11	12
1. 企业规模	2.59	1.49	1											
2. 企业年龄	3.52	1.03	-0.05	1										
3. 产业类别 1	0.22	0.41	0.15*	0.13	1									
4. 产业类别 2	0.28	0.44	-0.00	0.17*	-0.33**	1								
5. 福建地区	0.32	0.47	-0.03	0.12	0.23**	-0.07	1							
6. 广东地区	0.38	0.49	0.11	0.14*	-0.05	0.06	-0.40**	1						
7. 静态营销能力	5.31	0.75	-0.07	0.00	-0.07	0.03	0.05	-0.03	1					
8. 动态营销能力	5.02	0.96	-0.09	-0.14*	-0.07	-0.02	0.01	-0.07	0.08	1				
9. 自适应营销能力	5.15	0.80	-0.08	0.02	0.04	0.04	-0.04	0.10	0.34**	0.32**	1			
10. 环境动态性	4.60	1.01	0.04	-0.11	-0.03	-0.08	0.020	-0.00	0.11	0.14*	0.19**	1		
11. 财务绩效	4.60	1.05	0.06	0.05	-0.00	0.14*	0.01	0.12	0.19**	0.23**	0.42**	0.21**	1	
12. 市场绩效	4.60	0.99	0.01	0.07	0.09	0.10	0.01	0.06	0.26**	0.32**	0.48**	0.17*	0.26**	1

** 在 0.01 水平（双侧）上显著相关。

* 在 0.05 水平（双侧）上显著相关。

回收的，因此不可能出现不同时期的样本值之间的序列相关问题，没必要进行稳定性检验。此外，截面数据中不同编号的样本值是否存在序列相关问题，可以用回归模型中的 DW 值来判断。本研究理论模型（一）中所有回归模型的 DW 值都非常接近 2，因此也不存在不同编号的样本值之间的序列相关现象。异方差是指回归模型中的不同残差之间具有不同方差，如果存在异方差问题，回归分析结果将不具备无偏性和有效性。一般可以利用散点图来判断，本书以被解释变量为横坐标进行了残差项的散点图分析，结果表明理论模型（一）的所有回归模型中均不存在严重的异方差问题。

5.2.2 研究假设检验

为了检验理论模型（一）所提出的五个研究假设，本书将企业绩效分为财务绩效和市场绩效，分别对上述五个假设进行检验。因此，本书分别以企业财务绩效和市场绩效作为因变量分层次构建了 4 个模型。第一层模型只加入控制变量，包括企业规模、企业年龄、地理区域 1、地理区域 2、产业类别 1、产业类别 2 等六个变量；第二层加入解释变量静态营销能力、动态营销能力和自适应营销能力；第三层加入调节变量环境动态性；第四层加入三个交互项，包括自适应营销能力 × 需求不确定性、静态营销能力 × 需求不确定性、动态营销能力 × 需求不确定性。因此，本书一共用 8 个模型检验理论假设模型（一），以更为直接、深入地分析营销能力对企业绩效的具体作用。具体分析结果详见表 5 – 14。

1. 三种营销能力的主效应对比检验

假设 1 和假设 2 对静态营销能力、动态营销能力和自适应营销能力与企业绩效的正相关关系做了对比。假设 1 提出，与静态营销能力相比，动态营销能力对企业绩效具有更强的正向影响，而假设 2 则提出，与动态营销能力相比，自适应营销能力对企业绩效具有更强的正向影响，因此，从上述两个假设可以对三种营销能力对企业绩效的作用大小进行排序，即"自适应营销能力 > 动态营销能力 > 静态营销能力"。从 M_2 可以看出静态营销能力对财务绩效的影响系数为 0.07，虽然为正，但并不显著异于 0；动态营销能力对财务绩效的影响系数为 0.14，具有 0.05 的显著性程度，说明动态营销能力对财务绩效具有正向的影响作用，假设1得到了数据支持；自适应营销能力对财务绩效的影响系数为0.35，大于动态营销能力的0.14，具有0.01的显著性程度，说明自适应营销能力对财务绩效具有更强的正向影响作用，假设2也得到了数据的支持。同样，从M_6可以看出静态营销能力对市场绩效的影响系数为0.13，具有0.05的显著性程度；动态营销能力对市场绩效的影响系数为0.22，大于静态营销能力的0.13，具有0.01的显著性程度，说明动态营销能力对市场绩效具有更强的正向影响作用，假设1得到了数据支持；自适应营销能力对市场绩效的影响系数为0.36，大于动态营销能力的0.22，具有0.01的显著性程度，说明自适应营销能力对市场绩效具有更强的正向影响作用，假设2也得到了数据的支持。

虽然通过层级回归分析，假设1和假设2都得到了数据的支持，但该回归分析并没有检验三个系数是否存在显著的差异性。所以，为了进一步验证假设1和假设2，本书采用Eviews 7.0软件对上述两组回归模型的三个系数做了沃尔德检验（Wald Test），结果表明以财务绩效为因变量的回归模型的沃尔德检验的F值为6.68，显著性达到0.001的水平，拒绝原假设C(7) =C (8) =C (9)；以市场绩效为因变量的回归模型的沃尔德检验的F值为8.47，显著性达到0.001的水平，同样拒绝原假设C (7) =C (8) =C (9)。[257,259] 因此，上述三个系数之间存在显著差异性，假设1和假设2通过验证。

表5-14 理论模型（一）的假设验证

因变量→ 解释变量↓	企业财务绩效				企业市场绩效			
	M_1	M_2	M_3	M_4	M_5	M_6	M_7	M_8
控制变量								
企业规模	0.05	0.10	0.09	0.08	-0.02	0.05	0.04	0.05
企业年龄	-0.00	0.02	0.03	0.04	0.02	0.05	0.06	0.05
地理区域1	0.07	0.07	0.06	0.07	0.00	-0.00	-0.01	0.01
地理区域2	0.14*	0.10	0.10	0.09	0.06	0.03	0.03	0.03
产业类别1	0.03	0.01	0.02	0.01	0.14*	0.13*	0.13**	0.11*
产业类别2	0.14**	0.12*	0.13**	0.14**	0.14*	0.12*	0.13**	0.12*

续表

因变量→ 解释变量↓	企业财务绩效				企业市场绩效			
	M_1	M_2	M_3	M_4	M_5	M_6	M_7	M_8
自变量								
静态营销能力		0.07	0.06	0.08		0.13**	0.12**	0.09
动态营销能力		0.14**	0.13**	0.13**		0.22***	0.21***	0.22***
自适应营销能力		0.35***	0.33***	0.35***		0.36***	0.35***	0.38***
调节变量								
环境动态性			0.14**	0.06			0.08	0.04
交互效应								
静态营销能力×环境动态性				0.03				-0.19***
动态营销能力×环境动态性				-0.12*				0.08
自适应营销能力×环境动态性				0.17**				0.12*
R^2	0.04	0.23	0.25	0.28	0.03	0.31	0.31	0.36
ΔR^2	0.04	0.19	0.02	0.03	0.03	0.27	0.01	0.05
F	1.48	7.11***	7.00***	6.18***	1.17	10.49***	9.66***	8.95***
ΔF	1.48	17.70***	4.82**	2.84**	1.17	28.23***	1.83	4.86***

注：n = 225。*** $p<0.01$，** $p<0.05$，* $p<0.1$。

2. 环境动态性的调节作用检验

假设3a～3c阐述了环境动态性对三种营销能力与企业绩效关系的调节作用，其中，假设3a和假设3b提出环境动态性负向调节静态营销能力与企业绩效的关系和动态营销能力与企业绩效的关系，而假设3c则提出环境动态性正向调节自适应营销能力与企业绩效的关系。根据温忠麟等(2005)[260]的做法，我们计算了三个交互项（“静态营销能力×环境动态性”、“动态营销能力×环境动态性”和“自适应营销能力×环境动态性”），将环境动态性和这三个交互项依次加入表5-14中的M_2和M_6，重新进行层次回归分析。为了避免共线性，在计算交互项时，我们将自变量和调节变量都进行了标准化。从M_4可以看出，环境动态性对静态营销能力和企业财务绩效的关系不存在显著的调节作用（交互项系数 $\beta=0.03$，$p>0.1$），对动态营销能力和企业财务绩效的关系存在负向调节作用（交互项系数 $\beta=-0.12$，$p<0.1$），对自适应营销能力和企业财务绩效的关系则存在正向的调节作用（交互项系数 $\beta=0.17$，$p<0.05$）。从 M_8 可以看出，环境动态性对静态营销能力和企业市场绩效的关系存在显著的负向调节作用（交互项系数 $\beta=-0.19$，$p<0.01$），对动态营销能力和企业市场绩效的关系不存在显著的调节作用（交互项系数 $\beta=0.08$，$p>0.1$），对自适应营销能力和企业市场绩效的关系则存在正向的调节作用（交互项系数 $\beta=0.12$，$p<0.1$）。

本书进一步刻画了三种营销能力和环境动态性的交互对企业财务绩效和市场绩效的影响：本研究分别以高于均值一个标准差和低于均值一个标准差为基准描绘了环境动态性程度不同时，三种营销能力对企业财务绩效和市场绩效影响的差异。

如图 5－2 和图 5－3 所示，环境动态性对静态营销能力和企业财务绩效的关系不具有显著的调节作用（$r_1=0.10$，$p>0.1$；$r_2=0.04$，$p>0.1$）；而对静态营销能力和企业市场绩效的关系则具有显著的负向调节作用，当环境动态性低时，静态营销能力对企业市场绩效具有显著的正向作用（$r_2=0.32$，$p<0.01$）；当环境动态性高时，静态营销能力对企业市场绩效不具有显著作用（$r_2=-0.06$，$p>0.1$）。因此，环境动态性负向调节静态营销能力与企业市场绩效的关系。由此可以判断，环境动态性对静态营销能力和企业绩效关系的负向调节作用只是部分成立（即假设 3a 部分成立），即对财务绩效而言不成立，对市场绩效而言成立。

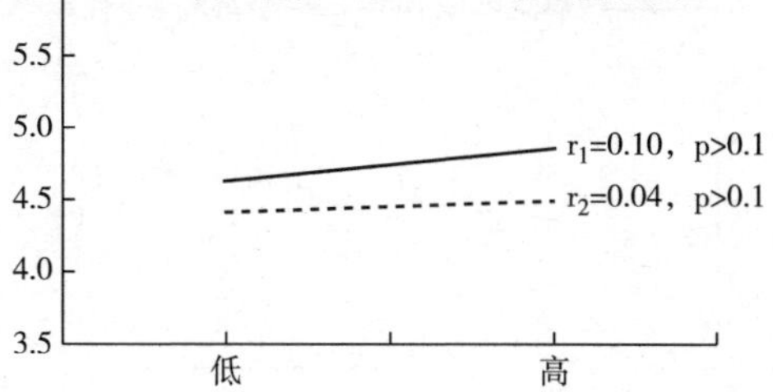

图 5－2 静态营销能力与环境动态性对财务绩效的交互作用图

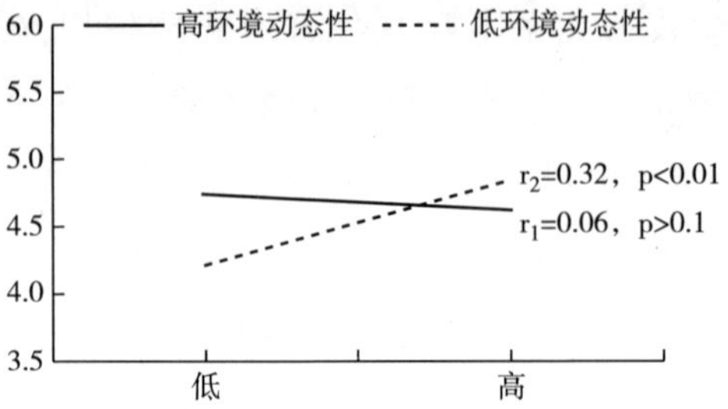

图 5－3　静态营销能力与环境动态性对市场绩效的交互作用图

如图 5－4 和图 5－5 所示，环境动态性对动态营销能力和企业财务绩效的关系具有显著的负向调节作用，当环境动态性低时，动态营销能力对企业财务绩效具有显著的正向作用（$r_2=0.26$，$p<0.01$）；当环境动态性高时，动态营销能力对企业财务绩效不具有显著作用（$r_1=0.02$，$p>0.1$）；但环境动态性对动态营销能力和企业市场绩效的关系则不具有显著的调节作用（$r_1=0.30$，$p>0.1$；$r_2=0.14$，$p>0.1$）。由此可以判断，环境动态性对动态营销能力和企业绩效关系的负向调节作用也只是部分成立（即假设 3b 部分成立），但不同的是，这里是对财务绩效而言成立，对市场绩效而言不成立。

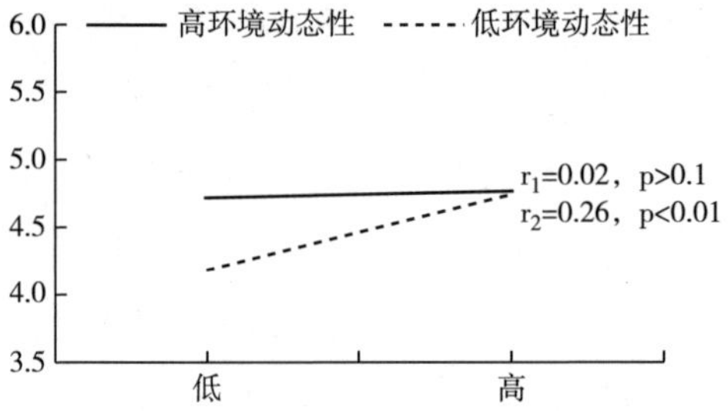

图 5－4　动态营销能力与环境动态性对财务绩效的交互作用图

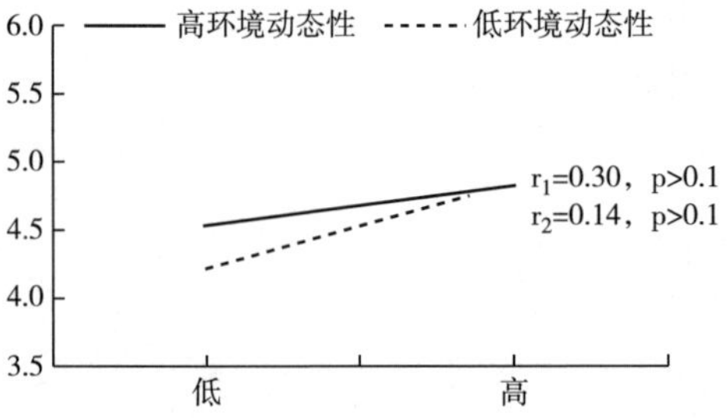

图 5－5　动态营销能力与环境动态性对市场绩效的交互作用图

如图 5 - 6 和图 5 - 7 所示，环境动态性对自适应营销能力和企业财务绩效的关系具有显著的正向调节作用，当环境动态性低时，自适应营销能力对企业财务绩效的作用系数（$r_2 = 0.18$，$p < 0.05$）显著小于当环境动态性高时自适应营销能力对企业财务绩效的作用系数（$r_1 = 0.52$，$p < 0.01$）；同时，环境动态性对自适应营销能力和企业市场绩效的关系也具有显著的正向调节作用，当环境动态性低时，自适应营销能力对企业市场绩效的作用系数（$r_2 = 0.24$，$p < 0.01$）显著小于当环境动态性高时自适应营销能力对企业市场绩效的作用系数（$r_1 = 0.48$，$p < 0.01$）。由此可以判断，环境动态性对自适应营销能力和企业绩效关系的正向调节作用是完全成立的（即假设 3c 成立），即对财务绩效而言成立，对市场绩效而言也成立。

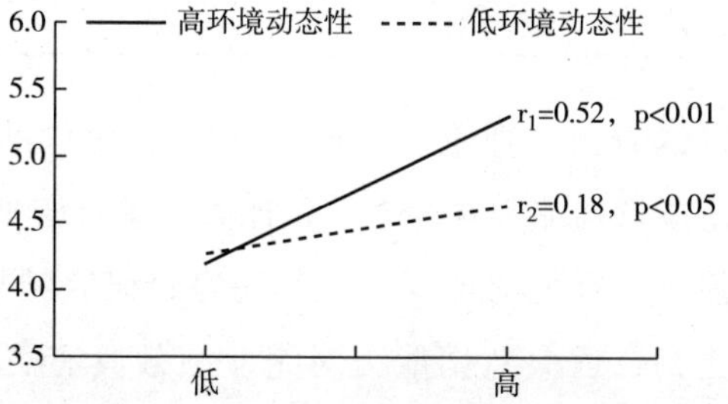

图 5 - 6　自适应营销能力与环境动态性对财务绩效的交互作用图

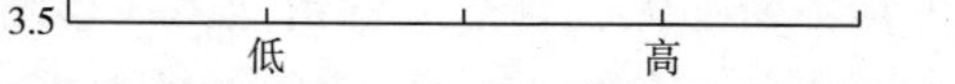

图 5 - 7　自适应营销能力与环境动态性对市场绩效的交互作用图

5.3　实证结果

本章采用科学的统计分析工具对本研究回收的 225 份有效问卷进行分析，对正式调查问卷的信度和效度做了进一步的检验，对第三章构建的理论假设模型（一）进行了假设检验。结果表明正式调查问卷中各变量量表都具有良好的信度和效度，综合以上回归分析结果，针对理论模型（一）所提出的5个假设的验证结果如表5-15所示。

表5-15 理论假设模型（一）实证研究结果总结

研究假设	验证结果
假设1 与静态营销能力相比较，动态营销能力对企业绩效具有更强的正向影响作用	成立
假设2 与动态营销能力相比较，自适应营销能力对企业绩效具有更强的正向影响作用	成立
假设3a 环境动态性负向调节静态营销能力与企业绩效的关系	部分成立
假设3b 环境动态性负向调节动态营销能力与企业绩效的关系	部分成立
假设3c 环境动态性正向调节自适应营销能力与企业绩效的关系	成立

从上述结果可以看出，理论假设模型（一）基本得到验证。以上实证研究结果为自适应营销能力与静态营销能力、动态营销能力对企业绩效作用机制的差别提供了有力的证据。具体而言，研究结果证实了与静态、动态营销能力相比，自适应营销能力对企业绩效具有更为积极的影响作用。并且，在更加动态变化的市场环境中，自适应营销能力的作用会不断加大，而静态营销能力和动态营销能力的作用会减弱。这一结论证实了Day & Schoemaker（2006）的观点，即随着市场环境变化的不断加剧，企业通过利用现有的资源和能力，或者通过动态调整战略以应对外部机会和威胁将存在越来越严重的滞后性，甚至出现战略调整无效。这一结果同时也支持了Day（2011）的观点，企业所具备的营销能力与环境动态性提出的要求之间的差距在不断加大，自适应营销能力能够缩小这个差距。因此，若企业不能主动调整企业营销模式，适应环境变化的特征和趋势，企业营销能力的积极作用将会不断减弱。Vorhies等（2011）[91]验证了市场探索（exploration）能力对企业营销能力的提升具有积极的影响作用，而且还会调节企业的利用开发（exploitation）能力对企业绩效的积极作用，当探索能力强时，利用开发能力的作用便会下降。正如第三章关于自适应营销能力的理论探讨，自适应营销能力是一种“由外而内”（outside-in）、“探索性”（exploration）的能力，上述实证研究结果与Vorhies等

(2011) 的研究结果具有一致性。同时，自适应营销能力强调市场导向，强调对外部环境的探索，因此这一结论也支持了 Jaworski& Kohli (1993)[28]、Matsuno 等 (2002)[246]、Ngo & O'cass (2012)[85]、Morgan & Vorhies (2009)[73]等关于市场导向作用的研究结论。开放营销能力是自适应营销能力的三个组成部分之一，对企业在动态变化的环境中发展尤其具有重要作用。该实证研究结果与 Rowley 等 (2000) 的研究结论也是一致的，Rowley 等通过对半导体产业和钢铁产业的实证研究发现，当企业所处的外部环境具有更强的动态性特征，需要企业更高的探索能力时，企业的网络管理能力对企业绩效具有更为重要的作用。

从上述研究结果中可以进一步发现，静态营销能力只对企业市场绩效具有显著的正向作用，并且这一作用会随着环境动态化程度的加剧而下降。这与现实当中的营销现象也是一致的，面临需求、技术的不断变化以及激烈的市场竞争，企业依靠投入大量的广告活动、促销活动虽然可以为企业带来市场份额的提升，却不能给企业带来利润。而动态营销能力虽然对企业的财务绩效和市场绩效都具有直接的积极效应，但随着环境变化的加剧，被动地根据市场特征调整企业营销战略的积极效应，将会由于其不断加大的滞后性而不断下降，甚至可能产生负面作用。

6　实证分析二：企业网络与自适应营销能力、绩效的关系

本章将根据第三章所提出的第二个研究模型及其相关研究假设，运用适当的计量分析方法对本研究正式调查所取得的225个有效样本进行分析，并结合企业的实际情况对计量分析所得出的结果加以解释和讨论。

6.1　量表的信度和效度检验

6.1.1　量表的信度检验

同样，根据第四章提出的信度检验方法，本研究采用SPSS 19.0版软件中的可靠性分析对第二个理论模型中的四个自变量（企业垂直网络范围、企业垂直网络质量、企业水平网络范围和企业水平网络质量）、一个调节变量（公司企业家精神）分别进行信度检验，[①] 以确保数据的可靠性。

通过前测后的量表纯化，企业垂直网络范围和企业水平网络范围均保留三个题项。从表6－1可以看到，根据前测结果纯化后的正式量表中，企业垂直网络范围和质量的每个操作变量的CITC值都大于0.5，且对应的名义变量的Cronbach's α值均大于0.8，说明企业垂直网络范围和质量的测量量表信度较高，各名义变量的操作变量内部一致性较好。

---

① 理论模型（二）的中介变量（自适应营销能力）和两个因变量（市场绩效和财务绩效）在第五章已经通过信度和效度检验，本章就不需再重复。

表 6－1 企业垂直网络范围与质量量表的信度分析

一级变量	题 项	校正的项总计相关性（CITC）	项已删除的 Cronbach's α 值	Cronbach's α 值
垂直网络范围	*Verti_Sco1*	0.79	0.76	0.86
	Verti_Sco2	0.72	0.82	
	Verti_Sco3	0.71	0.83	
垂直网络质量	*Verti_Qua1*	0.78	0.85	0.88
	Verti_Qua2	0.68	0.87	
	Verti_Qua3	0.67	0.87	
	Verti_Qua4	0.69	0.87	
	Verti_Qua5	0.74	0.86	
	Verti_Qua6	0.65	0.88	

从表 6－2 可以看出，企业水平网络范围和质量的每个操作变量的 CITC 值都大于 0.5，且对应的名义变量的 Cronbach's α 值均大于 0.8，说明企业水平网络范围和质量的测量量表信度较高，各名义变量的操作变量内部一致性较好。

表 6－2 企业水平网络范围和质量量表的信度分析

一级变量	题 项	校正的项总计相关性（CITC）	项已删除的 Cronbach's α 值	Cronbach's α 值
水平网络范围	*Hori_Sco1*	0.85	0.81	0.89
	Hori_Sco2	0.82	0.84	
	Hori_Sco3	0.74	0.91	
水平网络质量	*Hori_Qua1*	0.79	0.90	0.91
	Hori_Qua2	0.75	0.91	
	Hori_Qua3	0.73	0.91	
	Hori_Qua4	0.77	0.90	
	Hori_Qua5	0.82	0.90	
	Hori_Qua6	0.76	0.91	

从表 6－3 可以看出，公司企业家精神各二级变量的每个操作变量的

CITC 值都大于 0.5，且对应的二级名义变量的 Cronbach's α 值均达到 0.8 以上，说明公司企业家精神的测量量表具有很高的信度，各名义变量的操作变量内部一致性很好。

表 6-3 公司企业家精神量表的信度分析

二级变量	题 项	校正的项总计相关性（CITC）	项已删除的 Cronbach's α 值	Cronbach's α 值
创新性	*Entrepre1*	0.735	0.918	0.903
	Entrepre2	0.852	0.821	
	Entrepre3	0.837	0.834	
冒险性	*Entrepre4*	0.769	0.754	0.853
	Entrepre5	0.651	0.865	
	Entrepre6	0.758	0.762	
主动性	*Entrepre7*	0.805	0.926	0.924
	Entrepre8	0.875	0.867	
	Entrepre9	0.861	0.879	

6.1.2 探索性因子分析

同样，本研究采用 SPSS 19.0 版软件对企业网络特征①和公司企业家精神进行了探索性因子分析。②

1. 企业网络特征的探索性因子分析：KMO 值为 0.80，Bartlett 的球形度检验为 2320.44，显著异于 0（$p < 0.001$），适合进行因子分析。按照因子载荷大于 0.5，特征根大于 1 的标准，采用最大方差旋转法对企业网络特征最终量表的 18 个相关题项进行探索性因子分析，共提取了四个因子，累计解释方差 72.97%，具体如表 6-4 所示。

① 本书将企业垂直网络范围和质量、企业水平网络范围和质量统称为企业网络特征。为了探索这四个变量是否具有区别效度，这里将这四个变量放在一起做探索性因子分析。

② 这里将对企业垂直网络和水平网络的范围和质量、公司企业家精神进行探索性因子分析，其余变量的探索性因子分析详见第 5 章。

表 6－4 企业网络特征量表的探索性因子分析

一级变量	题 项	描述性统计分析		因子载荷			
		均值	标准差	垂直网络范围	垂直网络质量	水平网络范围	水平网络质量
垂直网络范围	*Verti_Sco1*	4.86	1.24	0.89			
	Verti_Sco2	4.78	1.20	0.88			
	Verti_Sco3	4.74	1.25	0.86			
垂直网络质量	*Verti_Qua1*	5.44	0.95		0.83		
	Verti_Qua2	5.52	0.95		0.78		
	Verti_Qua3	5.55	0.95		0.78		
	Verti_Qua4	5.51	0.93		0.79		
	Verti_Qua5	5.31	0.96		0.82		
	Verti_Qua6	4.96	1.03		0.75		
水平网络范围	*Hori_Sco1*	4.79	1.21			0.93	
	Hori_Sco2	4.77	1.26			0.90	
	Hori_Sco3	4.81	1.17			0.87	
水平网络质量	*Hori_Qua1*	4.79	1.32				0.87
	Hori_Qua2	4.88	1.33				0.84
	Hori_Qua3	5.03	1.31				0.82
	Hori_Qua4	4.72	1.44				0.83
	Hori_Qua5	4.61	1.43				0.87
	Hori_Qua6	4.41	1.32				0.87

2. 公司企业家精神的探索性因子分析：KMO 值为 0.78，Bartlett 的球形度检验为 1422.73，显著异于 0（$p < 0.001$），适合进行因子分析。按照因子载荷大于 0.5，特征根大于 1 的标准，采用最大方差旋转对公司企业家精神量表的 9 个相关题项进行探索性因子分析，共提取了 3 个因子，累计解释方差 83.11%，具体如表 6－5 所示。

6.1.3 验证性因子分析——模型适配度检验

与前面一样，本书为了检验理论模型（二）中各潜变量间的关系以及各潜变量与观测变量之间的关系，采用 AMOS 18.0 对其进行验证性因子分析，进一步确保量表的建构效度和模型的适配度。

表 6-5 公司企业家精神量表的探索性因子分析

二级变量	题 项	描述性统计分析		因子载荷		
		均值	标准差	创新性	冒险性	主动性
创新性	*Entrepre1*	4.66	1.16	0.84		
	Entrepre2	4.77	1.21	0.92		
	Entrepre3	4.81	1.25	0.91		
冒险性	*Entrepre4*	4.04	1.19		0.90	
	Entrepre5	4.09	1.27		0.83	
	Entrepre6	3.77	1.24		0.87	
主动性	*Entrepre7*	4.24	1.32			0.89
	Entrepre8	4.33	1.24			0.90
	Entrepre9	4.32	1.23			0.89

1. 变量间的区分效度检验：为检验理论模型（二）中各潜变量之间的区分效度，本研究首先采用 AMOS 18.0 构建变量间的两两相关模型，如图6-1 所示。本书同样根据 Aryee 等（2007）[255] 的建议采取相关程序对数据做了相应的技术处理。首先，企业垂直网络质量和企业水平网络质量各有 6 个，笔者在探索性因子分析的基础上分别将因子载荷最高和因子载荷最低的题项合并、第二高和第二低的题项合并，依次类推，分别将其 6 个题项合并为 3 个新的题项，分别以两个合并题项的均值作为每个对应新题项的得分。其次，由于公司企业家精神和自适应营销能力分别有 3 个维度的二级变量，在进行验证性因子分析时，笔者直接采用 3 个维度各自题项的均值作为这两个潜变量的新指标，从而实现降维。

上述八个变量间的区别效度检验是通过图 6-1 的八因子模型与单因子模型、六因子模型、五因子模型、四因子模型、三因子模型等模型的拟合指标来验证的。从表 6-6 可以看出，八因子模型的拟合指标（χ^2 值为 362.42，χ^2/df 为 1.33，RMSEA 为 0.04，RMR 为 0.05，GFI 为 0.90，CFI 为 0.98，TLI 为 0.97）均达到标准，根据表 6-6 的数据，八因子模型的适配度显著优于其他模型，说明这八个构念具有较高的区分效度。

为了进一步验证变量间的区分效度，本研究还根据图 6-1 运行所得标准化因子载荷，计算了各变量的组合信度（CR）和平均萃取方差（AVE），结果表明各变量的 CR 均大于 0.70，除了公司企业家精神的平均

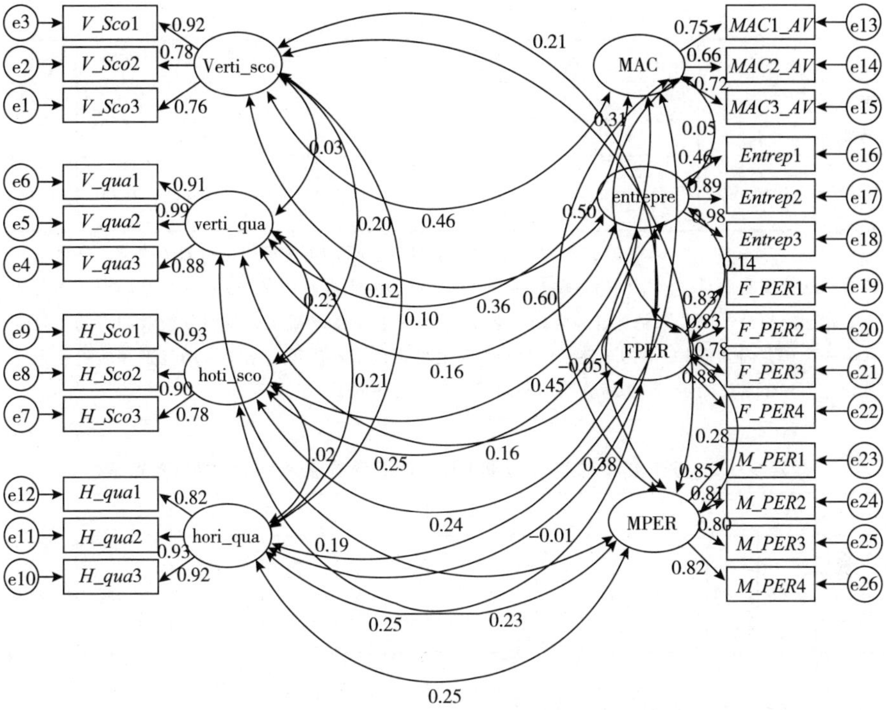

图 6－1 理论模型（二）的验证性因子分析

萃取方差略小于 0.5 以外，其余都大于 0.5。各变量的 AVE 平方根均大于变量间的相关系数，详见表 6－7。因此，理论模型（二）的各变量间具有较强的区分效度。

表 6－6 不同变量间的区分效度分析结果

	χ^2	*Df*	$\Delta\chi^2$ （Δdf）	RMSEA	RMR	GFI	CFI	TLI
八因子模型	362.42	272		0.04	0.05	0.90	0.98	0.97
六因子模型 a	1219.27	285	856.85 （13）***	0.12	0.20	0.71	0.75	0.71
五因子模型 b	1483.25	290	1120.83 （18）***	0.14	0.23	0.63	0.67	0.64
四因子模型 c	1985.57	294	1623.15 （22）***	0.16	0.26	0.55	0.54	0.49
三因子模型 d	2663.08	297	2300.66 （25）***	0.19	0.26	0.49	0.35	0.29

续表

	χ^2	*Df*	$\Delta\chi^2$（Δdf）	RMSEA	RMR	GFI	CFI	TLI
单因子模型 e	3736.19	300	3373.77（28）***	0.23	0.33	0.36	0.06	-0.02
零模型	3986.50	325	3624.08 ***	0.22	0.34	0.35	0.00	0.00

注：*** $p<0.01$，** $p<0.05$，* $p<0.1$。在零模型中，所有测量项目之间没有关系；a 将企业垂直网络范围和质量、水平网络范围和质量分别合并为一个潜在因子；b 在 a 的基础上，将自适应营销能力与公司企业家精神合并为一个潜在因子；c 在 b 的基础上，将财务绩效和市场绩效合并为一个潜在因子；d 在 c 的基础上，将企业垂直网络范围和质量、水平网络范围和质量四个变量合并为一个潜在因子；e 将所有项目归属于同一个潜在因子。

表 6-7　各个变量的组合信度 CR、萃取变异量 AVE 和相关系数表

	AVE	CR	1	2	3	4	5	6	7	8
1. 垂直网络范围	0.68	0.86	0.82							
2. 垂直网络质量	0.86	0.95	-0.01	0.93						
3. 水平网络范围	0.76	0.90	0.15 **	0.22 **	0.87					
4. 水平网络质量	0.79	0.92	0.16 **	0.17 **	0.021	0.89				
5. 公司企业家精神	0.46	0.71	-0.09	0.21 ***	0.176 ***	-0.027	0.68			
6. 自适应营销能力	0.51	0.76	0.34 ***	0.31 ***	0.380 ***	0.295 ***	0.063	0.71		
7. 财务绩效	0.87	0.96	0.19 ***	0.23 ***	0.240 ***	0.217 ***	0.096	0.423 ***	0.93	
8. 市场绩效	0.87	0.96	0.28 ***	0.19 ***	0.233 ***	0.232 ***	-0.050	0.484 ***	0.256 ***	0.93

注：*** $p<0.01$，** $p<0.05$，* $p<0.1$；相关系数对角线上的数字表示 AVE 的平方根。

2. 二阶变量的验证性因子分析：由于公司企业家精神是二阶因子的构念，因此本研究进一步对该构念进行二阶验证性因子分析。① 表 6－8 显示的是公司企业家精神的二阶验证性因子分析结果，其模型的拟合优度指标均达到前面所提到的标准，除了二阶变量“冒险性”的标准化因子载荷略低于0.6以外，各操作变量和二阶变量的标准化因子载荷都在0.6以上，且达到0.01的显著性水平。测量误差皆为正，且均较小，各变量的组合信度均超过0.7，除了公司企业家精神的AVE略低于0.5以外，其余也都超过标准0.5。因此，公司企业家精神的二阶验证性因子分析模型也基本达到适配标准，说明该测量模式是可以接受的。

表 6－8 公司企业家精神的二阶验证性因子分析

变量	MLE 估计参数		组合信度（CR）	平均方差萃取（AVE）
	因子载荷	衡量误差		
第一阶				
创新性			0.90	0.76
Entrepre1	0.77***	0.54		
Entrepre2	0.93***	0.20		
Entrepre3	0.91***	0.27		
冒险性			0.86	0.67
Entrepre4	0.86***	0.35		
Entrepre5	0.70***	0.81		
Entrepre6	0.88***	0.34		
积极性			0.90	0.76
Entrepre7	0.83***	0.55		
Entrepre8	0.90***	0.29		
Entrepre9	0.88***	0.35		
第二阶				
公司企业家精神			0.72	0.46
创新性	0.65***	0.39		
冒险性	0.53***	0.65		
积极性	0.83***	0.56		

① 第5章已经做了自适应营销能力的二阶验证性因子分析，这里不再重复。

续表

变量	MLE 估计参数		组合信度(CR)	平均方差萃取(AVE)
	因子载荷	衡量误差		

拟合优度指标

χ^2/df	GFI	CFI	TLI	RMR	RMESA
1.5	0.96	0.99	0.99	0.06	0.05

6.2 假设检验

6.2.1 变量的描述性统计及三大问题检验

在对理论模型（二）进行验证之前，本研究首先计算了被解释变量、解释变量、调节变量和控制变量的描述性统计以及上述变量两两之间的相关系数，结果如表 6－9 所示。结果表明企业垂直网络范围和质量、企业水平网络范围和质量与企业自适应营销能力、企业绩效均有正相关关系，这初步体现了本研究的假设预期。下面将采用层级回归分析法对理论模型（二）的 12 个假设进行更为详细和准确的验证。

在对理论模型（二）进行假设检验之前，本研究同样采用科学的计量分析方法检验了变量间的多重共线性、序列自相关、异方差等问题，结果显示该模型的所有回归方程均不存在上述三大问题，由于篇幅有限，此处不详述，具体检验方法详见第 5 章。

6.2.2 研究假设检验

1. 企业网络特征的主效应检验

假设 4～7 分别阐述了企业垂直网络范围和质量、企业水平网络范围和质量对自适应营销能力的正向影响作用。从表 6－10 中的 M_2 可以看出，企业垂直网络范围对自适应营销能力具有显著的正向影响作用，回归系数为 0.25，具有 0.01 的显著性，假设 4 得到支持；企业垂直网络质量对自适应营销能力具有显著的正向影响作用，回归系数为 0.22，显著性程度 0.01，假设 5 通过验证；企业水平网络范围对自适应营销能力具有

表 6－9 模型（二）变量的描述性统计与相关系数

变　量	均　值	标准差	1	2	3	4	5	6	7	8	9	10	11	12	13	14
1. 企业规模	2.59	1.49	1													
2. 企业年龄	3.52	1.03	-0.05	1												
3. 产业类别 1	0.22	0.41	0.15*	0.13	1											
4. 产业类别 2	0.28	0.44	0.00	0.17*	-0.33**	1										
5. 福建地区	0.32	0.47	-0.03	0.12	0.23**	-0.07	1									
6. 广东地区	0.38	0.49	0.11	0.14*	-0.05	0.06	-0.40**	1								
7. 企业垂直网络范围	4.79	1.09	0.12	0.00	0.01	0.03	-0.04	0.07	1							
8. 企业垂直网络质量	5.38	0.77	-0.23**	-0.04	-0.07	0.07	-0.01	-0.01	-0.01	1						
9. 企业水平网络范围	4.79	1.11	-0.27**	0.06	-0.15*	-0.05	-0.07	0.04	0.15*	0.22**	1					
10. 企业水平网络质量	4.74	1.15	0.02	0.00	0.13	0.06	0.02	0.06	0.16*	0.17*	0.02	1				
11. 公司企业家精神	4.36	0.88	-0.10	-0.08	0.08	-0.19**	-0.05	0.08	-0.09	0.21**	0.18**	-0.03	1			
12. 自适应营销能力	5.15	0.80	-0.08	0.02	0.04	0.04	-0.04	0.10	0.34**	0.31**	0.38**	0.30**	0.06	1		
13. 财务绩效	4.60	1.05	0.06	0.05	-0.00	0.14*	0.01	0.12	0.19**	0.23**	0.24**	0.22**	0.10	0.42**	1	
14. 市场绩效	4.60	0.99	0.01	0.07	0.09	0.10	0.01	0.06	0.28**	0.19**	0.23**	0.23**	-0.05	0.48**	0.26**	1

** 在 0.01 水平（双侧）上显著相关。

* 在 0.05 水平（双侧）上显著相关。

显著的正向影响作用，回归系数为0.31，具有0.01的显著性，假设6得到支持；企业水平网络质量对自适应营销能力具有显著的正向影响作用，回归系数为0.19，显著性程度0.01，假设7通过验证。由此可知，企业垂直和水平网络的范围和质量水平的提升均会带来自适应营销能力水平的提升。

2. 企业家精神的调节效应检验

假设8a～8d指出了公司企业家精神对企业网络特征与自适应营销能力关系的调节作用。根据温忠麟等（2005）[260]的做法，我们计算了四个交互项（“企业垂直网络范围×公司企业家精神”、“企业垂直网络质量×公司企业家精神”、“企业水平网络范围×公司企业家精神”和“企业水平网络质量×公司企业家精神”），将公司企业家精神和这四个交互项依次加入表6-10中的M_2，重新进行层级回归分析。为了避免共线性，在计算交互项时，本书将自变量和调节变量都进行了标准化。其中，假设8a指出公司企业家精神负向调节企业垂直网络范围与自适应营销能力的关系，从表6-10中的M_4可以看出，假设8a成立（交互项“企业垂直网络范围×公司企业家精神”的回归系数$\beta = -0.16$，$p < 0.01$）；假设8b指出公司企业家精神正向调节企业垂直网络质量与自适应营销能力的关系，从表6-10中的M_4可以看出，假设8b成立（交互项“企业垂直网络质量×公司企业家精神”的回归系数$\beta = 0.11$，$p < 0.1$）；假设8c指出公司企业家精神正向调节企业水平网络范围与自适应营销能力的关系，从表6-10中的M_4可以看出，假设8c成立（交互项“企业水平网络范围×公司企业家精神”的回归系数$\beta = 0.12$，$p < 0.05$）；假设8d指出公司企业家精神负向调节企业水平网络质量与自适应营销能力的关系，从表6-10中的M_4可以看出，假设8d成立（交互项“企业水平网络质量×公司企业家精神”的回归系数$\beta = -0.18$，$p < 0.01$）。由此可见，公司企业家精神的调节效应全部得到了数据的支持。本书进一步刻画了公司企业家精神和企业网络特征的交互对自适应营销能力的影响（如图6-2、图6-3、图6-4、图6-5所示）：本研究分别以高于均值一个标准差和低于均值一个标准差为基准描绘了公司企业家精神水平不同时，四种企业网络特征对自适应营销能力影响的差异。

表 6-10 理论模型（二）的假设验证

因变量→ 解释变量↓	自适应营销能力				财务绩效						市场绩效					
	M_1	M_2	M_3	M_4	M_5	M_6	M_7	M_8	M_9	M_{10}	M_{11}	M_{12}	M_{13}	M_{14}	M_{15}	M_{16}
控制变量																
企业规模	-0.10	0.00	0.00	-0.02	0.05	0.14**	0.14**	0.14**	0.13*	0.13**	-0.02	0.04	0.04	0.04	0.02	0.03
企业年龄	-0.02	-0.02	-0.02	-0.05	-0.00	-0.00	0.00	0.00	0.00	0.02	0.02	0.02	0.02	0.01	0.01	0.03
地理区域 1	0.09	0.10	0.10	0.14	0.03	0.04	0.01	0.03	0.05	0.01	0.14*	0.14**	0.11	0.15**	0.15**	0.10
地理区域 2	0.07	0.05	0.05	0.04	0.14*	0.14*	0.12*	0.15**	0.14**	0.13*	0.14*	0.13*	0.11*	0.12*	0.11	0.10
产业类别 1	-0.02	-0.00	-0.00	0.02	0.07	0.08	0.08	0.08	0.08	0.07	0.00	0.02	0.02	0.01	0.03	0.02
产业类别 2	0.11	0.06	0.07	0.04	0.14**	0.11	0.09	0.10	0.10	0.09	0.06	0.03	0.01	0.04	0.04	0.02
自变量																
垂直网络范围		0.25***	0.25***	0.34***		0.11*	0.04	0.12*	0.11	0.01		0.21***	0.12*	0.20***	0.26***	0.14*
垂直网络质量		0.22***	0.22***	0.15**		0.18***	0.12*	0.17**	0.17**	0.12*		0.13**	0.05	0.15**	0.12*	0.07
水平网络范围		0.31***	0.31***	0.28***		0.23***	0.14**	0.22***	0.22***	0.14*		0.21***	0.10	0.22***	0.20***	0.10
水平网络质量		0.19***	0.19***	0.22***		0.14**	0.09	0.15**	0.15**	0.08		0.14**	0.07	0.14**	0.14**	0.06
中介变量																
自适应营销能力							0.29***			0.30***			0.36***			0.36***

续表

因变量→ 解释变量↓	自适应营销能力				财务绩效						市场绩效					
	M_1	M_2	M_3	M_4	M_5	M_6	M_7	M_8	M_9	M_{10}	M_{11}	M_{12}	M_{13}	M_{14}	M_{15}	M_{16}
调节变量																
公司企业家精神			-0.02	-0.01				0.07	0.08	0.09				-0.08	-0.05	-0.05
交互效应																
垂直网络范围×公司企业家精神				-0.16***					0.03	0.08					-0.14**	-0.09
垂直网络质量×公司企业家精神				0.11*					-0.05	-0.09					-0.04	-0.08
水平网络范围×公司企业家精神				0.12**					0.03	-0.01					0.02	-0.02
水平网络质量×公司企业家精神				-0.18***					-0.11*	-0.05					-0.06	0.01
R^2	0.02	0.34	0.34	0.41	0.04	0.19	0.25	0.20	0.21	0.26	0.03	0.19	0.28	0.20	0.23	0.30
ΔR^2	0.02	0.32	0.00	0.08	0.04	0.15	0.06	0.00	0.02	0.05	0.03	0.16	0.09	0.01	0.03	0.08
F	0.91	10.94***	9.90***	9.81***	1.48	5.03***	6.37***	4.48***	3.69***	4.66***	1.17	5.13***	7.58***	4.83***	4.08***	5.63***
ΔF	0.91	25.36***	0.06	6.66***	1.48	9.98***	16.24***	1.16	0.99	15.37***	1.17	10.76***	26.06***	1.63	1.81	22.65***

如图6-2所示，当公司企业家精神水平较高时，企业垂直网络范围对自适应营销能力的影响作用不显著（$r_1=0.11$，$p>0.1$），当公司企业家精神水平较低时，企业垂直网络范围对自适应营销能力具有显著的正向作用（$r_2=0.41$，$p<0.01$）。因此，公司企业家精神负向调节企业垂直网络范围与自适应营销能力的关系，进一步验证了假设8a。如图6-3所示，当公司企业家精神水平较高时，企业垂直网络质量对自适应营销能力的影响具有显著的正向影响作用（$r_1=0.33$，$p<0.01$），当公司企业家精神水平较低时，企业垂直网络质量对自适应营销能力没有显著作用（$r_2=0.11$，$p>0.1$）。因此，公司企业家精神正向调节企业垂直网络质量与自适应营销能力的关系，进一步验证了假设8b。

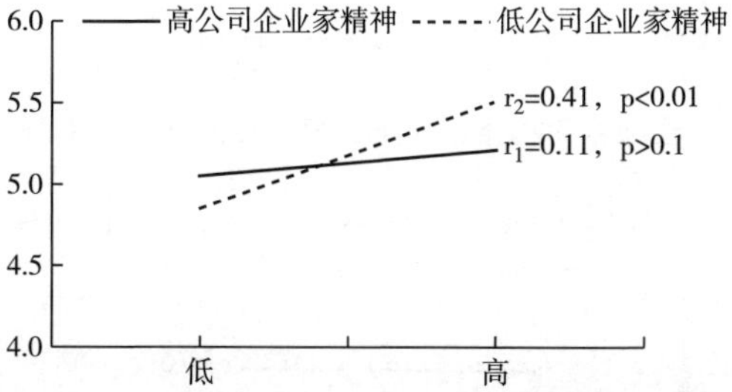

图6-2　企业垂直网络范围与公司企业家精神的交互作用图

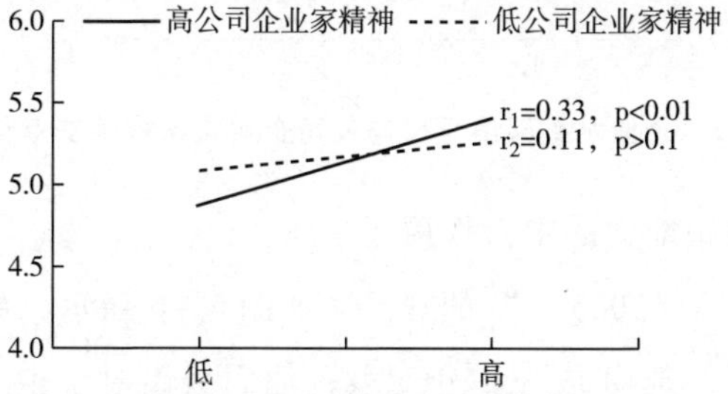

图6-3　企业垂直网络质量与公司企业家精神的交互作用图

如图6-4所示，当公司企业家精神水平较高时，企业水平网络范围对自适应营销能力具有显著的正向影响作用（$r_1=0.45$，$p<0.01$），当公司企业家精神水平较低时，虽然企业水平网络范围对自适应营销能力也具有显著的正向作用，但其影响系数从0.45下降到0.19，显著性程度也从0.01变为0.05（$r_2=0.19$，$p<0.05$）。因此，公司企业家精神正向调节

企业水平网络范围与自适应营销能力的关系，进一步验证了假设 8c。如图 6－5 所示，当公司企业家精神水平较高时，企业水平网络质量对自适应营销能力的影响不具有显著的正向影响作用（$r_1=0.01$，$p>0.1$），当公司企业家精神水平较低时，企业水平网络质量对自适应营销能力具有显著作用（$r_2=0.37$，$p<0.01$）。因此，公司企业家精神负向调节企业水平网络质量与自适应营销能力的关系，进一步验证了假设 8d。

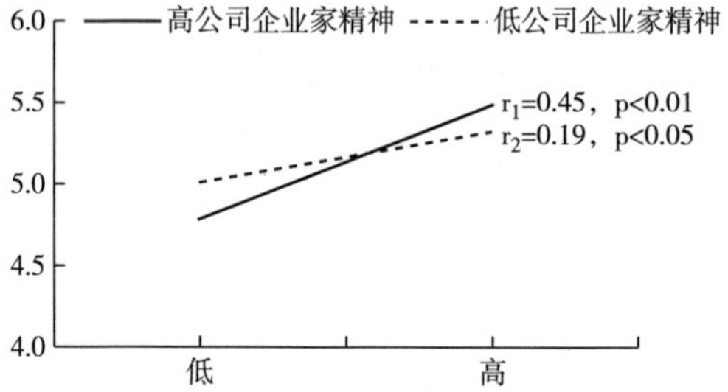

图 6－4 企业水平网络范围与公司企业家精神的交互作用图

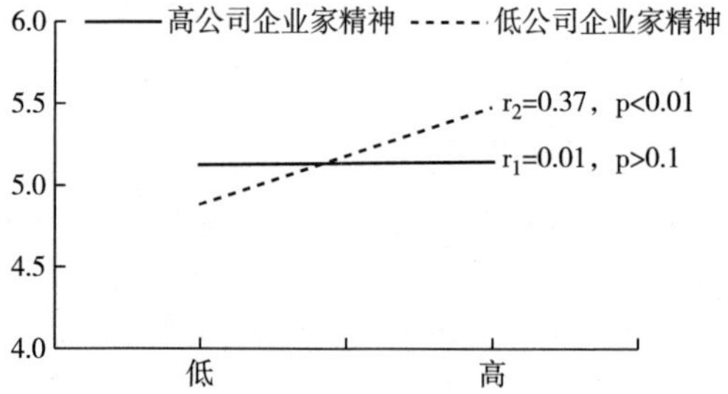

图 6－5 企业水平网络质量与公司企业家精神的交互作用图

3. 自适应营销能力的中介作用

根据温忠麟等（2005）[260]的观点，如图 6－6 所示，如果 X 通过影响变量 M 来影响 Y，则 M 成为中介变量，他们提出对于中介作用的检验可以通过图 6－7 的流程来进行。

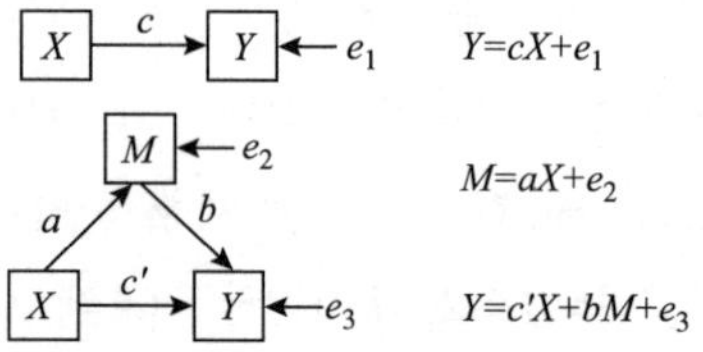

图 6－6 中介变量关系图

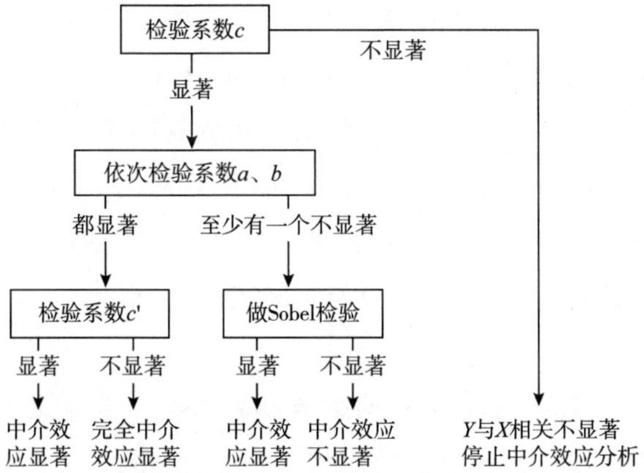

图 6-7　中介效应检验程序

注：图 6-6 和图 6-7 来源于温忠麟等（2005）《调节效应与中介效应的比较和应用》。

假设 9a~9d 提出了自适应营销能力对企业网络特征和企业绩效的中介作用。根据图 6-7 的检验程序，本研究首先检验了企业网络特征与企业绩效的关系。同前面一样，这里也把企业财务绩效和市场绩效分开分析。前面关于企业网络特征对自适应营销能力的主效应检验中，已经验证了四个企业网络特征对自适应营销能力的正向影响作用，可以推断图 6-6 中的系数 *a* 是显著的。由于在理论假设模型（一）中，已经验证了自适应营销能力与企业财务绩效、市场绩效的正相关关系，并且 M_7 和 M_{13} 中，自适应营销能力对财务绩效和市场绩效的回归系数分别为 0.29 和 0.36，且都具有 0.01 的显著性水平，系数 *b* 也是显著的。因此，本研究在前面研究结论的基础上，分别构建三个模型进行中介效应检验，详见表 6-10 的 M_5、M_6、M_7 和 M_{11}、M_{12}、M_{13}。通过 M_6，企业垂直网络范围和质量、企业水平网络范围与质量对财务绩效具有显著的正向作用。根据图 6-7 的检验标准，通过 M_7 可以看出，加入中介变量后，企业垂直网络范围的回归系数从 0.11 降为 0.04，并且不再具有显著性，由此可以判断自适应营销能力对企业垂直网络范围和财务绩效具有完全中介作用，假设 9a 得到了部分支持；企业垂直网络质量的回归系数从 0.18 降为 0.12，并且显著性水平也从 $p<0.01$ 降为 $p<0.1$，由此可以判断自适应营销能力对企业垂直网络质量和财务绩效的关系具有部分中介作用，假设 9b

也可得到了部分支持；企业水平网络范围的回归系数从0.23降为0.14，并且显著性水平也从$p<0.01$降为$p<0.05$，由此可以判断自适应营销能力对企业水平网络范围和财务绩效的关系具有部分中介作用，假设9c也得到了部分支持；企业水平网络质量的回归系数从0.14降为0.09，且不再具有显著性，由此可以判断自适应营销能力对企业水平网络质量和财务绩效具有完全中介作用，假设9d得到了部分支持。

同理，通过M_{12}，企业垂直网络范围和质量、企业水平网络范围与质量对市场绩效具有显著的正向作用。根据图6－7的检验标准，通过M_{13}可以看出，加入中介变量后，企业垂直网络范围的回归系数从0.21降为0.12，并且显著性水平从$p<0.01$下降到$p<0.1$，由此可以判断自适应营销能力对企业垂直网络范围和市场绩效具有部分中介作用，假设9a又得到了部分支持；企业垂直网络质量的回归系数从0.13降为0.05，并且不再具有显著性，由此可以判断自适应营销能力对企业垂直网络质量和市场绩效的关系具有完全中介作用，假设9b也得到支持；企业水平网络范围的回归系数从0.21降为0.10，并且不再具有显著性，由此可以判断自适应营销能力对企业水平网络范围和市场绩效的关系具有完全中介作用，假设9c也得到了支持；企业水平网络质量的回归系数从0.14降为0.07，且不再具有显著性，由此可以判断自适应营销能力对企业水平网络质量和市场绩效具有完全中介作用，假设9d得到支持。

综上，通过中介效应检验，假设9a～9d均得到了数据支持。为了进一步确保中介效应成立，本研究对上述中介效应检验逐一做了Sobel检验，Sobel检验公式①为：$Z=\frac{a^2+b^2}{\sqrt{b^2\times SEa^2+a^2\times SEb^2}}$，若$Z$值大于1.96，则中介效应成立。检验结果进一步验证了自适应营销能力对企业网络特征和企业绩效的中介作用。综上，假设9a～9d全部成立，中介作用检验结果汇总如表6－11和表6－12所示。

---

① 这里的a和b指的是非标准化系数，不是表6－11和表6－12中的标准化系数。

表 6－11 自适应营销能力对企业网络与财务绩效的中介作用分析

回归系数→ 变量↓	*a*	*b*	*c*	*c′*	Sobel 检验	结 论
企业垂直网络范围	0. 25 ***	0. 29 ***	0. 11 *	0. 04	2. 95	完全中介
企业垂直网络质量	0. 22 ***	0. 29 ***	0. 18 ***	0. 12 *	2. 72	部分中介
企业水平网络范围	0. 31 ***	0. 29 ***	0. 23 ***	0. 14 **	3. 14	部分中介
企业水平网络质量	0. 19 ***	0. 29 ***	0. 14 **	0. 09	2. 53	完全中介

表 6－12 自适应营销能力对企业网络与市场绩效的中介作用分析

回归系数→ 变量↓	*a*	*b*	*c*	*c′*	Sobel 检验	结 论
企业垂直网络范围	0. 25 ***	0. 36 ***	0. 21 ***	0. 12 *	3. 31	部分中介
企业垂直网络质量	0. 22 ***	0. 36 ***	0. 13 **	0. 05	2. 99	完全中介
企业水平网络范围	0. 31 ***	0. 36 ***	0. 21 ***	0. 10	3. 59	完全中介
企业水平网络质量	0. 19 ***	0. 36 ***	0. 14 **	0. 07	2. 74	完全中介

此外，在前面已经验证了公司企业家精神对企业网络特征与自适应营销能力的调节作用之后，本研究进一步检验了自适应营销能力的中介作用是不是一种有调节的中介作用（moderated mediator），即自适应营销能力的中介作用强度是否也会受到公司企业家精神的调节影响。在上述研究的基础上，本研究同样分别对财务绩效和市场绩效构建了三个回归模型（M_8、M_9、M_{10}和 M_{14}、M_{15}、M_{16}），从 M_9 可以看出加入交互项以后，交互项“水平网络质量×公司企业家精神”对企业财务绩效的回归系数为－0. 11，具有弱显著性，从 M_{10}发现加入自适应营销能力这一中介变量后，模型的拟合度发生显著变化（ΔF 具有显著性），其回归系数

从 -0.11降为 -0.05，并且不再显著。由此可以判断，自适应营销能力在企业水平网络质量和企业财务绩效关系中的中介作用强度也受到了公司企业家精神的调节影响；同样，从 M_{15} 可以看出加入交互项以后，交互项“垂直网络范围 × 公司企业家精神”对企业市场绩效的回归系数为 -0.14，显著性程度达到 0.05，从 M_{16} 发现加入自适应营销能力这一中介变量后，模型的拟合度发生显著变化（ΔF 具有显著性），其回归系数从 -0.14 降为 -0.09，并且不再显著。由此可以判断，自适应营销能力在企业垂直网络范围和企业市场绩效关系中的中介作用强度也受到了公司企业家精神的调节影响。为了进一步检验自适应营销能力在上述两个关系中的有调节的中介作用，本节运用拔靴法（bootstrapping method）分析了在不同的公司企业家精神水平下，企业垂直网络范围、企业水平网络质量、营销能力与企业绩效之间的相互关系。如表 6 - 13 所示，当公司企业家精神水平较高时，自适应营销能力对企业垂直网络范围与市场绩效关系的中介作用强度（间接效应为 0.08），低于公司企业家精神水平较低时的中介作用强度（间接效应 0.27），两个间接效应差异系数为 -0.20，显著性程度达到 0.01。如表 6 - 14 所示，当公司企业家精神水平较高时，自适应营销能力对企业水平网络质量与财务绩效关系的中介作用强度（间接效应为 0.04），低于公司企业家精神水平较低时的中介作用强度（间接效应为 0.15），两个间接效应差异系数为 -0.11，显著性程度达到 0.05。因此，数据结果表明自适应营销能力在“企业垂直网络范围与企业市场绩效、企业水平网络质量与企业财务绩效”两个关系中的中介作用强度也受到公司企业家精神的调节影响，是一种有调节的中介作用。

表 6 - 13　自适应营销能力对企业垂直网络范围和市场绩效有调节的中介作用分析

阶段与效应	低公司企业家精神	高公司企业家精神	差　异
阶段			
第一阶段：垂直网络范围对自适应营销能力的影响	0.45***	0.17***	-0.28***
第二阶段：自适应营销能力对市场绩效的影响	0.60***	0.44***	-0.16*

续表

阶段与效应	低公司企业家精神	高公司企业家精神	差 异
效应			
直接效应	0.20**	0.08*	-0.12*
间接效应	0.27***	0.08**	-0.20***
总效应	0.47***	0.16**	-0.32***

注：n = 225；*** p < 0.01，** p < 0.05，* p < 0.1。

表 6-14 自适应营销能力对企业水平网络质量和财务绩效有调节的中介作用分析

阶段与效应	低公司企业家精神	高公司企业家精神	差 异
阶段			
第一阶段：水平网络质量对自适应营销能力的影响	0.37***	0.07	-0.30***
第二阶段：自适应营销能力对财务绩效的影响	0.40***	0.58***	0.18*
效应			
直接效应	0.20**	0.04	-0.16*
间接效应	0.15***	0.04	-0.11**
总效应	0.35***	0.08	-0.27**

注：n = 225；*** p < 0.01，** p < 0.05，* p < 0.1。

6.3 实证结果

本章采用科学的统计分析工具对本研究回收的 225 份有效问卷进行分析，对第三章构建的理论假设模型（二）中的变量量表的信度和效度做了进一步的检验，对理论假设模型（二）进行了假设检验。结果表明正式调查问卷中各变量量表都具有良好的信度和效度，综合以上回归分析结果，针对理论模型（二）所提出的 12 个假设验证的结果如表 6-15 所示。

从表 6-15 可以看出，理论假设模型（二）的所有假设均通过检验。首先，以上研究结果验证了企业垂直网络范围和企业水平网络范围对自适应营销能力和企业财务绩效、市场绩效的正向影响作用。这一结论不仅与 Deeds & Hill（1996）[208]、Burt（1992，1997，2001）[114~116]、Gnyawali &

Madhavan（2001）[13]、Zhao 等（2010）[261]等许多学者关于网络中心度、网络关系数量、网络结构洞对企业能力和绩效的积极影响作用的研究结论一致，同时也与 McEvily & Zaheer（1999）[12]、Li 等[124]（2013）等提出的“网络关系的空间距离和地理范围有助于企业获取异质化信息，降低网络内信息冗余程度”等观点相一致。其次，本研究同时验证了企业垂直网络质量和企业水平网络质量对自适应营销能力和企业财务绩效的正向影响作用，这一结果支持了 Uzzi（1997）[100]关于网络嵌入性的积极作用的论述。与 McEvily & Marcus（2005）[14]研究发现的信息共享（information sharing）、相互信任（trust）和共同解决问题（Joint problem solving）对企业竞争能力和绩效的获得都产生积极作用的结论也相一致。因此，本书认为企业网络范围与质量对企业自适应能力的培育和企业绩效的提升均具有重要的作用，正如 Rowley 等（2000）[117]的观点，强联系可以为企业带来优质信息和缄默知识的交换以及相互间的信任和互惠互利，而弱联系则可以使企业获得新的信息和思想。因此，企业网络应该是强联系与弱联系的一个组合，企业网络关系数量的增加和地理范围的扩大将给企业带来更为多样化的弱联系，而企业与合作伙伴之间的相互信任、信息沟通和共同解决问题则将巩固和提升关系质量，从而提升企业对市场的预测和适应能力，进而改善企业绩效。

表 6－15 理论假设模型（二）实证研究结果总结

研究假设	验证结果
假设 4 企业垂直网络范围对自适应营销能力具有正向影响作用	成立
假设 5 企业垂直网络质量对自适应营销能力具有正向影响作用	成立
假设 6 企业水平网络范围对自适应营销能力具有正向影响作用	成立
假设 7 企业水平网络质量对自适应营销能力具有正向影响作用	成立
假设 8a 公司企业家精神负向调节企业垂直网络范围与自适应营销能力的关系	成立
假设 8b 公司企业家精神正向调节企业垂直网络质量与自适应营销能力的关系	成立
假设 8c 公司企业家精神正向调节企业水平网络范围与自适应营销能力的关系	成立
假设 8d 公司企业家精神负向调节企业水平网络质量与自适应营销能力的关系	成立
假设 9a 自适应营销能力在企业垂直网络范围与企业绩效的关系中具有中介作用	成立
假设 9b 自适应营销能力在企业垂直网络质量与企业绩效的关系中具有中介作用	成立

续表

研究假设	验证结果
假设 9c 自适应营销能力在企业水平网络范围与企业绩效的关系中具有中介作用	成立
假设 9d 自适应营销能力在企业水平网络质量与企业绩效的关系中具有中介作用	成立

本研究考虑了公司企业家精神对企业网络特征与自适应营销能力关系产生的不同的调节作用，虽然目前学术界尚无与该结论相类似的研究结论。但许多学者的观点也从各方面支持了这一结论。实证结果表明，公司企业家精神负向调节企业垂直网络范围与自适应营销能力的关系，而正向调节企业垂直网络质量与自适应营销能力的关系。Acs（2009）[236]认为公司企业家精神会促使企业不断积极地从外部获取的信息中寻找、发现，甚至创造机会。然而上下游企业与企业自身属于不同的产业类型，它们传递给企业的信息和机会往往与企业自身行业的相关性不高，并非都有助于企业对自身所处行业发展趋势的判断。本研究结果正好证明了这一点，当具有较强的公司企业家精神时，企业垂直网络范围的不断扩大会导致企业信息超载，反而影响企业对自己所处行业市场发展趋势的准确预测和判断。Elfring & Hulsink（2003，2007）[141,237]强调具有较强公司企业家精神的企业会通过信息搜索发现很多市场机会，但强联系，尤其是上下游企业间的强联系则会为企业提供抓住机会的诸多资源和获取合法性的可能，这是弱联系所无法赋予的。因此，当企业具有较强的公司企业家精神时，其垂直网络质量对自适应营销能力而言更为重要。同时，实证结果还表明公司企业家精神正向调节企业水平网络范围与自适应营销能力的关系，而负向调节企业水平网络质量与自适应营销能力的关系。不难发现，这一结论正好与上述关于企业垂直网络的结论相反，其最根本的原因在于水平网络成员与垂直网络成员所处的产业位置不同。Burt（2001，2004）[116,227]指出企业水平网络成员由于处在同一产业领域，相互间掌握的信息冗余程度较高。具有较强公司企业家精神的企业在经营管理过程中始终承担着高风险，企业对市场或技术发展动向的判断失误将会带来重大的损失和惨败，扩大合作成员的数量和地域范围有助于降低信息冗余性，并提升企业在竞争中的主动权。本研究的结论恰好证实了这一点，即企业具有的公司企业家精神越强，企业水平网络范围对自适应营销能力的正向影响作用越强。

而公司企业家精神负向调节企业水平网络质量与自适应营销能力关系的这一结论，正好支持了 Khanna 等（1998）[239]的观点。他们认为在水平网络当中，企业在合作过程中同时存在学习竞赛。每个企业都希望从合作伙伴身上获取各种可能的知识和信息。具有较强公司企业家精神的企业往往拥有自己的独特见解、创新思想，如果企业与竞争对手关系密切，这些独特见解和创新思想便不再具有独特性和创新性。以往的研究都认为公司企业家精神有助于企业创新，但本研究发现，当将这一因素放在企业网络背景下时，其与企业网络的交互作用比较复杂。因此，关于公司企业家精神的不同方向的调节作用是本研究的重要贡献之一。

本章还进一步验证了自适应营销能力对企业网络特征与企业绩效的中介作用，这一结论与以往那些关于企业网络与竞争能力、企业绩效关系的研究结论基本一致，不仅证实了企业网络对企业绩效的影响作用，并且验证了自适应营销能力在这一作用机制中所产生的有调节的中介作用，进一步探究了企业网络对企业绩效的影响机制，对该领域的研究做了有益的补充。

7 结论与展望

7.1 研究结论

随着全球经济环境变化速度的不断加快和复杂程度的日益提高，企业面临着层出不穷的营销难题。面对复杂多变的个性化、差异化和多样化的市场需求，传统的静态营销组合战略思维和手段已经显示出诸多弊端，而根据市场所发生的变化来改变自身战略和策略的动态营销模式也日益暴露出由时间滞后所带来的营销无效。在这样的时代背景下，企业需要新的营销思想和理论做指导。复杂自适应系统理论（CAS）的提出正好提供了新的思路与方法。该理论把企业和经济系统视作一个面对不断变化的复杂环境、由具有适应性的主体构成、处于不断演进过程中的复杂系统，这一新思路为企业营销管理理论和实践提供了一个新的视角。基于复杂自适应系统理论的观点，George S. Day（2011）认为，当今企业只有通过持续不断的警觉性市场学习和预期、市场实验和协同合作网络进行开放营销，培育企业的自适应营销能力，才能逐步摆脱由路径依赖、行为惯性和结构性隔离等带来的组织僵化和行动的滞后性，进而缩小企业的营销能力水平与应对不断复杂变化的市场所需要的能力之间日益扩大的差距。由于企业资源的有限性和企业间的相互依赖性，这种新型营销能力的培育必须通过合作网络中企业间的信息交流与学习、资源整合和战略协同才能得以实现。

因此，本研究通过大量的文献阅读、理论分析和企业的实地深度访谈，构建了两个理论研究模型，并借助实证研究方法探讨了在考虑环境动态性的背景下，自适应营销能力与静态营销能力、动态营销能力之间的差异，以及在考虑公司企业家精神影响作用的情况下，企业垂直网络和水平网络范围与质量对企业自适应营销能力和企业绩效的作用机制。笔者以福建、广东和浙江三个省的制造企业为研究对象，用了近6个月的时间对研究对象进行实地的深度访谈和问卷调查，运用 SPSS 19.0 版、AMOS18.0 版和 Eviews 7.0 版等分析软件对数据进行统计分析和检验，研究结果表明本书的理论逻辑框架基本成立，具体结果汇总如图 7－1 所示。

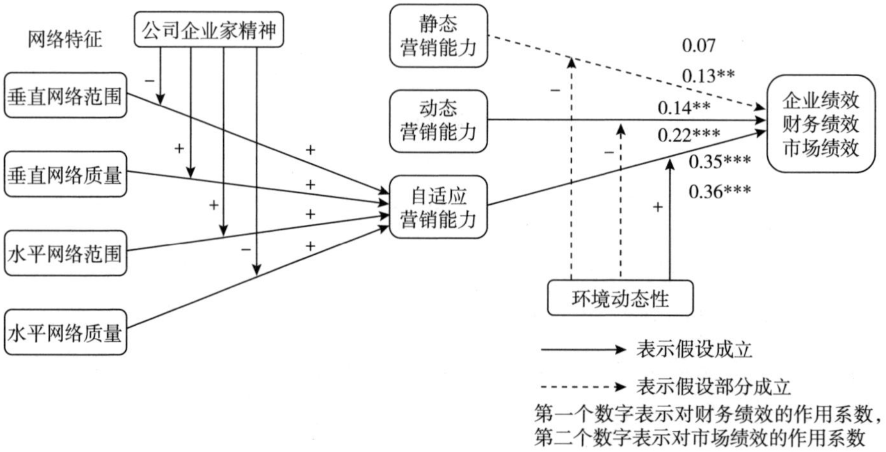

图 7－1　本研究理论模型验证结果汇总

资料来源：本研究整理。

7.1.1　不同类型的营销能力对企业绩效的影响

本书基于复杂自适应系统理论、营销能力理论和 Day（2011）关于自适应营销能力的观点，分析了自适应营销能力的本质特征和概念内涵，认为自适应营销能力是包括市场预警、营销实验和开放营销等三个维度的新的、探索性的营销能力，与静态营销能力和动态营销能力在理论基础、对环境的认识、分析视角、战略重点和主要内容上都有着本质的区别。本书基于样本数据通过对三种营销能力的信度和效度检验，发现自适应营销能力和静态营销能力、动态营销能力具有区别效度，实证分析结果表明虽然三种营销能力对企业绩效都具有一定的正向影响作用（除了静态营销能力对财务绩效的影响系数不显著以外，其余的系数都显著为正），但自适应营销能力的影响系数显著大于静态和动态营销能力的影响系数。并且，环境动态性正向调节自适应营销能力与企业绩效（包括财务绩效和市场绩效）的关系，而负向调节静态营销能力与市场绩效的关系以及动态营销能力与财务绩效的关系。这说明，当环境愈加动态发展变化时，自适应营销能力的正向积极作用会愈大，而静态营销能力和动态营销能力的作用会减弱。这一研究结果支持了本书关于自适应营销能力与静态营销能力、动态营销能力对企业绩效作用机制存在差别的相关假设。虽然在已有的文献中并没有直接支持本研究结果的相关研究，但该结论也得到了 Day & Schoemaker（2006）[179]、Day（2011）[8]和 Vorhies 等（2011）[91]等相关研究的支持。同时，自适应营销能力强调市场导向，强调对外部环境的探索和协同网络的开放营销，因此这一结论不仅与 Jaworski & Kohli（1993）[28]、Matsuno 等（2002）[246]、Ngo & O'cass（2012）[85]、Morgan & Vorhies（2009）[73]等关于市场导向作用的研究结论相一致，与 Rowley 等（2000）[117]、McEvily & Marcus（2005）[14]、Schögel & Herhausen（2010）[2]、Fan 等（2011）[262]等研究关于协同网络作用和协同营销的结论也是相吻合的。

同时，通过实证研究结果，本书意外发现静态营销能力对企业财务绩效并没有显著的影响作用，只对企业市场绩效具有显著的正向作用，并且这一作用会随着环境动态化程度的加剧而下降。这与现实的营销现象也是一致的，面对需求、技术的不断变化以及激烈的市场竞争，如果企业借助传统的营销组合手段加以应对，需要投入大量广告活动、促销活动才能为企业带来市场份额的提升。由于营销投入过大，所以市场份额的提升并不能给企业带来利润增加。

7.1.2 企业的垂直和水平网络对自适应营销能力的影响

本书融合企业网络、自适应营销能力和公司企业家精神等相关理论观点，并引入公司企业家精神这一调节变量，深入探究了企业垂直网络和水平网络的范围与质量对企业自适应营销能力和企业绩效的影响作用机制。实证研究结果证明企业垂直网络和水平网络的范围与质量对自适应营销能力、企业财务绩效、企业市场绩效等因变量均具有显著的正向影响作用。这一研究结论与已有的相关研究结论相一致，如 Deeds & Hill（1996）[208]、Burt（1992，1997，2001）[114~116]、Gnyawali & Madhavan

(2001)[13]、Zhao 等 (2010)[261]、McEvily & Zaheer (1999)[12]、Li 等(2013)[124]等。同时，实证结果还表明自适应营销能力对企业网络特征与企业绩效的关系具有中介作用，这一结论不仅与以往那些关于企业网络与竞争能力、企业绩效关系的研究结论一致，也进一步说明自适应营销能力是一种企业网络赋予型能力 (network - enabled capabilities)，更全面地解释了企业网络对企业绩效的影响机制。

更为重要的是，实证结果证实了公司企业家精神在企业垂直网络和水平网络的范围和质量与自适应营销能力的关系中产生了不同方向的调节作用。其中，公司企业家精神负向调节企业垂直网络范围与自适应营销能力的关系，而正向调节企业垂直网络质量与自适应营销能力的关系；正好相反，公司企业家精神正向调节企业水平网络范围与自适应营销能力的关系，而负向调节企业水平网络质量与自适应营销能力的关系。以往的研究都认为公司企业家精神有助于企业创新，但本研究结果表明，当将这一要素放在企业网络背景下时，其与不同企业网络特征所产生的交互作用比较复杂。因此，关于公司企业家精神调节作用机制的研究结论也是本书的重要发现之一。虽然目前学术界尚无与该结论相类似的研究结论，但许多学者的观点也从各方面支持了这一结论。Acs (2009)[236]认为公司企业家精神会促使企业不断积极地从外部获取的信息中寻找、发现、甚至创造机会。而上下游企业所传递的信息和机会与企业自身行业的相关性不高，并非都有助于企业对自身所处行业发展趋势的判断。这正好说明，当具有较强的公司企业家精神时，企业垂直网络范围的不断扩大会导致企业信息超载，反而影响企业对自己所处行业市场发展趋势的准确预测和判断。Elfring & Hulsink (2003, 2007)[141,237]强调当企业具有较强的公司企业家精神时，会通过信息搜索发现很多市场机会，而上下游企业间的强联系则可提供抓住机会的诸多资源和获取合法性的可能，这是弱联系所无法赋予的。这也正好说明，当企业具有较强的公司企业家精神时，其垂直网络质量对自适应营销能力而言更为重要。同时，Burt (2001, 2004)[116,227]指出企业水平网络成员由于处于同一产业领域，相互间掌握的信息冗余程度较高。而信息冗余容易导致企业对市场或技术发展动向的判断失误，这对于具有冒险精神的企业而言，容易带来重大的损失和惨败。Burt 认为扩大合作成员的数量和地域范围有助于降低信息冗余性，并提升企业在竞争中的主动权。本研究结果正好验证了这点，即企业具有的公司企业家精神越强，企业水平网络范围对自适应营销能力的正向影响作用越强。Khanna等（1998）[239]认为在企业水平网络当中，由于企业间存在学习竞赛，如果相互间关系密切，具有较强公司企业家精神的企业所拥有的独特见解、创新思想便不再具有独特性和创新性。这也正好说明了公司企业家精神对企业水平网络质量和自适应营销能力关系的负向调节作用。

7.2 研究意义

7.2.1 理论意义

本书以营销能力理论、复杂自适应系统理论、企业网络理论为基础，综合公司企业家精神和环境动态性的相关理论观点，通过理论分析和实证检验深入地探究了自适应营销能力与静态营销能力、动态营销能力之间的本质区别，以及企业垂直网络和水平网络特征对自适应营销能力和企业绩效的具体影响作用机制。这不仅是上述多种理论融合的一种新的尝试，更有效地补充和扩展了营销能力理论和企业网络理论，具有重要的理论意义。

1. 深刻地揭示了三种营销能力的理论内涵和影响作用机制的本质差异

从营销能力理论的发展历程来看，其主要包括静态营销能力、动态营销能力和最新的自适应营销能力等三种相关的理论观点。虽然不同的理论视角对营销能力的本质特征和构成要素有不同的阐述，但根据对本研究可收集到的相关文献的整理发现，目前还极少有学者系统、深入地区分这三种营销能力的本质差异，更没有实证研究专门检验这三种营销能力在不同的环境背景下对企业财务绩效和市场绩效的作用机制差异。因此，本书实现了对该领域研究的有效补充，有助于自适应营销能力理论的进一步发展。

2. 自适应营销能力测量量表的开发为今后相关的理论研究奠定了基础

在实证研究过程中，由于在已发表的文献中没有自适应营销能力的测量量表，本书严格根据 Churchill（1979）[240]、Gerbing & Anderson（1988）[241]、Hinkin, T. R.（1998）[242]等所建议的程序，自行开发了自适应营销能力的测量量表，率先为这一新构念提供了系统的衡量工具。这将为今后该领域的相关研究奠定良好的基础。

3. 为企业网络理论和营销能力理论的融合开辟了新的研究视角

关于企业网络的研究往往忽略了企业自身能力所带来的企业绩效差异，而关于能力理论的研究则经常排除了来自企业边界以外的资源的考虑。本书融合了"企业网络特征对企业绩效"和"企业自身特质对企业绩效"两个已有研究中常见的理论研究框架，巧妙地克服了上述不足。本书通过理论和实证研究方法探讨了企业垂直网络和水平网络如何提升自适应营销能力，而这种企业网络所赋予的能力（network - enabled capabilities）又是如何提升企业绩效的。这是一个崭新的研究视角，对企业网络和营销能力理论领域的研究都将是十分有益的补充。

4. 环境动态性和公司企业家精神的调节作用将引发进一步的理论思考

本书关于环境动态性对三种营销能力和企业财务与市场绩效关系的调节作用、公司企业家精神对企业网络特征与自适应营销能力关系的调节作用的实证检验结果，与现有文献的实证研究结果存在一定的差异，这将引发学者们在环境高速发展变化的背景下，基于企业网络视角，进一步综合思考企业自身的能力和精神特质对企业绩效的影响作用。这将有助于相关理论和实证研究的进一步发展与完善。

7.2.2 实践意义

在市场环境瞬息万变的时代背景下，本书综合考虑环境动态性和公司企业家精神等影响因素，区分和检验不同营销能力的本质特征差异，实证检验企业网络对自适应营销能力与企业绩效的具体作用机制，这不仅有助于企业根据自身所处的市场环境选择和培育相应的营销能力，也有助于企业根据内部精神特质调整和优化企业网络结构，达到企业的经营目标。因而，本研究也具有重要的实践指导意义。

1. 为企业营销管理工作指出新的重点和方向

在知识经济、信息经济和网络经济的时代背景下，市场环境对企业营销管理工作不断地提出新的要求，企业营销能力水平与市场需求之间的差距不断扩大。为了缩小这一差距，企业必须培育自适应营销能力，通过持续不断的警觉性市场学习和预期、市场实验和协同合作网络进行开放营销，主动适应市场日益加剧的变化与发展。本书基于复杂自适应理论和能力理论探讨了自适应营销能力的内涵及其构成，深入讨论了其所包含的市场预警、营销实验和开放营销三方面的子能力的形成过程，这将为企业的营销管理工作指出新的重点和方向。

2. 有助于企业根据自身经营目标和市场环境特征调整企业营销工作重点

本书通过理论研究发现，自适应营销能力和静态营销能力、动态营销能力在战略重点、对环境的认识和具体内容等方面存在本质差异，并且通过实证研究验证了在不同的环境动态性程度下，这三种营销能力对企业财务绩效和市场绩效的作用差异，这将有助于企业根据自身所处行业环境的具体特征有效地调整企业营销工作的重点。值得一提的是，虽然实证研究表明自适应营销能力对企业绩效具有更为积极的影响作用，但传统的营销组合战略和策略的调整与应对在市场环境动态性程度不高的情况下，仍然对企业的财务绩效和市场绩效具有促进作用，企业不可完全忽略。当环境动态性程度较高时，企业则应该更加重视自适应营销能力的培育和提升。

3. 有助于企业根据自身精神特质优化关系网络结构，更好地利用关系资源

随着全球化经济和信息经济的逐步发展，当今企业已经无法单纯依靠自身力量应对市场环境的挑战，企业间的合作范围不断扩大，合作频率也不断提高。本书将企业自身的精神特质与企业网络特征相结合，探讨企业垂直网络范围与质量、企业水平网络范围与质量对自适应营销能力的作用机制，发现公司企业家精神负向调节企业垂直网络范围、企业水平网络质量与自适应营销能力的关系，而正向调节企业垂直网络质量和企业水平网络范围与自适应营销能力的关系。这一结论将有助于企业根据自身的精神特质调整和优化企业的网络关系结构，更好地利用关系资源以培育和提升自适应营销能力。

7.3 研究不足和展望

7.3.1 研究不足

企业网络和营销能力的相关研究均是目前战略和营销管理领域的研究热点，尽管本研究基本达到了预期的研究目的，并获得了一些有价值的研究结论。但由于本人学术研究水平有限，本研究所涉及的内容领域只是冰山一角，在研究过程中仍然存在诸多不足，需要在未来的研究中进一步完善和深化，主要包括如下两点。

1. 理论分析方面

自适应营销能力是一个新的概念，笔者所收集到的相关文献资料较为缺乏，本书只是基于少数几篇文献，结合相关理论对其进行的初步理论探讨，关于自适应营销能力内涵的剖析还不够深入，所形成的理论观点还比较肤浅。其中，自适应营销能力所包含的三个方面子能力的本质特征及其形成等方面内容，均值得在今后的研究中进一步深入分析和探讨，以求对这一新的概念有更全面、更深刻的认识。

同时，反映企业网络特征的变量很多，本书对企业网络关系的分析仅仅局限于对企业垂直网络和水平网络的范围与质量的探讨，只涉及企业网络一般层面的特征，没有考虑企业与合作对象之间的战略依赖程度[107]、网络结构的差异化或相似度[13,103]、网络效率和网络声誉[121]等因素的影响，也没有考虑除了垂直网络和水平网络以外其他类型的网络关系对自适应营销能力的影响作用，如企业与高校、科研机构和其他社会团体等形成的辅助网络，日常经营过程中通过亲戚、朋友等关系形成的非正式网络等。这些因素对企业自适应营销能力是否会产生影响，如何产生影响以及产生什么样的影响等问题在今后的研究中也应该加以考虑，才能全面深入地了解企业网络对自适应营销能力的影响。

2. 实证研究方面

尽管本研究通过近 6 个月的时间，花费了大量精力进行企业访谈和调查问卷的发放与回收，有效问卷的数量也基本满足了样本量的要求，但企业访谈对象主要集中在福建地区，而问卷调查对象仅来自福建省、广东省和浙江省三个相邻区域，所收集的数据可能会带有一定程度的地域特征，这将会影响本研究结论的一般化程度。因此，在今后的研究中应该尽量收集范围更广的样本数据，以提高研究结论的普适性。同时，由于问卷调查只是一种横截面的研究，无法从根本上识别变量间的因果关系，笔者认为在今后的研究中，应该考虑引入时间框架进行纵向研究，进一步探究企业网络与自适应营销能力、企业绩效间的动态影响过程。

在研究过程中，本书虽然对企业规模、年龄、所在地域、企业所处行业类型等可能影响自适应营销能力和绩效的因素进行了控制，但是可能还存在企业因素会对自适应营销能力和企业绩效产生影响，如企业所有权性质、是否国际化等因素。这就需要在今后的研究中，进一步识别其他可能影响的因素。

同时，影响营销能力与企业绩效关系的调节变量和影响企业网络特征与企业自适应营销能力关系的调节变量可能不仅仅包括环境动态性和公司企业家精神，这就需要在以后的研究中，通过更为深入的理论分析和实地的探索性研究，识别其他影响因素，以建立更为完善的理论模型。

7.3.2 研究展望

基于现有关于自适应营销能力的研究，本书认为该领域存在很大的研究空间和机会。

首先，培育自适应营销能力的目的是缩小企业营销能力与市场需求快速发展的差距，虽然 Day（2011）所提出的“营销能力差距”（gap）符合当前的市场发展特征，但仍然只是理论上的推测，目前尚无关于能力差距大小的定量化测量研究。因此，本书认为后续研究可以进一步探寻“营销能力差距”的测量方法，帮助企业分析差距扩大的驱动因素，发现缩小差距的能力和不足。

其次，自适应营销能力的形成将会是学术界和企业界今后重点关注的内容。本书虽然从企业垂直网络和水平网络的角度对自适应营销能力的前因进行了较为充分的理论和实证研究，但没有涉及其他网络关系类型。同时，关于企业应该如何根据自身的“营销能力差距”寻找合作伙伴，怎样搭建多元化的网络关系，如何在合作网络中进行资源和知识共享及开放等方面问题，本书也尚未涉及。因此，本书认为后续研究应该进一步探究企业与高校、科研机构、社会团体和个人等形成的辅助网络和非正式网络对自适应营销能力的影响，并基于企业自身和网络构成的不同特质，探讨企业寻找合作伙伴、搭建多元化的网络关系以及在合作网络中进行资源和知识共享及开放等方面问题。

再次，虽然本书从市场预警、营销实验和开放营销等三个方面对自适应营销能力的构成做了较为详细的理论探讨，但对于这三个子能力的形成过程及影响因素缺乏深入的理论探讨和实证分析。因此，后续可以进一步研究这三个子能力的前因和结果，探寻分别有哪些因素影响这三个子能力的形成，以及这三个子能力对企业财务绩效和市场绩效是否会产生不同的影响作用机制，又有哪些因素会调节影响这一作用机制。

最后，关于自适应营销能力的结果研究，本书只验证了对企业财务绩效和市场绩效的积极作用。在产品和技术更新速度不断加快的背景下，创新绩效的提升也是企业追求的重要目标，因此，本书认为后续研究还应进一步通过理论和实证研究自适应营销能力，及其三个方面子能力对企业创新绩效的影响作用机制。

总之，关于自适应营销能力的基本概念、构成及其前因和后果的研究才刚刚起步，相信在不久的将来将会涌现出更多该领域的理论研究和实证研究。本书存在诸多不足之处，谨希望能够为今后的研究起到抛砖引玉的作用。该领域的其他相关问题，还有待学术界进行更为深入的研究。

附录1　本研究的访谈提纲和内容概要[①]

访谈对象	访谈问题	访谈内容概要
DB 油漆 BW 鞋帽 DP 服装 NB 鞋服 ML 鞋服 SL 机械 YT 汽车 SX 电控 GL 童装 JY 食品 HA 日用品 AT 鞋服	请介绍一下本企业所处的市场环境变化特征	1. 市场变化越来越快，产品在市场上的销售周期明显缩短。 2. 市场提出越来越多的要求，而且越来越苛刻。 3. 市场的环保意识明显增强，企业面临很大的挑战。
	请简单列举一下本企业是如何应对市场变化的，重点谈营销方面的应对	1. 根据以往的市场经验，预测市场变化趋势，提前做好准备。 2. 加强市场信息收集，集思广益，加强各部门合作，缩短应对市场变化的时间。 3. 与其他企业合作，共同分析、判断和应对市场变化。
	请回忆一下近两三年来，本企业在营销工作中主要碰到哪些困难	1. 企业资源有限，无法满足市场需求。 2. 总是计划赶不上变化，好不容易研发出来的新产品，还没上市已经过时了。 3. 过于保守，缺少尝试新战略、新模式的勇气和经验，导致企业固步自封。 4. 经常尝试创新失败。
	谈谈本企业通过哪些方法或渠道了解市场信息，对市场即将发生的变化提前做出预测	1. 通过市场调查、互联网和同行及上下游合作伙伴、亲戚朋友等获取市场信息。 2. 加强企业各部门的市场导向意识和内部交流，对外部环境保持敏感。 3. 成立由具有丰富市场经验的员工组成的工作小组，重点分析和预测市场未来的变化。

① 该附录只归纳了访谈中具有代表性的观点，并没有全部录入。

续表

访谈对象	访谈问题	访谈内容概要
DB 油漆 BW 鞋帽 DP 服装 NB 鞋服 ML 鞋服 SL 机械 YT 汽车 SX 电控 GL 童装 JY 食品 HA 日用品 AT 鞋服	谈谈本企业是如何实现营销创新的？包括产品和其他营销创新	1. 根据自己的判断，持续不断尝试各种可能的方案。 2. 利用现代新兴技术提升产品开发速度和品类，并将新产品投入市场实验。 3. 向成功者学习成功经验，再结合自身情况进行尝试。
	面对市场变化，感到力不从心时，本企业是如何克服的？	1. 寻找志同道合的合作伙伴，共同应对。 2. 利用企业原有的关系网络寻求资源。 3. 扩大企业边界，引进外来资源。
	谈谈本企业更倾向于和哪些企业合作？	1. 上下游企业 2. 同行竞争者 3. 其他地区或者海外的知名企业

附录2　前测问卷*

关于企业网络关系和营销能力的调查问卷

尊敬的先生/女士：

本课题组目前正从事有关企业网络协同关系、营销战略及企业绩效方面的研究工作，以期深入揭示它们之间的内在关系，为企业营销管理实践提供理论支持。

由于此次调查的样本有限，您的回答将是本研究的重要依据，敬请您根据贵公司的实际情况，回答好下面的每一个问题。本问卷采用不记名方式填答且所填问卷结果无标准答案，所获资料仅供整体分析研究，绝不会进行个别处理和披露，请您放心回答。如果您有兴趣与相关需要，可告知您的邮箱地址；研究结束后我们可将最终的统计及分析结果反馈给您。非常感谢您的合作与支持！

敬祝您事业成功，一切顺利！

厦门大学课题研究小组

一、以下是对贵公司及所在行业基本情况的描述，请您根据贵公司及所在行业的情况，在相应的选项上画“√”。

1. 贵公司属于：

A. 国有或国有控股企业　　　　　　B. 私营企业或个体工商户

* 前测问卷中用斜体的题项为在正式调查问卷中被删除的题项。

C. 有限责任或股份有限公司　　D. 外商及港澳台投资企业

2. 贵公司所属的制造业类别是：

A. 计算机、通信及其他电子设备

B. 机械设备、电气器材、仪器仪表

C. 生物、制药、化工　　D. 交通运输设备

E. 纺织服装、鞋、帽、包袋

F. 家具、办公用具及其他文教、工美、体育、娱乐用品

G. 食品、饮料、烟草　　H. 工艺品及其他轻工制品

3. 贵公司所在行业的市场结构属于：

A. 完全垄断（市场供给完全由独家企业控制）

B. 寡头垄断（市场供给由少数企业主导）

C. 垄断竞争（许多企业生产、销售相近但不同质的产品）

D. 完全竞争（不存在足以影响产品价格的企业或消费者）

4. 贵公司大约有多少在职员工？

A. 100 人及以下　　B. 101 ~ 300 人

C. 301 ~ 500 人　　D. 501 ~ 1000 人

E. 1001 ~ 10000 人　　F. 10000 人以上

5. 贵公司拥有资产（元）：

A. 1 亿以下　　B. 1 亿 ~5 亿（含 5 亿且含 1 亿）

C. 5 亿 ~10 亿（含 10 亿不含 5 亿）　D. 10 亿 ~50 亿（含 50 亿不含 10 亿）

E. 50 亿以上

6. 贵公司目前所处发展阶段是：

A. 成立和生存阶段　　B. 成长或快速发展阶段

C. 成熟和稳定阶段　　D. 衰退阶段

7. 贵公司已经成立多少年了？

A. 1 年以下　　B. 1 ~5 年（含 1 年及 5 年）

C. 5 ~ 10 年（含 10 年不含 5 年）　D. 10 ~20 年（含 20 年不含 10 年）

E. 20 ~30 年（含 30 年不含 20 年）F. 30 年以上

8. 贵公司所在行业的竞争激烈程度为：

A. 非常激烈　　B. 激烈

C. 普通　　　　　　　　　　　　D. 不激烈

E. 非常不激烈

9. 贵公司所处的区域：省区市

二、以下是关于公司对市场环境的自适应能力的描述，请您将公司与主要竞争者相比较，然后根据比较结果选择适当数字来表示您满意程度。“1”表示“非常差”，“7”表示“非常好”。在相应的数字上画“√”。

		非常差	比较差	差	不确定	好	较好	非常好
1	公司对外部市场保持高度敏感，更早、更准确地发现市场模糊信号的能力	[1]	[2]	[3]	[4]	[5]	[6]	[7]
2	*公司时刻关注市场变化，具有较强的市场导向*	[1]	[2]	[3]	[4]	[5]	[6]	[7]
3	公司通过各种社会网络和媒体持续获得广泛信息的能力	[1]	[2]	[3]	[4]	[5]	[6]	[7]
4	*针对尚不明确的市场变化趋势，公司做出多方面、全方位的思考和预测的能力*	[1]	[2]	[3]	[4]	[5]	[6]	[7]
5	公司根据顾客以往需求特征的发展变化预测市场发展趋势的能力	[1]	[2]	[3]	[4]	[5]	[6]	[7]
6	公司对市场的新认识和新判断在各分（子）公司或公司各部门之间迅速实现信息共享的能力	[1]	[2]	[3]	[4]	[5]	[6]	[7]
7	*公司内部各部门都勇于尝试新事物，不畏惧失败*	[1]	[2]	[3]	[4]	[5]	[6]	[7]
8	公司根据自己对市场变化的预测和判断，积极主动地做出各种尝试的能力	[1]	[2]	[3]	[4]	[5]	[6]	[7]
9	*公司从各种实验中总结和吸取经验、教训的能力*	[1]	[2]	[3]	[4]	[5]	[6]	[7]
10	公司通过“试错”学习和实验流程探索未来可能的市场变化和成功模式的能力	[1]	[2]	[3]	[4]	[5]	[6]	[7]
11	公司利用新兴技术（如互联网、快速原型设计技术、数据库技术等）开展和追踪市场实验的能力	[1]	[2]	[3]	[4]	[5]	[6]	[7]

续表

		非常差	比较差	差	不确定	好	较好	非常好
12	公司主动向更大范围的市场先驱者、竞争企业或网络伙伴学习成功经验的能力	[1]	[2]	[3]	[4]	[5]	[6]	[7]
13	基于自身能力和资源的不足，公司寻求能力、资源互补的合作伙伴，搭建合作网络平台的能力	[1]	[2]	[3]	[4]	[5]	[6]	[7]
14	公司与合作网络成员相互协调，对市场模糊信号迅速、有效地采取协同行动的能力	[1]	[2]	[3]	[4]	[5]	[6]	[7]
15	*公司通过自身的社会网络，获取更新和更广的市场知识的能力*	[1]	[2]	[3]	[4]	[5]	[6]	[7]
16	*公司与合作网络成员相互学习，促使网络成员对未来环境变化达成共识的能力*	[1]	[2]	[3]	[4]	[5]	[6]	[7]
17	公司整合各合作网络成员的资源实现技术和产品持续创新的能力	[1]	[2]	[3]	[4]	[5]	[6]	[7]
18	公司协同合作网络成员，实现市场战略与策略创新升级的能力	[1]	[2]	[3]	[4]	[5]	[6]	[7]

三、以下是关于公司供应商状况的描述，请根据您对公司的了解来判断下列陈述句与贵公司客观情况的符合程度。“1”表示“非常不同意”，“7”表示“非常同意”。在相应的数字上画“√”。

		非常不同意	不同意	比较不同意	中立	较同意	同意	非常同意
1	公司拥有很多不同区域的原材料供应商	[1]	[2]	[3]	[4]	[5]	[6]	[7]
2	公司的原材料供应来源很广泛	[1]	[2]	[3]	[4]	[5]	[6]	[7]
3	公司的供应商遍布海内外	[1]	[2]	[3]	[4]	[5]	[6]	[7]
4	*公司的供应商只有本地区少数几个*	[1]	[2]	[3]	[4]	[5]	[6]	[7]
5	公司与供应商已建立起高度的信任	[1]	[2]	[3]	[4]	[5]	[6]	[7]
6	公司与供应商已建立起稳固的关系	[1]	[2]	[3]	[4]	[5]	[6]	[7]
7	公司与供应商保持经常的信息沟通	[1]	[2]	[3]	[4]	[5]	[6]	[7]
8	供应商经常给公司提供有用信息和建议	[1]	[2]	[3]	[4]	[5]	[6]	[7]

续表

		非常不同意	不同意	比较不同意	中立	较同意	同意	非常同意
9	公司和供应商总是互相帮助、共同解决问题	[1]	[2]	[3]	[4]	[5]	[6]	[7]
10	遇到困难时，供应商能与公司共渡难关	[1]	[2]	[3]	[4]	[5]	[6]	[7]

四、以下是关于公司下游客户（包括经销商和顾客）状况的描述，请根据您对公司的了解来判断下列陈述句与贵公司客观情况的符合程度。“1”表示“非常不同意”，“7”表示“非常同意”。在相应的数字上画“√”。

		非常不同意	不同意	比较不同意	中立	较同意	同意	非常同意
1	公司拥有很多不同区域的下游客户	[1]	[2]	[3]	[4]	[5]	[6]	[7]
2	公司的下游客户很广泛	[1]	[2]	[3]	[4]	[5]	[6]	[7]
3	公司的下游客户遍布海内外	[1]	[2]	[3]	[4]	[5]	[6]	[7]
4	*公司的下游客户只有本地区少数几个*	[1]	[2]	[3]	[4]	[5]	[6]	[7]
5	公司与下游客户已建立起高度的信任	[1]	[2]	[3]	[4]	[5]	[6]	[7]
6	公司与下游客户已建立起稳固的关系	[1]	[2]	[3]	[4]	[5]	[6]	[7]
7	公司与下游客户保持经常的信息沟通	[1]	[2]	[3]	[4]	[5]	[6]	[7]
8	下游客户经常给公司提供有用信息和建议	[1]	[2]	[3]	[4]	[5]	[6]	[7]
9	公司和下游客户总是互相帮助、共同解决问题	[1]	[2]	[3]	[4]	[5]	[6]	[7]
10	遇到困难时，下游客户能与公司共渡难关	[1]	[2]	[3]	[4]	[5]	[6]	[7]

五、以下是关于公司同行竞争对手状况的描述，请根据您对公司的了解来判断下列陈述句与贵公司客观情况的符合程度。“1”表示“非常不同意”，“7”表示“非常同意”。在相应的数字上画“√”。

		非常不同意	不同意	比较不同意	中立	较同意	同意	非常同意
1	公司与很多不同地区的同行竞争对手建立了合作关系	[1]	[2]	[3]	[4]	[5]	[6]	[7]
2	很多来自不同地区的同行竞争对手都与公司有业务往来	[1]	[2]	[3]	[4]	[5]	[6]	[7]
3	与公司合作的同行竞争对手遍布海内外	[1]	[2]	[3]	[4]	[5]	[6]	[7]
4	*与公司合作的同行竞争对手只有本地区少数几个*	[1]	[2]	[3]	[4]	[5]	[6]	[7]
5	通过合作，公司与同行业竞争对手已建立高度的信任	[1]	[2]	[3]	[4]	[5]	[6]	[7]
6	通过合作，公司与同行业竞争对手已建立稳固的关系	[1]	[2]	[3]	[4]	[5]	[6]	[7]
7	公司与同行竞争对手保持经常的信息沟通	[1]	[2]	[3]	[4]	[5]	[6]	[7]
8	同行竞争对手经常给公司提供有用信息和建议	[1]	[2]	[3]	[4]	[5]	[6]	[7]
9	公司和同行竞争对手总是互相帮助、共同解决问题	[1]	[2]	[3]	[4]	[5]	[6]	[7]
10	遇到困难时，同行竞争对手能与公司共渡难关	[1]	[2]	[3]	[4]	[5]	[6]	[7]

六、以下是关于公司市场状况的描述，请根据您对公司的了解来判断下列陈述句与贵公司客观情况的符合程度。“1”表示“非常不同意”，“7”表示“非常同意”。在相应的数字上画“√”。

		非常不同意	不同意	比较不同意	中立	较同意	同意	非常同意
1	顾客偏好一直在迅速改变	[1]	[2]	[3]	[4]	[5]	[6]	[7]
2	市场需求和消费者偏好变得难以预测	[1]	[2]	[3]	[4]	[5]	[6]	[7]
3	公司很难预测未来五年内消费者的需求状况	[1]	[2]	[3]	[4]	[5]	[6]	[7]
4	不断变化的消费者需求为公司业务发展带来了许多潜在机会	[1]	[2]	[3]	[4]	[5]	[6]	[7]

续表

		非常不同意	不同意	比较不同意	中立	较同意	同意	非常同意
5	公司现在采用的技术正在发生快速的变化	[1]	[2]	[3]	[4]	[5]	[6]	[7]
6	技术变化给公司产品的发展带来了巨大的机会	[1]	[2]	[3]	[4]	[5]	[6]	[7]
7	公司很难预测未来五年内有关产品发展的技术变化趋势	[1]	[2]	[3]	[4]	[5]	[6]	[7]
8	行业内不断变化的技术给公司业务发展带来了许多潜在机会	[1]	[2]	[3]	[4]	[5]	[6]	[7]
9	行业内存在许多不合法的竞争行为，如非法仿制竞争对手的新产品等	[1]	[2]	[3]	[4]	[5]	[6]	[7]
10	有些竞争对手会假冒公司产品和商标	[1]	[2]	[3]	[4]	[5]	[6]	[7]
11	市场竞争相关法律法规无法有效地保护公司的知识产权	[1]	[2]	[3]	[4]	[5]	[6]	[7]
12	行业内有些公司不公正的竞争行为越来越多	[1]	[2]	[3]	[4]	[5]	[6]	[7]

七、以下是关于公司企业家精神导向的描述，请根据您对公司的了解来判断下列陈述句与贵公司客观情况的符合程度。“1” 表示 “非常不同意”，“7” 表示 “非常同意”。在相应的数字上画 “√”。

		非常不同意	不同意	比较不同意	中立	较同意	同意	非常同意
1	公司管理层喜欢强调研发、创新和技术领先而不是现有的产品和服务	[1]	[2]	[3]	[4]	[5]	[6]	[7]
2	在过去五年，公司引进了许多新的产品线或服务	[1]	[2]	[3]	[4]	[5]	[6]	[7]
3	在过去五年，公司在产品线或服务方面的改变都是引人注目的大变化，而不是细微的调整	[1]	[2]	[3]	[4]	[5]	[6]	[7]
4	公司管理层喜欢从事高风险高回报的项目而不是低风险低回报的项目	[1]	[2]	[3]	[4]	[5]	[6]	[7]
5	当遇到不确定的决策情况，为了减少错误决策带来的巨大损失，我们一般持审慎的“等等看”的态度	[1]	[2]	[3]	[4]	[5]	[6]	[7]

续表

		非常不同意	不同意	比较不同意	中立	较同意	同意	非常同意
6	面对当前市场环境，我们认为企业目标的实现需要通过仔细地、逐步地探索企业所处的商业环境	[1]	[2]	[3]	[4]	[5]	[6]	[7]
7	为了避免竞争失败，我们倾向于与竞争对手和平共处	[1]	[2]	[3]	[4]	[5]	[6]	[7]
8	在市场竞争中，我们总是竞争行为的发起者	[1]	[2]	[3]	[4]	[5]	[6]	[7]
9	在市场竞争中，我们总是率先开发新产品/服务、采用新技术等	[1]	[2]	[3]	[4]	[5]	[6]	[7]

八、以下是关于公司营销能力的描述，请您将公司与主要竞争者相比较，然后根据比较结果选择适当数字来表示您满意程度。“1”表示“非常差”，“7”表示“非常好”。在相应的数字上画“√”。

		非常差	比较差	差	不确定	好	较好	非常好
1	公司的价格机制和定价技巧	[1]	[2]	[3]	[4]	[5]	[6]	[7]
2	公司的新产品研发能力	[1]	[2]	[3]	[4]	[5]	[6]	[7]
3	公司的分销渠道管理和控制的能力	[1]	[2]	[3]	[4]	[5]	[6]	[7]
4	公司综合运用人员推销、广告、销售促进、公共关系等沟通和销售的技巧和能力	[1]	[2]	[3]	[4]	[5]	[6]	[7]
5	公司销售管理的计划和控制能力	[1]	[2]	[3]	[4]	[5]	[6]	[7]
6	公司的信息收集能力	[1]	[2]	[3]	[4]	[5]	[6]	[7]
7	公司的营销规划和战略选择能力	[1]	[2]	[3]	[4]	[5]	[6]	[7]
8	公司将营销战略规划转化为具体策略和行动的能力	[1]	[2]	[3]	[4]	[5]	[6]	[7]

九、以下是关于公司变化应对能力的描述，请您将公司与主要竞争者相比较，然后根据比较结果选择适当数字来表示您满意程度。“1”表示“非常差”，“7”表示“非常好”。在相应的数字上画“√”。

		非常差	比较差	差	不确定	好	较好	非常好
1	当市场出现变化时，公司通过跨部门协调，迅速并高效率地设计、开发、生产和投入新产品以实现顾客价值和利益最大化的能力	[1]	[2]	[3]	[4]	[5]	[6]	[7]
2	当市场出现变化时，公司通过获取顾客信息、建立和维持顾客联系、售后服务等顾客关系管理流程，迅速并高效率地了解并满足顾客需求的能力	[1]	[2]	[3]	[4]	[5]	[6]	[7]
3	当市场出现变化时，公司通过建立和管理物流系统、设计操作流程等，迅速并高效率地整合公司本身、供应商和顾客三方供应链以满足市场发展的能力	[1]	[2]	[3]	[4]	[5]	[6]	[7]

十、以下是关于公司整体绩效的描述，请您将公司过去三年的整体绩效与主要竞争者相比较，然后根据比较结果选择适当数字来表示您的同意程度。"1"表示"非常差"，"7"表示"非常好"。在相应的数字上画"√"。

		非常差	差	比较差	不确定	较好	好	非常好
1	公司投资回报	[1]	[2]	[3]	[4]	[5]	[6]	[7]
2	公司利润率	[1]	[2]	[3]	[4]	[5]	[6]	[7]
3	公司销售收入增长	[1]	[2]	[3]	[4]	[5]	[6]	[7]
4	公司财务目标的实现	[1]	[2]	[3]	[4]	[5]	[6]	[7]
5	公司市场份额增长	[1]	[2]	[3]	[4]	[5]	[6]	[7]
6	公司新顾客的获得	[1]	[2]	[3]	[4]	[5]	[6]	[7]
7	公司的顾客满意度	[1]	[2]	[3]	[4]	[5]	[6]	[7]
8	公司市场目标的实现	[1]	[2]	[3]	[4]	[5]	[6]	[7]

十一、以下是对问卷回答人基本情况的描述，请您根据自身的情况，在相应的选项上画"√"。

1. 您在公司的职位是：

A. 董事长　　　　　　　　B. CEO

C. 其他高管　　D. 部门负责人

2. 若为部门负责人，您所在的部门是：

A. 研发部　　B. 营销部

C. 生产部　　D. 财务部

E. 人力资源部

3. 您所受教育程度是：

A. 本科以下　　B. 本科

C. 硕士　　D. 博士

4. 您对公司的情况：

A. 不太熟悉　　B. 较熟悉

C. 熟悉　　D. 很熟悉

5. 您对本问卷题目的回答：

A. 不太有把握　　B. 较有把握

C. 有把握　　D. 很有把握

- 请描述一下贵公司的主要的客户类型
- 请描述一下贵公司的主营业务和其他业务的内容

问卷到此全部结束，请检查是否有漏答之处！非常感谢！

附录3　前测结果汇总

一　信度分析[①]

1. 自适应营销能力量表的信度分析

二级变量	题　项	校正的项总计相关性（CITC）	项已删除的 Cronbach's α 值	Cronbach's α 值	修正后的 Cronbach's α 值
市场预警能力	MAC1	0.54	0.53	0.63	0.84
	MAC2	*0.24*	*0.66*		
	MAC3	0.65	0.51		
	MAC4	*-0.01*	*0.76*		
	MAC5	0.65	0.52		
	MAC6	0.57	0.51		
营销实验能力	*MAC7*	*0.25*	*0.81*	0.77	0.88
	MAC8	0.77	0.68		
	MAC9	*0.22*	*0.82*		
	MAC10	0.66	0.71		
	MAC11	0.70	0.70		
	MAC12	0.66	0.71		
开放营销能力	MAC13	0.66	0.62		
	MAC14	0.57	0.65		
	MAC15	*0.27*	*0.74*		

① 注：题项删除标准按正文所述“CITC 值小于 0.5 且 Cronbach's α 系数小于 0.6，删去该题项后 Cronbach's α 系数可以得到提高”的原则，斜体表示该题项信度不高，给予删除。

续表

二级变量	题　项	校正的项总计相关性（CITC）	项已删除的Cronbach's α 值	Cronbach's α 值	修正后的Cronbach's α 值
开放营销能力	*MAC16*	*0.28*	*0.74*	0.72	0.80
	MAC17	0.70	0.60		
	MAC18	0.36	0.70		

2. 静态营销能力和静态营销能力量表的信度分析

一级变量	题　项	校正的项总计相关性（CITC）	项已删除的Cronbach's α 值	Cronbach's α 值	修正后的Cronbach's α 值
静态营销能力	MSC1	0.56	0.78	0.80	0.80
	MSC 2	0.46	0.79		
	MSC 3	0.55	0.78		
	MSC 4	0.57	0.77		
	MSC 5	0.53	0.78		
	MSC 6	0.51	0.79		
	MSC 7	0.49	0.79		
	MSC 8	0.52	0.78		
动态营销能力	MDC1	0.79	0.60	0.81	0.81
	MDC 2	0.57	0.84		
	MDC 3	0.66	0.75		

3. 环境不确定性量表的信度分析

二级变量	题　项	校正的项总计相关性（CITC）	项已删除的Cronbach's α 值	Cronbach's α 值	修正后的Cronbach's α 值
需求不确定性	MKCHA1	0.77	0.74	0.83	0.83
	MKCHA2	0.53	0.84		
	MKCHA3	0.68	0.78		
	MKCHA4	0.67	0.78		

续表

二级变量	题　项	校正的项总计相关性（CITC）	项已删除的 Cronbach's α 值	Cronbach's α 值	修正后的 Cronbach's α 值
技术不确定性	MKCHA5	0.82	0.80	0.87	0.87
	MKCHA6	0.76	0.83		
	MKCHA7	0.61	0.88		
	MKCHA8	0.74	0.83		
竞争不确定性	MKCHA9	0.83	0.87	0.91	0.91
	MKCHA10	0.76	0.89		
	MKCHA11	0.76	0.90		
	MKCHA12	0.83	0.87		

4. 企业网络特征量表的信度分析

一级变量	题　项	校正的项总计相关性（CITC）	项已删除的 Cronbach's α 值	Cronbach's α 值	修正后的 Cronbach's α 值
垂直网络范围	Verti_Sco1	0.53	0.35	0.55	0.74
	Verti_Sco2	0.41	0.44		
	Verti_Sco3	0.43	0.44		
	Verti_Sco4	*0.20*	*0.74*		
垂直网络质量	Verti_Qua1	0.61	0.75	0.79	0.79
	Verti_Qua2	0.44	0.79		
	Verti_Qua3	0.47	0.78		
	Verti_Qua4	0.66	0.73		
	Verti_Qua5	0.59	0.75		
	Verti_Qua6	0.52	0.77		
水平网络范围	Hori_Sco1	0.64	0.57	0.71	0.89
	Hori_Sco2	0.78	0.47		
	Hori_Sco3	0.61	0.59		
	Hori_Sco4	*0.14*	*0.89*		

续表

一级变量	题　项	校正的项总计相关性（CITC）	项已删除的 Cronbach's α 值	Cronbach's α 值	修正后的 Cronbach's α 值
水平网络质量	Hori_Qua1	0. 77	0. 87	0. 89	0. 89
	Hori_Qua2	0. 66	0. 88		
	Hori_Qua3	0. 64	0. 87		
	Hori4_Qua4	0. 65	0. 89		
	Hori_Qua5	0. 78	0. 86		
	Hori_Qua6	0. 81	0. 86		

5. 公司企业家精神量表的信度分析

二级变量	题　项	校正的项总计相关性（CITC）	项已删除的 Cronbach's α 值	Cronbach's α 值	修正后的 Cronbach's α 值
创新性	Entrepre1	0. 75	0. 93	0. 91	0. 91
	Entrepre2	0. 86	0. 84		
	Entrepre3	0. 86	0. 84		
冒险性	Entrepre4	0. 82	0. 78	0. 88	0. 88
	Entrepre5	0. 69	0. 89		
	Entrepre6	0. 78	0. 80		
主动性	Entrepre7	0. 82	0. 80	0. 88	0. 88
	Entrepre8	0. 79	0. 83		
	Entrepre9	0. 73	0. 88		

6. 企业财务绩效和市场绩效量表的信度分析

一级变量	题　项	校正的项总计相关性（CITC）	项已删除的 Cronbach's α 值	Cronbach's α 值	修正后的 Cronbach's α 值
财务绩效	F_PER1	0. 75	0. 90	0. 91	0. 91
	F_PER2	0. 87	0. 86		
	F_PER3	0. 76	0. 90		
	F_PER4	0. 81	0. 88		

续表

一级变量	题　项	校正的项总计相关性（CITC）	项已删除的 Cronbach's α 值	Cronbach's α 值	修正后的 Cronbach's α 值
市场绩效	M_PER1	0.75	0.88	0.90	0.90
	M_PER2	0.82	0.85		
	M_PER3	0.71	0.89		
	M_PER4	0.82	0.85		

二　探索性因子分析[①]

1. 自适应营销能力的探索性因子分析：KMO 值为 0.74，Bartlett 的球形度检验为 344.49，显著异于 0（$p<0.001$），三个因子的累计解释方差为 71.73%。

二级变量	题　项	描述性统计分析		因子载荷		
		均值	标准差	预警能力	实验能力	营销能力
市场预警能力	MAC1	4.98	1.22	0.85		
	MAC3	4.98	1.06	0.78		
	MAC5	5.03	1.02	0.85		
	MAC6	4.80	1.41	0.67		
营销实验能力	MAC8	4.12	1.14		0.84	
	MAC10	4.24	1.19		0.77	
	MAC11	4.00	1.12		0.88	
	MAC12	4.32	1.25		0.86	
开放营销能力	MAC13	4.46	1.45			0.77
	MAC14	4.66	1.48			0.69
	MAC17	4.46	1.53			0.64
	MAC18	4.50	1.39			0.79

① 注：采用主成分分析的因子提取方法和最大方差旋转法，按照特征根大于 1，因子载荷最低可接受值为 0.5 的方法提取因子。

2. 静态和动态营销能力的探索性因子分析：KMO 值为 0.67，Bartlett 的球形度检验为 196.88，显著异于0（$p<0.001$），两个因子的累计解释方差为 52.42%。

一级变量	题项	描述性统计分析		因子载荷	
		均值	标准差	静态	动态
静态营销能力	MSC1	4.92	1.08	0.68	
	MSC 2	5.12	1.00	0.60	
	MSC 3	5.08	0.97	0.67	
	MSC 4	5.18	1.27	0.69	
	MSC 5	5.02	0.91	0.69	
	MSC 6	5.12	1.38	0.63	
	MSC 7	5.22	0.93	0.64	
	MSC 8	5.32	0.84	0.65	
动态营销能力	MDC1	4.74	1.29		0.92
	MDC 2	4.82	1.04		0.78
	MDC 3	4.60	1.23		0.82

3. 环境不确定性的探索性因子分析：KMO 值为 0.70，Bartlett 的球形度检验为 391.50，显著异于0（$p<0.001$），三个因子的累计解释方差为 73.98%。

二级变量	题项	描述性统计分析		因子载荷		
		均值	标准差	需求不确定性	技术不确定性	竞争不确定性
需求不确定性	MKCHA1	4.16	1.13	0.89		
	MKCHA2	4.35	1.17	0.69		
	MKCHA3	4.40	1.26	0.84		
	MKCHA4	4.40	1.23	0.80		
技术不确定性	MKCHA5	4.38	1.16		0.90	
	MKCHA6	4.44	1.28		0.84	
	MKCHA7	4.10	1.07		0.62	
	MKCHA8	4.38	1.16		0.89	

续表

二级变量	题项	描述性统计分析		因子载荷		
		均值	标准差	需求不确定性	技术不确定性	竞争不确定性
竞争不确定性	MKCHA9	4.53	1.38			0.84
	MKCHA10	4.50	1.49			0.88
	MKCHA11	4.56	1.43			0.84
	MKCHA12	4.63	1.47			0.86

4. 企业网络特征的探索性因子分析：KMO值为0.66，Bartlett的球形度检验为517.28，显著异于0（$p < 0.001$），三个因子的累计解释方差为67.51%。

二级变量	题项	描述性统计分析		因子载荷			
		均值	标准差	垂直网络范围	垂直网络质量	水平网络范围	水平网络质量
垂直网络范围	Verti_Sco1	4.51	1.15	0.73			
	Verti_Sco2	4.53	1.10	0.85			
	Verti_Sco3	4.76	0.99	0.75			
垂直网络质量	Verti_Qua1	5.37	0.90		0.74		
	Verti_Qua2	5.57	0.92		0.70		
	Verti_Qua3	5.56	0.97		0.53		
	Verti_Qua4	5.63	0.90		0.86		
	Verti_Qua5	5.34	0.92		0.58		
	Verti_Qua6	5.09	0.97		0.58		
水平网络范围	Hori_Sco1	4.50	1.13			0.91	
	Hori_Sco2	4.50	1.22			0.81	
	Hori_Sco3	4.54	1.13			0.88	
水平网络质量	Hori_Qua1	4.12	1.24				0.84
	Hori_Qua2	4.21	1.53				0.78
	Hori_Qua3	4.54	1.42				0.70
	Hori_Qua4	3.96	1.58				0.75
	Hori_Qua5	3.88	1.55				0.84
	Hori_Qua6	3.92	1.44				0.88

5. 公司企业家精神的探索性因子分析：KMO 值为 0.76，Bartlett 的球形度检验为 304.96，显著异于 0（$p < 0.001$），三个因子的累计解释方差为 83.07%。

二级变量	题项	描述性统计分析		因子载荷		
		均值	标准差	创新性	冒险性	主动性
创新性	Entrepre1	4.48	1.23	0.85		
	Entrepre2	4.62	1.29	0.91		
	Entrepre3	4.74	1.43	0.90		
冒险性	Entrepre4	4.30	1.25		0.91	
	Entrepre5	4.32	1.41		0.86	
	Entrepre6	4.14	1.29		0.85	
主动性	Entrepre7	4.26	1.47			0.89
	Entrepre8	4.34	1.30			0.81
	Entrepre9	4.40	1.31			0.83

6. 企业绩效的探索性因子分析：KMO 值为 0.75，Bartlett 的球形度检验为 286.45，显著异于 0（$p < 0.001$），三个因子的累计解释方差为 78.09%。

二级变量	题项	描述性统计分析		因子载荷	
		均值	标准差	财务绩效	市场绩效
财务绩效	F_PER1	4.31	1.17	0.82	
	F_PER2	4.30	1.20	0.92	
	F_PER3	4.38	1.19	0.84	
	F_PER4	4.50	1.27	0.91	
市场绩效	M_PER1	4.28	0.99		0.84
	M_PER2	4.48	1.20		0.91
	M_PER3	4.46	1.18		0.80
	M_PER4	4.64	1.10		0.89

参考文献

[1] Davenport, T. H. , How to Design Smart Business Experiments. *Harvard BusinessReview*, 2009. 87 (2): p. 68 - 76.

[2] Schögel, M. and D. Herhausen, Co - Marketing Capability and Its Impact on Marketing Allinace Performance. *Marketing Theory and Applications*, 2010: p. 350.

[3] Dutta, S. , O. Narasimhan, and S. Rajiv, Success in High - technology Markets: Is Marketing Capability Critical? *Marketing Science*, 1999. 18 (4): p. 547 - 568.

[4] Vorhies, D. W. and N. A. Morgan, Benchmarking Marketing Capabilities for Sustainable Competitive Advantage. *Journal of Marketing*, 2005. 69 (1): p. 80 - 94.

[5] Sirivastava, R. , T. Shervani, and L. Fahey, Marketing, Business Process, and Shareholder Value: An Organizationally Embedded View of Marketing Activities and the Discipline of Marketing. *Journal of Marketing*, 1999. 63 (4): p. 168 - 179.

[6] Fang, E. E. and S. Zou, Antecedents and Consequences of Marketing Dynamic Capabilities in International Joint Ventures. *Journal of International Business Studies*, 2009. 40 (5): p. 742 - 761.

[7] Eppler, M. J. and J. Mengis, The Concept of Information Overload: A review of Literature from Organization Science, Accounting, Marketing, MIS, and Related Disciplines. *The Information Society*, 2004. 20 (5): p. 325 - 344.

[8] Day, G. S. , Closing the Marketing Capabilities Gap. *Journal of Marketing*, 2011. 75 (4): p. 183 - 195.

[9] Holland, J. H. , *Hidden Order: How Adaptation Builds Complexity*. 1995: Basic Books.

[10] Salancik, G. R. and J. Pfeffer, *The External Control of Organizations: A Resource Dependence Perspective*. 1978: Harper and Row.

[11] Thorelli, H. B. , Networks: between markets and hierarchies. *Strategic Management Journal*, 1986. 7 (1): p. 37 - 51.

[12] McEvily, B. and A. Zaheer, Bridging Ties: A Source of Firm Heterogeneity in Competitive Capabilities. *Strategic Management Journal*, 1999. 20 (12): p. 1133 - 1156.

[13] Gnyawali, D. R. and R. Madhavan, Cooperative networks and competitive dynamics: A structural embeddedness perspective. *Academy of Management Review*, 2001. 26 (3): p. 431 - 445.

[14] McEvily, B. and A. Marcus, Embedded ties and the acquisition of competitive capabilities. *Strategic Management Journal*, 2005. 26 (11): p. 1033 - 1055.

[15] Zaheer, A. and G. G. Bell, Benefiting from network position: firm capabilities, structural holes, and performance. *Strategic Management Journal*, 2005. 26 (9): p. 809 - 825.

[16] Fjeldstad, D. and A. Sasson, Membership matters: on the value of being embedded in customer networks. Journal of Management Studies, 2010. 47 (6): p. 944 - 966.

[17] Cowan, G. A. , D. Pines, and D. Meltzer, *Complexity: metaphors, models, and reality*. 1999: Perseus Books.

[18] Waldrop, M. M. and J. Gleick, *Complexity: the emerging science at the edge of order and chaos*. info London: Viking, 1992, 1992.

[19] 张利斌:《基于复杂自适应系统视角的企业核心刚性研究》,华中科技大学博士学位论文,2005。

[20] 肖燕、范如国:《试论复杂适应性企业的构建及虚拟企业的复杂适

应性》，《湖北文理学院学报》2012 年第 33（8）期。

[21] Innes, J. E. and D. E. Booher, Consensus building and complex adaptive systems: A framework for evaluating collaborative planning. *Journal of the American Planning Association*, 1999. 65 (4): p. 412 - 423.

[22] Brown, S. L. and K. M. Esenhardt, *Competing on the Edge: Strategy as Structured Chaos*. 1998: Boston: Havard Business School Press.

[23] Anderson and Philip, Complexity Theory and Organization Science. *Organization Science*, 1999. 10 (3): p. 216 - 232.

[24] 马春文、杨乃定、郭晓：《基于复杂适应系统理论的合作研发项目管理模式研究》，《中国科技论坛》2011 年第 1 期。

[25] Kohli, A. K. and B. J. Jaworski, Market Orientation: the Construct, Research Propositions, and Managerial Implications. *Journal of Marketing*, 1990. 54 (2): p. 1 - 18.

[26] Narver, J. C. and S. F. Slater, The Effect of a Market Orientation on Business Profitability. *The Journal of Marketing*, 1990: p. 20 - 35.

[27] Hurley, R. F. and G. T. M. Hult, Innovation, Market Orientation, and Organizational Learning: an Integration and Empirical Examination. *The Journal of Marketing*, 1998: p. 42 - 54.

[28] Jaworski, B. J. and A. K. Kohli, Market Orientation: Antecedents and Consequences. *The Journal of Marketing*, 1993. 57 (3): p. 53 - 70.

[29] Berthon, P., J. M. Hulbert, and L. F. Pitt, To Serve or Create? STRATEGIC ORIENTATIONS TOWARD CUSTOMERS AND INNOVATION. *California Management Review*, 1999. 42 (1): p. 37 - 58.

[30] Frosch, R. A., The Customer for R&D is Always Wrong! *Research Technology Management*, 1996. 39 (6): p. 22.

[31] Macdonald, S., Too Close For Comfort?: THE STRATEGIC IMPLICATIONS OF GETTING CLOSE TO THE CUSTOMER. California Management Review, 1995. 37 (4): p. 8 - 27.

[32] Christensen, C. M. and J. L. Bower, CUSTOMER POWER, STRATEGIC INVESTMENT, AND THE FAILURE OF LEADING FIRMS. *Strategic Man-*

agement Journal, 1996. 17 (3): p. 197 – 218.

[33] Narver, J. C., S. F. Slater, and D. L. MacLachlan, Responsive and Proactive Market Orientation and New – product Success. *Journal of Product Innovation Management*, 2004. 21 (5): p. 334 – 347.

[34] Jaworski, B., A. K. Kohli, and A. Sahay, Market – Driven Versus Driving Markets. *Journal of the Academy of Marketing Science*, 2000. 28 (1): p. 45.

[35] 司方来、王永贵、贾鹤:《战略柔性体系: 调和反应型市场导向与先动型市场导向》,《现代管理科学》2009 年第 2 期 (02)。

[36] 张婧、赵紫锟:《反应型和先动型市场导向对产品创新和经营绩效的影响研究》,《管理学报》2011 年第 9 期。

[37] Baker, W. E. and J. M. Sinkula, Does Market Orientation Facilitate Balanced Innovation Programs? An Organizational Learning Perspective. *Journal of Product Innovation Management*, 2007. 24 (4): p. 316 – 334.

[38] Ci – Rong, L., L. Chen – Ju, and C. Chi – Peng, The Nature of Market Orientation and the Ambidexterity of Innovations. *Management Decision*, 2008. 46 (7): p. 1002 – 1026.

[39] 万广圣、金兴:《环境变化、先动型和反应型市场导向对绩效影响的实证研究》,《现代管理科学》2013 年第 10 期。

[40] 刘婷、李瑶:《响应型和先动型市场导向与创新绩效关系研究——基于权变视角》,《科技进步与对策》2013 年第 7 期。

[41] Atuahene – Gima, K., S. F. Slater, and E. M. Olson, The Contingent Value of Responsive and Proactive Market Orientations for New Product Program Performance. *Journal of Product Innovation Management*, 2005. 22 (6): p. 464 – 482.

[42] Jaeger, N. A., N. A. Zacharias, and M. Brettel, Nonlinear and Dynamic Effects of Responsive and Proactive Market Orientation: A Longitudinal Investigation. *International Journal of Research in Marketing*, 2016. 33 (4): p. 767 – 779.

[43] Blocker, C. P., et al., Proactive Customer Orientation and Its Role for Creating Customer Value in Global Markets. *Journal of the Academy of*

Marketing Science, 2011. 39 (2): p. 216 - 233.

[44] Herhausen, D., Unfolding the Ambidextrous Effects of Proactive and Responsive Market Orientation. *Journal of Business Research*, 2016. 69 (7): p. 2585 - 2593.

[45] Penrose, E., *The Theory of the Growth of the Firm*. 1959, Oxford: Oxford University Press.

[46] Rubin, P. H., The Expansion of Firms. *The Journal of Political Economy*, 1973: p. 936 - 949.

[47] Nelson, R. R. and S. G. Winter, *An Evolutionary Theory of Economic Change*. 1982: Belknap press.

[48] Wernerfelt, B., A Resource - Based View of the Firm. *Strategic Management Journal*, 1984. 5 (2): p. 171 - 180.

[49] Rumelt, R., Towards a Strategic Theory of the Firm. Lamb, RB (ed.), *Competitive Strategic Management* (556 - 570). Engelwood Cliffs, 1984, NJ: Prentice - Hall.

[50] Barney, J., Firm Resources and Sustained Competitive Advantage. *Journal of Management*, 1991. 17 (1): p. 99 - 121.

[51] Grant, R., The Resource - based Theory of Competitive Advantage: Implications for Strategy Formulation. *California Management Review*, Spring, 1991: p. 114 - 135.

[52] Peteraf, M. A., The Cornerstones of Competitive Advantage: A Resource - based View. Strategic Management Journal, 2006. 14 (3): p. 179 - 191.

[53] Prahalad, C. K. and G. Hamel, The Core Competence of the Corporation. *Harvard Business Review*, 1990. 68 (3): p. 79 - 91.

[54] Amit, R. and P. J. Schoemaker, Strategic Assets and Organizational Rent. *Strategic Management Journal*, 1993. 14 (1): p. 33 - 46.

[55] Martin, K. M. E. J. A., Dynamic Capabilities: What Are They? *Strategic Management Journal*, 2000. 21 (10): p. 1105 - 1121.

[56] Leonard - Barton, D., Core Capabilities and Core Rigidities: A Paradox in Managing New Product Development. *Strategic Management Jour-*

nal, 1992. 13 (S1): p. 111 – 125.

[57] Pisano. G, T. D. J., The Dynamic Capabilities of Firms: An Introduction. *Industrial and Corporate Change*, 1994. 3 (3): p. 537 – 556.

[58] Teece, D. J., G. Pisano, and A. Shuen, Dynamic Capabilities and Strategic Management. *Strategic Management Journal*, 1997. 18 (7): p. 509 – 533.

[59] Zollo, M. and S. G. Winter, Deliberate Learning and the Evolution of Dynamic Capabilities. *Organization Science*, 2002. 13 (3): p. 339 – 351.

[60] 董俊武、黄江圳、陈震红：《基于知识的动态能力演化模型研究》，《中国工业经济》2004 年第 2 期。

[61] Schreyögg, G. and M. Kliesch – Eberl, How Dynamic can Organizational Capabilities Be? Towards a Dual – Process Model of Capability Dynamization. *Strategic Management Journal*, 2007. 28 (9): p. 913 – 933.

[62] Sirmon, D. G., M. A. Hitt, and R. D. Ireland, Managing Firm Resources in Dynamic Environments to Create Value: Looking Inside the Black Box. *Academy of Management Review*, 2007. 32 (1): p. 273 – 292.

[63] Ambrosini, V. and C. Bowman, What are Dynamic Capabilities and are They a Useful Construct in Strategic Management? *International Journal of Management Reviews*, 2009. 11 (1): p. 29 – 49.

[64] Hamel, G. and B. Breen, *The Future of Management*. 2007: Harvard Business Press.

[65] Welch, J. and S. Welch, *Winning: Das ist Management*. 2005: Campus Verlag.

[66] Ma, X., X. Yao, and Y. Xi, How Do Interorganizational and Interpersonal Networks Affect a Firm's Strategic Adaptive Capability in a Transition Economy? *Journal of Business Research*, 2009. 62 (11): p. 1087 – 1095.

[67] 吕鸿江、程明、刘洪：《企业复杂适应性影响因素的实证研究：不同环境特征和战略选择的作用》，《科学学与科学技术管理》2012 年第 33 (5) 期。

[68] 张春明：《基于结构方程模型的企业超动态能力维度设计与验证》，《科技管理研究》2012 年第 23 期。

[69] Desai, D., The Competitive Advantage of Adaptive Networks: an Extension of the Dynamic Capability View. *International Journal of Business Environment*, 2013. 5 (4): p. 379 -397.

[70] Möller, K. and M. Anttila, Marketing Capability—A Key Success Factor in Small Business? *Journal of Marketing Management*, 1987. 3 (2): p. 185 -203.

[71] Day, G. S., The Capabilities of Market - driven Organizations. *The Journal of Marketing*, 1994. 58 (10): p. 37 -52.

[72] Hooley, G., et al., Marketing Capabilities and Firm Performance: A Hierarchical Model. *Journal of Market - focused Management*, 1999. 4 (3): p. 259 -278.

[73] Morgan, N. A., et al., Experiential and Informational Knowledge, Architectural Marketing Capabilities, and the Adaptive Performance of Export Ventures: A Cross - National Study. *Decision Sciences*, 2003. 34 (2): p. 287 -321.

[74] Wang, E. T. and J. Jiang, Effect of Customer Relationship Management Technology on Organization Performance: A Dynamic Marketing Capability Theory. 2006. Proceedings of the Fourth Workshop on Knowledge Economy and Electronic Commerce.

[75] Bruni, D. S. and G. Verona, Dynamic Marketing Capabilities in Science - based Firms: an Exploratory Investigation of the Pharmaceutical Industry. *British Journal of Management*, 2009. 20: p. S101 - S117.

[76] Morgan, N. A., D. W. Vorhies, and C. H. Mason, Market Orientation, Marketing Capabilities, and Firm Performance. *Strategic Management Journal*, 2009. 30 (8): p. 909 -920.

[77] Klingberg, T., *The Overflowing Brain: Information Overload and the Limits of Working Memory*. 2008: Oxford University Press, USA.

[78] Meyer, J. - A., Information Overload in Marketing Management. *Marketing Intelligence & Planning*, 1998. 16 (3): p. 200 -209.

[79] Vorhies, D. W., An Investigation of the Factors Leading to the Development of Marketing Capabilities and Organizational Effectiveness. *Journal of Strategic Marketing*, 1998. 6 (1): p. 3 -23.

[80] 张睿等:《企业市场知识能力、营销能力及组织绩效间关系研究》,《大连理工大学学报》(社会科学版)2008年第2期。

[81] Weerawardena, J., The Role of Marketing Capability in Innovation - based Competitive Strategy. *Journal of Strategic Marketing*, 2003. 11 (1): p. 15 - 35.

[82] 张骁、王永贵、杨忠:《公司创业精神、市场营销能力与市场绩效的关系研究》,《管理学报》2009年第6(4)期。

[83] Lee, J. S. and C. J. Hsieh, A Research In Relating Entrepreneurship, Marketing Capability, Innovative Capability And Sustained Competitive Advantage. *Journal of Business & Economics Research* (*JBER*), 2010. 8 (9).

[84] Griffith, D. A., G. Yalcinkaya, and R. J. Calantone, Do Marketing Capabilities Consistently Mediate Effects of Firm Intangible Capital on Performance across Institutional Environments? *Journal of World Business*, 2010. 45 (3): p. 217 - 227.

[85] Ngo, L. V. and A. O'Cass, Performance Implications of Market Orientation, Marketing Resources, and Marketing Capabilities. *Journal of Marketing Management*, 2012. 28 (1 - 2): p. 173 - 187.

[86] Shin, S., The Mediating Role of Marketing Capability: Evidence from Korean Companies. *Asia Pacific Journal of Marketing and Logistics*, 2012. 24 (4): p. 658 - 677.

[87] Blesa, A. and M. Ripollés, The Influence of Marketing Capabilities on Economic International Performance. *International Marketing Review*, 2008. 25 (6): p. 651 - 673.

[88] Sonia, C., T. F. González Cruz, and C. Pérez - Cabañero, Marketing Capabilities, Stakeholders'Satisfaction, and Performance. *Service Business*, 2009. 4 (3 - 4): p. 209 - 223.

[89] 于建原、赵淳宇、李瑞强:《营销能力对领导者创新欲望的影响研究》,《科研管理》2009年第4期。

[90] 李清政:《营销能力与创新关系实证研究》,《中国软科学》2011年第1期。

[91] Vorhies, D. W., L. M. Orr, and V. D. Bush, Improving Customer-focused Marketing Capabilities and Firm Financial Performance via Marketing Exploration and Exploitation. *Journal of the Academy of Marketing Science*, 2011. 39 (5): p. 736-756.

[92] Ming-Tien, T. and S. Chia-Mei, The Impact of Marketing Knowledge among Managers on Marketing Capabilities and Business Performance. *International Journal of Management*, 2004. 21 (4): p. 524-530.

[93] Murray, J. Y., G. Y. Gao, and M. Kotabe, Market Orientation and Performance of Export Ventures: the Process through Marketing Capabilities and Competitive Advantages. *Journal of the Academy of Marketing Science*, 2010. 39 (2): p. 252-269.

[94] 李巍、王志章:《营销能力对企业市场战略与经营绩效的影响研究——基于成渝地区民营企业的实证数据》,《软科学》2011 年第 1 期。

[95] Fahy, J., et al., The Development and Impact of Marketing Capabilities in Central Europe. *Journal of International Business Studies*, 2000: p. 63-81.

[96] Jarillo, J. C., On Strategic Networks. *Strategic Management Journal*, 1988. 9 (1): p. 31-41.

[97] Granovetter, M., Economic Action and Social Structure: the Problem of Embeddedness. *American Journal of Sociology*, 1985. 91 (3): p. 481-510.

[98] Anderson, J. C., H. Håkansson, and J. Johanson, Dyadic Business Relationships within a Business Network Context. *The Journal of Marketing*, 1994. 58 (5): p. 1-15.

[99] Uzzi, B., The Sources and Consequences of Embeddedness for the Economic Performance of Organizations: The Network Effect. *American SociologicalRreview*, 1996. 61 (4): p. 674-698.

[100] Uzzi, B., Social Structure and Competition in Interfirm Networks: The Paradox of Embeddedness. *Administrative Science Quarterly*, 1997: p. 35-67.

[101] Gulati, R., Alliances and Networks. *Strategic Management Journal*, 1998. Vol. 19, No. 4 (Special Issue): p. 293-317.

[102] Gulati, R., Network Location and Learning: The Influence of Network Resources and Firm Capabilities on Alliance Formation. *Strategic Management Journal*, 1999. 20 (5): p. 397 - 420.

[103] Gulati, R. and M. Gargiulo, Where Do Interorganizational Networks Come From. *American Journal of Sociology*, 1999. Vol. 104 (No. 5): p. 1439 - 1493.

[104] Gulati, R., N. Nohria, and A. Zaheer, Strategic Networks. Strategic Management Journal, 2000. 21 (3): p. 203 - 215.

[105] Brass, D. J., et al., Taking Stock of Networks and Organizations: A Multilevel Perspective. *Academy of Management Journal*, 2004. 47 (6): p. 795 - 817.

[106] 许冠南:《关系嵌入性对技术创新绩效的影响研究》,浙江大学博士学位论文,2008。

[107] Gulati, R., Social Structure and Alliance Formation Patterns: A Longitudinal Analysis. *Administrative Science Quarterly*, 1995: p. 619 - 652.

[108] Eisenhardt, K. M. and C. B. Schoonhoven, Resource - based View of Strategic Alliance Formation: Strategic and Social Effects in Entrepreneurial Firms. *Organization Science*, 1996: p. 136 - 150.

[109] Ahuja, G., The Duality of Collaboration: Inducements and Opportunities in the Formation of Interfirm Linkages. *Strategic Management Journal*, 2000. 21 (3): p. 317 - 343.

[110] Kim, T. Y., H. Oh, and A. Swaminathan, Framing Interorganizational Network Change: A Network Inertia Perspective. *The Academy of Management Review ARCHIVE*, 2006. 31 (3): p. 704 - 720.

[111] Yang, H., Z. Lin, and Y. Lin, A Multilevel Framework of Firm Boundaries: Firm Characteristics, Dyadic Differences, and Network Attributes. *Strategic Management Journal*, 2010. 31 (3): p. 237 - 261.

[112] 吕一博、程露、苏敬勤:《"资源导向"的企业网络行为:一个社会网络视角的分析框架》,《管理学报》2013 年第 1 期。

[113] 邬爱其:《集群企业网络化成长机制研究》,浙江大学博士学位论文,2005。

[114] Burt, R. S. and N. Celotto, The Network Structure of Management Roles in a Large Matrix Firm. *Evaluation and Program Planning*, 1992. 15 (3): p. 303 – 326.

[115] Burt, R. S., The Contingent Value of Social Capital. *Administrative Science Quarterly*, 1997. 42 (2): p. 339 – 365.

[116] Burt, R. S., Structural Holes versus Network Closure as Social Capital. *Social Capital: Theory and Research*, 2001: p. 31 – 56.

[117] Rowley, T., D. Behrens, and D. Krackhardt, Redundant Governance Structures: An Analysis of Structural and Relational Embeddedness in the Steel and Semiconductor Industries. *Strategic Management Journal*, 2000. 21 (3): p. 369 – 386.

[118] Rindfleisch, A. and C. Moorman, The Acquisition and Utilization of Information in New Product Alliances: A Strength – of – ties Perspective. *The Journal of Marketing*, 2001: p. 1 – 18.

[119] Awuah, G. B., A Firm's Competence Development through Its Network of Exchange Relationships. *Journal of Business & Industrial Marketing*, 2001. 16 (7): p. 574 – 599.

[120] Lee, C., K. Lee, and J. M. Pennings, Internal Capabilities, External Networks, and Performance: a Study on Technology – based Ventures. *Strategic Management Journal*, 2001. 22 (6 – 7): p. 615 – 640.

[121] Swaminathan, V. and C. Moorman, Marketing Alliances, Firm Networks, and Firm Value Creation. *Journal of Marketing*, 2009. 73 (5): p. 52 – 69.

[122] Mahmood, I. P., H. Zhu, and E. J. Zajac, Where can Capabilities Come from? Network Ties and Capability Aquisition in Business Groups. *Strategic Management Journal*, 2011. 32 (8): p. 820 – 848.

[123] Huang, H. – C., M. – C. Lai, and K. – W. Lo, Do Founders' Own Resources Matter? The Influence of Business Networks on Start – up Innovation and Performance. *Technovation*, 2012. 32 (5).

[124] Li, W., R. Veliyath, and J. Tan, Network Characteristics and Firm Performance: An Examination of the Relationships in the Context of a

Cluster Network Characteristics and Firm Performance: An Examination of the Relationships in the Context of a Cluster. *Journal of Small Business Management*, 2013. 51 (1): p. 1 –22.

[125] 钱锡红、杨永福、徐万里:《企业网络位置、吸收能力与创新绩效——一个交互效应模型》,《管理世界》2010年第5期。

[126] 董保宝:《网络结构与竞争优势关系研究——基于动态能力中介效应的视角》,《管理学报》2012年第1期。

[127] Schumpeter, J. A., *The Theory of Economic Development: an Inquiry into Profits, Capital, Credit, Interest and the Business Cycle* (R. Opie, Trans.). 1934: Harvard University Press, Cambridge, MA.

[128] Schumpeter, J. A., The Theory of Economic Development: An Inquiry into Profits, Capital, Credit, Interest, and the Business Cycle. University of Illinois at Urbana – Champaign's Academy for Entrepreneurial Leadership Historical Research Reference in Entrepreneurship, 1934.

[129] Miller, D., The Correlates of Entrepreneurship in Three Types of Firms. *Management Science*, 1983: p. 770 –791.

[130] Drucker, P., *Entrepreneurship and Innovation: Practice and Principles.* Harper Business, New York, nJ, 1985.

[131] Covin, J. G. and D. P. Slevin, Strategic Management of Small Firms in Hostile and Benign Environments. *Strategic Management Journal*, 1989. 10 (1): p. 75 –87.

[132] Zahra, S. A., A Conceptual Model of Entrepreneurship as Firm Behavior: A Critique and Extension. *Entrepreneurship Theory and Practice*, 1993. 17 (4).

[133] Lumpkin, G. T. and G. G. Dess, Clarifying the Entrepreneurial Orientation Construct and Linking It to Performance. *Academy of Management Review*, 1996: p. 135 –172.

[134] Burgelman, R. A., Intraorganizational Ecology of Strategy Making and Organizational Adaptation: Theory and Field Research. *Organization Science*, 1991: p. 239 –262.

[135] Kuratko, D. F., Reviews the Book "Innopreneurship: Turning Bright Ideas into Break - through Business for Your Company", By Gary S. Lynn and Norman M. Lynn (Probus Publishing, 1992) 250 pages, $24.95. *Organizational Dynamics*, 1993. 21 (4): p. 74 -75.

[136] Merz, G., B. Parker, and M. Kallis, Resource - related Dependencies: Marketing Strategies of Technological - based Firms. *European Journal of Marketing*, 1990. 23 (4): p. 44 -65.

[137] Covin, J. G. and D. P. Slevin, The Influence of Organization Structure on the Utility of an Entrepreneurial Top Management Style. *Journal of Management Studies*, 1988. 25 (3): p. 217 -234.

[138] Covin, J. G. and D. P. Slevin, A Conceptual Model of Entreprneurship as Firm Behavior. *Entrepreneurship Theory and Practice*, 1991. 16: p. 7 -25.

[139] Dess, G. G., G. Lumpkin, and J. Covin, Entrepreneurial Strategy Making and Firm Performance: Tests of Contingency and Configuration Models. *Strategic Management Journal*, 1997. 18 (9): p. 677 -695.

[140] Barringer, B. R. and A. C. Bluedorn, The Relationship between Corporate Entrepreneurship and Strategic Management. *Strategic Management Journal*, 1999. 20 (5): p. 421 -444.

[141] Elfring, T. and W. Hulsink, Networks in Entrepreneurship: The Case of High - Technology Firms. *Small Business Economics*, 2003. 21 (4): p. 409 -422.

[142] Mair, J. and c. rata, *Corporate Entrepreneurship: Linking Strategic Roles to Multiple Dimensions of Performance*, 2005: Rochester. p. n/a.

[143] Covin, J. G., Entrepreneurial versus Conservative Firms: A Comparison of Strategies and Performance. *Journal of Management Studies*, 1991. 28 (5): p. 439 -462.

[144] Zahra, S. A. and D. M. Garvis, International Corporate Entrepreneurship and Firm Performance: The Moderating Effect of International Environmental Hostility. *Journal of Business Venturing*, 2000. 15 (5): p. 469 -492.

[145] Yang, Z., et al., Corporate Entrepreneurship and Market Performance:

an Empirical Study in China. *Journal of Technology Management in China*, 2007. 2 (2): p. 154 – 154.

[146] 李伟、聂鸣、李顺才:《企业家精神对外部知识能力及网络能力的作用》,《科学学研究》2010 年第 5 期。

[147] 阳志梅:《企业家精神、组织学习与集群企业竞争优势的关系实证研究》,《科技管理研究》2010 年第 2 期。

[148] 李西垚、弋亚群、苏中锋:《社会关系对企业家精神与创新关系的影响研究》,《研究与发展管理》2010 年第 5 期。

[149] 焦豪、周江华、谢振东:《创业导向与组织绩效间关系的实证研究——基于环境动态性的调节效应》,《科学学与科学技术管理》2007 年第 11 期。

[150] Duncan, R. B., Characteristics of Organizational Environments and Perceived Environmental Uncertainty. *Administrative Science Quarterly*, 1972: p. 313 – 327.

[151] Miller, D. and P. H. Friesen, Archetypes of Strategy Formulation. *Management Science*, 1978. 24 (9): p. 921 – 933.

[152] Dess, G. G. and R. B. Robinson, Jr., Measuring Organizational Performance in the Absence of Objective Measures: The Case of the Privately – Held Firm and Conglomerate Business Unit. *Strategic Management Journal*, 1984. 5 (3): p. 265 – 273.

[153] 李正卫:《动态环境条件下的组织学习与企业绩效》,浙江大学博士学位论文,2003。

[154] Mohamad, O., et al., Corporate Entrepreneurship and Firm Performance: The Role of Business Environment as a Moderator. *IUP Journal of Management Research*, 2011. 10 (3): p. 7 – 27.

[155] Daft, R. L. and K. E. Weick, Toward a Model of Organizations as Interpretation Systems. *Academy of Management Review*, 1984: p. 284 – 295.

[156] Milliken, F. J., Perceiving and Interpreting Environmental Change: An Examination of College Administrators' Interpretation of Changing Demographics. *Academy of Management Journal*, 1990. 33 (1): p. 42 – 63.

[157] Aldrich, H. and D. A. Whetten, Organization - sets, Action - Sets, and Networks: Making the Most of Simplicity. *Handbook of Organizational Design*, 1981. 1: p. 385 - 408.

[158] Fredrickson, J. W. , The Comprehensiveness of Strategic Decision Processes: Extension, Observations, Future Directions. *Academy of Management Journal*, 1984: p. 445 - 466.

[159] Fredrickson, J. W. and T. R. Mitchell, Strategic Decision Processes: Comprehensiveness and Performance in an Industry with an Unstable Environment. *Academy of Management Journal*, 1984. 27 (2): p. 399 - 423.

[160] Fredrickson, J. W. and A. L. Iaquinto, Inertia and Creeping Rationality in Strategic Decision Processes. *Academy of Management Journal*, 1989: p. 516 - 542.

[161] Priem, R. L. and J. E. Butler, Is the Resource - Based " View" a Useful Perspective for Strategic Management Research? *Academy of Management Review*, 2001: p. 22 - 40.

[162] Hough, J. R. and M. A. White, Environmental Dynamism and Strategic Decision - Making Rationality: An Examination at the Decision Level. *Strategic Management Journal*, 2003. 24 (5): p. 481 - 489.

[163] Benner, M. J. and M. L. Tushman, Exploitation, Exploration, and Process Management: the Productivity Dilemma Revisited. *The Academy of Management Review*, 2003: p. 238 - 256.

[164] March, J. G. , Exploration and Exploitation in Organizational Learning. *Organization Science*, 1991. 2 (1): p. 71 - 87.

[165] Gulati, R. and M. C. Higgins, Which Ties Matter When? The Contingent Effects of Interorganizational Partnerships on IPO Success. *Strategic Management Journal*, 2003. 24 (2): p. 127 - 144.

[166] Ang, S. H. , Competitive Intensity and Collaboration: Impact on Firm Growth across Technological Environments. *Strategic Management Journal*, 2008. 29 (10): p. 1057 - 1075.

[167] 焦豪：《企业动态能力、环境动态性与绩效关系的实证研究》，《软

科学》2008 年第 4 期。

[168] 潘松挺、蔡宁:《网络关系强度与组织学习：环境动态性的调节作用》,《科学决策》2010 年第 4 期。

[169] 沈灏、李垣:《联盟关系、环境动态性对创新绩效的影响研究》,《科研管理》2010 年第 1 期。

[170] 苏晓华、戎筠、何霞:《战略联盟、新生学习优势、环境动态性与基于绩效的合法性关系研究》,《科技进步与对策》2013 年第 30 (10) 期。

[171] 马文聪、朱桂龙:《环境动态性对技术创新和绩效关系的调节作用》,《科学学研究》2011 年第 3 期。

[172] 陈国权、王晓辉:《组织学习与组织绩效：环境动态性的调节作用》,《研究与发展管理》2012 年第 1 期。

[173] Haeckel, S. H., *Adaptive Enterprise: Creating and Leading Sense – And – Respond Organizations.* 1999: Harvard Business Press.

[174] Oktemgil, M. and G. Greenley, Consequences of High and Low Adaptive Capability in UK Companies. *European Journal of Marketing*, 1997. 31 (7): p. 445 – 466.

[175] Schoemaker, P. J. H. and G. S. Day, How to Make Sense of Weak Signals. *Leading Organizations: Perspectives for a New Era*, 2009: p. 37.

[176] Day, G. S., P. J. H. Schoemaker, and S. A. Snyder, *Extended Intelligence Networks: Minding and Mining the Periphery.* 2009: Wharton School Publishing.

[177] Day, G. S., Is It Real? Can We Win? Is It Worth Doing? *Harvard Business Review*, 2007.

[178] Day, G. S. and P. J. H. Schoemaker, *Peripheral Vision: Detecting the Weak Signals That will Make or Break Your Company.* 2006: Harvard Business Press.

[179] Day, G. S. and P. J. H. Schoemaker, Leading the Vigilant Organization. *Strategy & Leadership*, 2006. 34 (5): p. 4 – 10.

[180] Hauser, J. R., et al., Website Morphing. *Marketing Science*, 2009. 28

(2): p. 202 - 223.

[181] Kelley, T., The Art of Innovation: Lessons in Creativity from IDEO, *America's Leading Design Firm*. Vol. 10. 2007: Crown Business.

[182] Achrol, R. S. and P. Kotler, Marketing in the Network Economy. *The Journal of Marketing*, 1999. 63 (ArticleType: research - article/Issue Title: Fundamental Issues and Directions for Marketing/Full publication date: 1999/Copyright © 1999 American Marketing Association): p. 146 - 163.

[183] Van den Bulte, C., Stephan Wuyts, Social Networks and Marketing 2007: Cambridge, MA: Marketing Science Institute.

[184] Gulati, R., Reorganize for Resilience: Putting Customers at the Center of Your Business. 2009: Cambridge, MA: Harvard Business School Press.

[185] Kleindorfer, P. R., Y. Wind, and R. E. Gunther, *The Network Challenge: Strategy, Profit, and Risk in an Interlinked World*. 2009: Wharton School Pub.

[186] Dyer, J. H. and H. Singh, The Relational View: Cooperative Strategy and Sources of Interorganizational Competitive Advantage. *Academy of Management Review*, 1998: p. 660 - 679.

[187] Kotabe, M., S. S. Srinivasan, and P. S. Aulakh, Multinationality and Firm Performance: The Moderating Role of R&D and Marketing Capabilities. *Journal of International Business Studies*, 2002: p. 79 - 97.

[188] O'Driscoll, A., D. Carson, and A. Gilmore, Developing Marketing Competence and Managing in Networks: a Strategic Perspective. *Journal of Strategic Marketing*, 2000. 8 (2): p. 183 - 196.

[189] Helfat, C. E., Know - how and Asset Complementarity and Dynamic Capability Accumulation: The Case of R&D. *Strategic Management Journal*, 1997. 18 (5): p. 339 - 360.

[190] Teece, D. J., *Dynamic Capabilities and Strategic Management: Organizing for Innovation and Growth: Organizing for Innovation and Growth*. 2009: OUP Oxford.

[191] Day, G. S. and P. J. H. Schoemaker, Are You a Vigilant Leader? *MIT Sloan management review*, 2008. 49 (3): p. 43 -51.

[192] Kogut, B. and U. Zander, Knowledge of the Firm, Combinative Capabilities, and the Replication of Technology. *Organization Science*, 1992. 3 (3): p. 383 -397.

[193] Polanyi, M, *The Tacit Dimension*. 1996, London: Routledge and Kegan Paul.

[194] Reed, R. and R. J. DeFillippi, Causal Ambiguity, Barriers to Imitation, and Sustainable Competitive Advantage. *Academy of Management Review*, 1990: p. 88 -102.

[195] Menon, A. and P. R. Varadarajan, A Model of Marketing Knowledge Use within Firms. *The Journal of Marketing*, 1992: p. 53 -71.

[196] Hillman, A. J., M. C. Withers, and B. J. Collins, Resource Dependence Theory: A review. *Journal of Management*, 2009. 35 (6): p. 1404 -1427.

[197] Davis, G. F. and J. A. Cobb, Resource Dependence Theory: Past and Future. *Research in the Sociology of Organizations*, 2010. 28: p. 21 -42.

[198] Hawley, A. H., *Human Ecology; A Theory of Community Structure*. 1950.

[199] Nemati, A. R., et al., Impact of Resource Based View and Resource Dependence Theory on Strategic Decision Making. *International Journal of Business and Management*, 2010. 5 (12): p. 110.

[200] Kanter, R. M., Power Failure in Management Circuits. *Harvard Business Review*, 1989: p. 65 -75.

[201] 马迎贤:《组织间关系:资源依赖视角的研究综述》,《管理评论》2005 年第 2 期。

[202] Burt, R. S., *Corporate Profits and Cooptation: Networks of Market Constraints and Directorate Ties in the American Economy*. 1983: Academic Press New York.

[203] Granovetter, M., Problems of Explanation in Economic Sociology. *Networks and Organizations: Structure, Form and Action*, 1992: p. 25 -56.

[204] Granovetter, M. S., The Strength of Weak Ties. *American Journal of*

Sociology, 1973: p. 1360 - 1380.

[205] Gellynck, X. and B. Kühne, Horizontal and Vertical Networks for Innovation in the Traditional Food Sector. *International Journal on Food System Dynamics*, 2010. 1 (2): p. 123 - 132.

[206] Pinar Doğan. Vertical Networks, Integration, and Connectivity [J]. Journal of Economics & Management Strategy, 2009, 18 (2): 347 - 392.

[207] Tsai, W. and S. Ghoshal, Social Capital and Value Creation: The Role of Intrafirm Networks. *Academy of Management Journal*, 1998: p. 464 - 476.

[208] Deeds, D. L. and C. W. Hill, Strategic Alliances and the Rate of New Product Development: an Empirical Study of Entrepreneurial Biotechnology Firms. *Journal of Business Venturing*, 1996. 11 (1): p. 41 - 55.

[209] Rauch, J. E. , Business and Social Networks in International Trade. *Journal of Economic Literature*, 2001: p. 1177 - 1203.

[210] Tsai, W. , Knowledge Transfer in Intraorganizational Networks: Effects of Network Position and Absorptive Capacity on Business Unit Innovation and Performance. *Academy of Management Journal*, 2001. 44 (5): p. 996 - 1004.

[211] Grabher, G. , Trading Routes, Bypasses, and Risky Intersections: Mapping the Travels of Networks' between Economic Sociology and Economic Geography. *Progress in Human Geography*, 2006. 30 (2): p. 163 - 189.

[212] Scott, J. , *Social Network Analysis*. 2012: SAGE Publications Limited.

[213] Bathelt, H. , A. Malmberg, and P. Maskell, Clusters and Knowledge: Local Buzz, Global Pipelines and the Process of Knowledge Creation. *Progress in Human Geography*, 2004. 28 (1): p. 31 - 56.

[214] Zhang, Y. and H. Li, Innovation Search of New Ventures in a Technology Cluster: the Role of Ties with Service Intermediaries. *Strategic Management Journal*, 2010. 31 (1): p. 88 - 109.

[215] Jiang, L. , J. Tan, and M. Thursby, Incumbent Firm Invention in Emerging Fields: Evidence from the Semiconductor Industry. *Strategic Management Journal*, 2011. 32 (1): p. 55 - 75.

[216] Grzeskowiak, S., M. Blut, and P. Kenning, Market Orientation in Vertical Business Networks. *Journal of Marketing Channels*, 2007. 14 (3): p. 31 – 50.

[217] Stuart, T. E., S. Z. Ozdemir, and W. W. Ding, Vertical Alliance Networks: The Case of University – Biotechnology – Pharmaceutical Alliance Chains. *Research Policy*, 2007. 36 (4): p. 477 – 498.

[218] Handfield, R., et al., An Organizational Entrepreneurship Model of Supply Management Integration and Performance Outcomes. *International Journal of Operations & Production Management*, 2009. 29 (2): p. 100 – 126.

[219] Helper, S., Comparative Supplier Relations in the US and Japanese Auto Industries: an Exit/Voice Approach. *Business and Economic History*, 1990. 19 (1): p. 1 – 10.

[220] 王渊：《基于资源依赖理论的供应链联盟成因分析及其发展策略》，《科技进步与对策》2006 年第 4 期。

[221] Noordhoff, C., et al., The Bright Side and Dark Side of Embedded Ties in Business – to – Business Innovation. *ERIM Report Series Reference* No. ERS – 2011 – 008 – MKT, 2011.

[222] Dyer, J. H. and N. W. Hatch, Relation – specific Capabilities and Barriers to Knowledge Transfers: Creating Advantage through Network Relationships. *Strategic Management Journal*, 2006. 27 (8): p. 701 – 719.

[223] Lechner, C., M. Dowling, and I. Welpe, Firm networks and firm development: The role of the relational mix. Journal of Business Venturing, 2006. 21 (4): p. 514 – 540.

[224] Oke, A. and M. Idiagbon – Oke, Communication Channels, Innovation Tasks and NPD Project Outcomes in Innovation – Driven Horizontal Networks. *Journal of Operations Management*, 2010. 28 (5): p. 442 – 453.

[225] Oke, A., M. Idiagbon – Oke, and F. Walumbwa, The Relationship between Brokers'Influence, Strength of Ties and NPD Project Outcomes in Innovation – Driven Horizontal Networks. *Journal of Operations Management*, 2008. 26 (5): p. 571 – 589.

[226] Rindfleisch, A., Organizational Trust and Interfirm Cooperation: an Examination of Horizontal versus Vertical Alliances. *Marketing Letters*, 2000. 11 (1): p. 81 - 95.

[227] Burt, R. S., Structural Holes and Good Ideas. *American Journal of Sociology*, 2004. 110 (2): p. 349 - 399.

[228] Lechner, C. and M. Dowling, Firm Networks: External Relationships as Sources for the Growth and Competitiveness of Entrepreneurial Firms. *Entrepreneurship & Regional Development*, 2003. 15 (1): p. 1 - 26.

[229] Baum, J. A. C., T. Calabrese, and B. S. Silverman, Don't Go It Alone: Alliance Network Composition and Startups'Performance in Canadian Biotechnology. *Strategic Management Journal*, 2000. 21 (3): p. 267 - 294.

[230] Chetty, S. K. and H. I. M. Wilson, Collaborating with Competitors to Acquire Resources. *International Business Review*, 2003. 12 (1): p. 61 - 81.

[231] Rindfleisch, A. and C. Moorman, The Acquisition and Utilization of Information in New Product Alliances: A Strength - Of - Ties Perspective. *Journal of Marketing*, 2001. 65 (2): p. 1 - 18.

[232] Wong, A., D. Tjosvold, and P. Zhang, Developing Relationships in Strategic Alliances: Commitment to Quality and Cooperative Interdependence. *Industrial Marketing Management*, 2005. 34 (7): p. 722 - 731.

[233] Cropanzano, R. and M. S. Mitchell, Social Exchange Theory: An Interdisciplinary Review. *Journal of Management*, 2005. 31 (6): p. 874 - 900.

[234] Qureshi, S. and J. Kratzer, An Investigation of Antecedents and Outcomes of Marketing Capabilities in Entrepreneurial Firms: An Empirical Study of Small Technology - Based Firms in Germany. *Journal Of Small Business And Entrepreneurship*, 2011. 24 (1): p. 49 - 66.

[235] Yao, X., W. Wen, and Z. Ren, Corporate Entrepreneurship in the Enterprise Clusters Environment - Influence of Network Resources and Entrepreneurial Orientation on Firm Performance. *Frontiers of Business Research in China*, 2009. 3 (4): p. 566 - 582.

[236] Acs, Z. J., et al., The Knowledge Spillover Theory of Entrepreneur-

ship. *Small Business Economics*, 2009. 32 (1): p. 15 – 30.

[237] Elfring, T. and W. Hulsink, Networking by Entrepreneurs: Patterns of Tie—Formation in Emerging Organizations. *Organization Studies*, 2007. 28 (12): p. 1849 – 1872.

[238] Garnsey, E., A Theory of the Early Growth of the Firm. *Industrial and Corporate Change*, 1998. 7 (3): p. 523 – 556.

[239] Khanna, T., R. Gulati, and N. Nohria, The Dynamics of Learning Alliances: Competition, Cooperation, and Relative Scope. *Strategic Management Journal*, 1998. 19 (3): p. 193 – 210.

[240] Churchill Jr, G. A., A Paradigm for Developing Better Measures of Marketing Constructs. *Journal of Marketing Research*, 1979: p. 64 – 73.

[241] Gerbing, D. W. and J. C. Anderson, An Updated Paradigm for Scale Development Incorporating Unidimensionality and Its Assessment. *Journal of Marketing Research*, 1988: p. 186 – 192.

[242] Hinkin, T. R., A Brief Tutorial on the Development of Measures for Use in Survey Questionnaires. *Organizational Research Methods*, 1998. 1 (1): p. 104 – 121.

[243] Douglas, S. P. and C. S. Craig, Examining Performance of US Multinationals in Foreign Markets. *Journal of International Business Studies*, 1983: p. 51 – 62.

[244] Clark, L. A. and D. Watson, Constructing Validity: Basic Issues in Objective Scale Development. *Psychological Assessment*, 1995. 7 (3): p. 309.

[245] Andersson, U., M. Forsgren, and U. Holm, Subsidiary Embeddedness and Competence Development in MNCs a Multi – Level Analysis. *Organization Studies*, 2001. 22 (6): p. 1013 – 1034.

[246] Matsuno, K., J. T. Mentzer, and A. Özsomer, The Effects of Entrepreneurial Proclivity and Market Orientation on Business Performance. *The Journal of Marketing*, 2002: p. 18 – 32.

[247] Sheng, S., K. Z. Zhou, and J. J. Li, The Effects of Business and Political Ties on Firm Performance: Evidence from China. *Journal of Mar-*

keting, 2011. 75 (1): p. 1 – 15.

[248] Bonner, J. M. , D. Kim, and S. T. Cavusgil, Self – perceived Strategic Network Identity and Its Effects on Market Performance in Alliance Relationships. *Journal of Business Research*, 2005. 58 (10): p. 1371 – 1380.

[249] Fang, E. , Customer Participation and the Trade – off between New Product Innovativeness and Speed to Market. *Journal of Marketing*, 2008. 72 (4): p. 90 – 104.

[250] 孙秀丽、蒋春燕:《公司企业家精神的中介作用研究——以珠三角地区为实证案例》,《科学学与科学技术管理》2011 年第 3 期。

[251] Nath, P. , S. Nachiappan, and R. Ramanathan, The Impact of Marketing Capability, Operations Capability and Diversification Strategy on Performance: A Resource – Based View. *Industrial Marketing Management*, 2010. 39 (2): p. 317 – 329.

[252] 陈晓萍、徐淑英、樊景立:《组织与管理研究的实证方法》,北京大学出版社,2008。

[253] 龙立荣:《层级回归方法及其在社会科学中的应用》,《教育研究与实验》2004 年第 1 期。

[254] 侯杰泰、温忠麟、成子娟:《结构方程模型及其应用》,经济科学出版社,2004。

[255] Aryee, S. , et al. , Antecedents and Outcomes of Abusive Supervision: Test of a Trickle – Down Model. *Journal of Applied Psychology*, 2007. 92 (1): p. 191.

[256] Mathieu, J. E. and J. L. Farr, Further Evidence for the Discriminant Validity of Measures of Organizational Commitment, Job Involvement, and Job Satisfaction. *Journal of Applied Psychology*, 1991. 76 (1): p. 127.

[257] 朱平芳:《现代计量经济学》,上海财经大学出版社,2004。

[258] 马庆国:《管理统计:数据获取、统计原理、SPSS 工具与应用研究》,科学出版社,2002。

[259] 张晓峒:《计量经济学基础》,南开大学出版社,2005

[260] 温忠麟、侯杰泰、张雷《调节效应与中介效应的比较和应用》,

《心理学报》2005 年第 37（2）期。

[261] Zhao, X., M. Frese, and A. Giardini, Business Owners' Network Size and Business Growth in China: The Role of Comprehensive Social Competency. *Entrepreneurship and Regional Development*, 2010. 22（7－8）: p. 675－705.

[262] Fan, Z., S. Geng, and X. Peng. A Study of Inter－Firm Network and Knowledge Integration Impact Mechanism on Absorptive Capacity. in Industrial Engineering and Engineering Management（IEEM）International Conference, 2011.

图书在版编目(CIP)数据

基于企业网络视角的自适应营销能力研究 / 郭惠玲著. -- 北京：社会科学文献出版社，2018.4
（华侨大学哲学社会科学文库．管理学系列）
ISBN 978 - 7 - 5201 - 2313 - 6

Ⅰ. ①基… Ⅱ. ①郭… Ⅲ. ①供销经营 - 研究 Ⅳ. ①F274

中国版本图书馆 CIP 数据核字（2018）第 037948 号

华侨大学哲学社会科学文库·管理学系列
基于企业网络视角的自适应营销能力研究

著　　者 / 郭惠玲

出 版 人 / 谢寿光
项目统筹 / 王　绯　刘　荣
责任编辑 / 赵慧英

出　　版 / 社会科学文献出版社·社会政法分社（010）59367156
地址：北京市北三环中路甲 29 号院华龙大厦　邮编：100029
网址：www.ssap.com.cn
发　　行 / 市场营销中心（010）59367081　59367018
印　　装 / 北京季蜂印刷有限公司

规　　格 / 开 本：787mm × 1092mm　1/16
印 张：15.25　字 数：239 千字
版　　次 / 2018 年 4 月第 1 版　2018 年 4 月第 1 次印刷
书　　号 / ISBN 978 - 7 - 5201 - 2313 - 6
定　　价 / 69.00 元